Feridas invisíveis
ABUSO NÃO-FÍSICO CONTRA MULHERES

Dados Internacionais de Catalogação na Publicação (CIP)
(Câmara Brasileira do Livro, SP, Brasil)

Miller, Mary Susan,
Feridas invisíveis: abuso não-físico contra mulheres / Mary Susan Miller. - São Paulo: Summus, 1999.

Título original: No visible wounds
Bibliografia.
ISBN 978-85-323-0661-6

1. Abuso de mulheres - Psicolgia - Estudo e ensino 2. Abuso psicológico - Estudo e ensino 3. Homens abusivos - Psicologia - Estudo e ensino I. Título.

99-1329   CDD-362.8292

Índices para catálogo sistemático:
1. Abuso de mulheres : Problemas sociais   362.8292

www.summus.com.br

Compre em lugar de fotocopiar.
Cada real que você dá por um livro recompensa seus autores
e os convida a produzir mais sobre o tema;
incentiva seus editores a encomendar, traduzir e publicar
outras obras sobre o assunto;
e paga aos livreiros por estocar e levar até você livros
para a sua informação e o seu entretenimento.
Cada real que você dá pela fotocópia não autorizada de um livro
financia o crime
e ajuda a matar a produção intelectual de seu país.

Feridas invisíveis

Abuso não-físico contra mulheres

Mary Susan Miller

summus
editorial

Do original em versão inglesa
NO VISIBLE WOUNDS
Copyright © 1995 by Mary Susan Miller, Ph.D
Direitos desta tradução reservados por Summus Editorial

Tradução: **Denise Maria Bolanho**
Consultora técnica: **Rosane Mantilla de Souza**
Capa: **Nelson Mielnik**
Editoração: **Acqua Estúdio Gráfico**

Summus Editorial

Departamento editorial
Rua Itapicuru, 613 – 7º andar
05006-000 – São Paulo – SP
Fone: (11) 3872-3322
http://www.summus.com.br
e-mail: summus@summus.com.br

Atendimento ao consumidor
Summus Editorial
Fone: (11) 3865-9890

Vendas por atacado
Fone: (11) 3873-8638
e-mail: vendas@summus.com.br

Impresso no Brasil

Para as mulheres do mundo inteiro, que sofreram abusos, na crença de que o conhecimento trará compreensão; e a compreensão reconstrói vidas.

Sumário

Apresentação à edição brasileira 9

Agradecimentos 13

Introdução 15

Parte I   *O que é abuso não-físico?*
1   *"Eu não faço nada direito."* 33
     A humilhação do abuso emocional
2   *"Acho que estou ficando louca."* 41
     A loucura do abuso psicológico
3   *"Se ao menos eu pudesse visitar os meus pais."* 55
     O isolamento do abuso social
4   *"Nunca tenho um centavo."* 68
     A desgraça do abuso econômico

Parte II   *Como ocorre a violência não-física?*
5   *"Sempre foi assim."* 79
     A aceitação histórica da violência
6   *"Eu nem sabia o que era."* 94
     Os padrões sutis de abuso
7   *"Por que ele me trata assim?"* 106
     Perfil de um parceiro abusivo
8   *"Por que ela simplesmente não vai embora?"* 118
     As razões que fazem a mulher permanecer no
     relacionamento

Parte III	*Reações à violência não-física*	
9	"*Apenas outra briga doméstica.*"	143
	A resposta da polícia à violência	
10	"*Voltem para casa e comportem-se.*"	154
	A resposta do tribunal à violência	
11	"*O casamento é isso.*"	168
	A opinião das mulheres sobre a violência	
Parte IV	*Você pode fazê-lo parar?*	
12	"*Tentarei, mas não é fácil.*"	179
	A dor da mulher ao reconhecer o abuso	
13	"*Acho que tenho uma escolha.*"	190
	As opções da mulher	
14	"*E se ele continuar me perseguindo?*"	202
	Proteção para as mulheres que vão embora	
15	"*Será que algum dia ele vai mudar?*"	214
	Tratamento para homens violentos	
16	"*Então, por que não me sinto feliz?*	232
	Construindo uma nova vida	

Apêndice à edição brasileira 245

Apresentação à edição brasileira

A escalada da violência preocupa a todos, não importando a condição social ou econômica nem a faixa etária. A brutalidade das guerras e guerrilhas, a violência diária das ruas, os crimes no trânsito, os assassinatos nas escolas, as balas perdidas... Diante de um panorama tão contundente da agressividade humana, a violência doméstica parece um mal menor. E quando ela nem sequer deixa marcas explícitas, torna-se um fenômeno desconsiderável, até mes-mo para suas vítimas.

"Roger era um parceiro potencialmente abusivo. No entanto, ninguém sabia disso – nem mesmo Ellie –, uma vez que não era possível identificá-lo nas histórias e fotografias dos jornais, que mostravam mulheres ensangüentadas e prostradas. Ele era um vitimizador, que controlava a esposa com o medo, o isolamento, o afastamento emocional e sexual e a humilhação. Sem sequer encostar um dedo em Ellie, conseguia submetê-la à sua vontade, sem brigas, e nenhum deles rotularia o relacionamento de abusivo", descreve Mary Susan Miller. Quase ninguém o faz: nem o casal envolvido, nem a sociedade como um todo.

É este o tema desse livro: os pequenos atos privados de abuso e submissão, praticados diariamente nas quatro paredes aparentemente protetoras do lar. Por meio de descrições detalhadas e empáticas, a autora nos remete à experiência das mulheres com quem vem trabalhando há mais de *vinte anos*, permitindo-nos o acesso a seu sofrimento e à compreensão de suas tragédias. Mas esse livro permite mais do que isso. Remete-nos ao questionamento do por que a violência expressa pelo abuso psicológico, emocional, da coerção econômica e da restrição social é pouco considerada, subvalorizada em sua destrutividade e, o pior, é invisível. Aí repousa seu maior mérito.

Uma violência que não deixa marcas aparentes é tão sutil que sua vítima – a mulher – fracassa em reconhecê-la como tal, embora vá, passo a passo, destruindo seu bem-estar e sua auto-estima, criando um estado de confusão e incapacidade. Nessa condição, a esposa ou companheira é mantida numa relação de subserviência, sentindo-se constantemente incapaz de fazer qualquer coisa certa ou que possa agradar ao companheiro, embora o tente desesperadamente. A violência não-física é, assim, um abuso da confiança, daquilo que a mulher considera seu sonho de amor e relacionamento.

Mais um livro moldado por um feminismo parcial, que apenas busca acusar e julgar os homens? Pode parecer, à primeira vista. Embora os homens pratiquem mais, e se envolvam mais, em atos violentos, de fato, a violência não é privilégio masculino. E o que temos na vida conjugal são relacionamentos abusivos.

Como alertam vários dos autores que atuam no campo da violência doméstica, esta é, infelizmente, dos processos humanos, um dos poucos democraticamente distribuídos. Não distingue níveis socioeconômicos, raça ou credo, nem países desenvolvidos ou não. Concebida como fenômeno privado – roupa suja se lava em casa – o espancamento das mulheres só passa/passou a ser enfrentado à medida que se tornou público, quer nas relações individuais, quer ao ganhar visibilidade social, pelas denúncias feministas e sua acusação das condições globais e milenares de abuso da mulheres. O que há, então, de particular na violência não-física?

Exatamente o fato de que a condição histórica de submissão, entranhada nas concepções sociais de masculino e feminino, torna o abuso não-físico um fenômeno ainda mais complexo. Ao não deixar marcas, mantém-se no segredo da vida privada, sendo, na maior parte das vezes, ignorado por suas próprias vítimas, confundidos que são com atenção, amor, ciúmes, proteção ou mesmo perda de controle diante da natural incapacidade ou inferioridade feminina, quando, do que de fato se trata, é da perpetuação do poder do homem em relação a sua parceira.

Escrito numa linguagem simples e objetiva o livro permite, então, a compreensão da experiência, por meio dos capítulos iniciais em que identifica as diferentes formas como a violência não-física se manifesta: abuso emocional, psicológico, social e econômico. Mas a autora também analisa os processos que levam os homens ao abuso, discutindo suas razões históricas e a aceitação social.

Denunciando a desconsideração do abuso não-físico, o livro aponta como todo o sistema social envolvido – família, polícia, juízes e as próprias vítimas – favorece a escalada do abuso não-físico ao espancamento ou mesmo ao assassinato de muitas mulheres. A autora privilegia o enfrentamento de mitos como a noção amplamente aceita pelos envolvidos de que o homem tem um comportamento abusivo porque perdeu o controle, quando, de fato, se trata de atos para manter a parceira sob controle, mas, principalmente, faz com que o leitor reconsidere a premissa de que a mulher fica com o parceiro por que quer.

Ao confrontar-nos com as dificuldades de reconhecimento e aceitação de sua condição e ao remeter-nos aos processos característicos do estresse pós-traumático, Mary Susan Miller permite-nos compreender a vivência dessas mulheres quando buscam reconstruir sua vida, bem como visualizar o sofrimento e a devastação existencial subjacente e conseqüente da violência não-física.

A autora ainda busca caracterizar os serviços e instrumentos de proteção e tratamento com os quais a mulher pode contar, específicos estes da realidade norte-americana à qual pertence. Diante disso, creio ser fundamental destacar a realização da Summus Editorial, não só pelo esforço de traduzir esse volume, mas por procurar ampliar seu serviço ao leitor, convidando a Pró-Mulher Família e Cidadania para redigir um apêndice que minimamente informasse como são esses procedimentos em nossa realidade.

A quem se destina esse livro? A todos ou a qualquer um de nós, mulheres ou homens, leigos ou profissionais.

Rosane Mantilla de Souza
Núcleo de Família e Comunidade do
Programa de Pós-Graduação em Psicologia Clínica da
Pontifícia Universidade Católica de São Paulo

Agradecimentos

Quero agradecer às pessoas cuja ajuda foi inestimável enquanto eu escrevia esse livro:

Às centenas de mulheres, vítimas de abuso, que conheci e que precisam permanecer anônimas, mas cujas vidas estão para sempre entrelaçadas à minha.

Aos muitos profissionais cujo carinho e descobertas lhes permitiram curar as feridas invisíveis do abuso e ampliaram a minha compreensão por meio da dor e da esperança.

A Doris Feitelson, cuja orientação continua a guiar-me e cuja amizade apóia o meu trabalho com mulheres vítimas de violência.

A Michael Pugsley que, por sua habilidade em computação, conseguiu recuperar oito capítulos, e a minha vida.

A Victoria Pryor, cuja fé, esforço e olho crítico sempre transformam possibilidades em publicações.

À minha família, por compartilhar o sofrimento que enfrentei durante esse estudo e, por saber, como eu sei, que a sociedade americana também precisa enfrentá-lo.

Os nomes dos autores consultados ou citados nesse livro são reais. Os nomes dos profissionais que entrevistei também são reais. Os nomes das mulheres vítimas de violência e os de seus parceiros abusivos não são reais. Alterei os seus nomes; o nome, o sexo e o número de filhos delas; os lugares onde moram; e, por vezes, as circunstâncias do abuso foram trocadas para manter o anonimato. O horror que elas sofreram e/ou ainda sofrem é real.

Esse livro trata dessa realidade. Eu o escrevi para que o mundo a reconheça.

Introdução

Essa é a história de Ellie – Eleanor Ames, residente em Nova York, natural de Norwalk, Connecticut, filha de Martha Lapone, dona de casa, e de Jonathan Shattuck, advogado. Simultaneamente, essa é a história de todas as outras Ellies e Sarahs, Lorrie-Anns, Corishas e Rosas da América e, na verdade, do mundo inteiro.

Ellie: formou-se em quinto lugar em sua classe de colegial, em 1944, e graduou-se em inglês no Pembroke College; tinha consigo o emblema Sigma Psi da fraternidade do seu namorado e pouca coisa na cabeça. Trabalhou como auxiliar no escritório de advocacia do pai durante três meses antes de casar-se com aquele namorado Psi, Roger Ames – segundo-tenente, recém-saído de um período de três meses da Academia de Aspirante a Oficiais, prestes a embarcar para o exterior, com destino desconhecido.

Dois anos depois, ele estava de volta para os braços de Ellie, dispensado e ileso. Mudaram-se para um apartamento alugado, por um ano, em Nova York e com um emprego como terceiro assistente do segundo assistente de um editor de *Time*.

Passaram-se 49 anos. Eles ainda estão casados, têm um apartamento em Nova York, mais uma casa com dez cômodos em Mamaroneck, quatro filhos, nove netos e dois cães. Ellie tornou-se assistente de advocacia após o nascimento de seu segundo filho e trabalhou ininterruptamente até que seu último filho entrasse no colegial. Foi então que Gloria Steinem and Company despertou a sua consciência e ela trabalhou durante três anos, em tempo integral, até Roger começar a reclamar da comida congelada e do seu horário de trabalho, transformando cada noite numa suja campanha política. Ela lhe concedeu a vitória, como boa esposa que era, pediu demissão do emprego e dedicou-se ao lar e ao marido em silencioso ressentimento.

Ellie olha para trás:

"Entrei no casamento como Cinderela entrou no baile: Roger era o Príncipe Encantado, onisciente e todo-poderoso e, eu, a adorável súdita escolhida. Eu não tinha dúvidas de que viveríamos felizes para sempre com a sua sábia liderança e a minha ávida submissão. O que poderia dar errado?

"Sabe, eu não era realmente idiota. Todos eram assim. Era 1946: a guerra acabara, nossos homens haviam retornado para casa, vivos, tínhamos sorte de estar casadas e conhecíamos o nosso lugar. Mas, logo, eram os anos 50 e 60. Se o príncipe me tratava com um pouco menos de charme, eu me recusava a perceber. E daí que ele não me deixava ter um talão de cheques? Ele achava que eu não sabia matemática e faria a maior confusão – o que não era verdade, porque eu obtivera a maior nota da classe em cálculos – mas ele dizia que os homens é que deveriam lidar com o dinheiro. Era o que meu pai fazia, portanto, me parecia certo. Era horrível precisar pedir alguns dólares para ir ao supermercado ou para comprar sapatos para as crianças – eu me sentia uma mendiga. Mas as coisas eram assim mesmo.

"Tentei ignorar a maneira como ele ridicularizava as minhas opiniões a respeito de qualquer coisa: sobre política, sobre o autor de algum livro ou sobre algo tão estúpido quanto o tempo. Quanto a tomar decisões, esqueça. Eu não tinha sequer o direito de escolher a escola para as crianças ou o que faríamos nas férias. Ele sempre sabia melhor. Ele sabia tudo. Certa vez, numa reunião com uma professora, ele realmente me mandou calar a boca porque eu não sabia nada sobre educação; acho que a professora deve ter ficado tão constrangida quanto eu.

"Ele controlava tudo, tão completamente, que até mesmo começou a me dizer que roupas eu deveria usar – afirmando que eu parecia uma bruxa vestida de vermelho, sabendo que era a minha cor predileta – e eu me enganava, acreditando que ele estivesse certo, desejando que se orgulhasse de mim. Certa manhã, não conseguia encontrar meu casaco vermelho, que eu continuava usando de vez em quando. Procurei-o em todos os guarda-roupas enquanto ele me seguia. Finalmente, ele disse: 'Você está perdendo o seu tempo'. Ainda posso vê-lo, encostado na porta aberta, sorrindo e dizendo ironicamente: 'Eu o dei para o Exército da Salvação'.

"Você pode acreditar nisso? Na época, eu não podia, mas, agora, ao olhar para trás, percebo que o nosso casamento sempre caminhou nessa direção. Desde o início, se Roger não conseguisse as coisas à sua maneira, ele me fazia pagar. Algumas vezes, ele não falava comigo durante semanas, ou não comia, nem mesmo quando eu fazia o seu jantar preferido e, acreditem-me, eu tentava. Oh! Como eu tentava! E havia semanas em que ele não fazia sexo comigo a menos que eu implorasse – nua e de joelhos – e prometesse fazer qualquer coisa que ele quisesse."

Roger Ames comportava-se de modo a manter a esposa em total submissão. Ellie Ames estava fazendo tudo o que podia para agradá-lo. Contudo, ele não foi capaz de perceber que ela nunca faria o suficiente. Assim como um viajante do deserto, que jamais consegue alcançar a miragem do oásis para a qual se dirige cambaleante, Ellie também nunca conseguia satisfazer as exigências do marido, pois quando estava a ponto de satisfazê-las, elas ficavam fora do seu alcance.

Roger era um parceiro potencialmente abusivo. No entanto, ninguém sabia disso – nem mesmo Ellie –, uma vez que não era possível identificá-lo nas histórias e fotografias dos jornais, que mostravam mulheres ensangüentadas e prostradas. Ele era um vitimizador, que controlava a esposa com o medo, o isolamento, o afastamento emocional e sexual e a humilhação. Sem sequer encostar um dedo em Ellie, conseguia submetê-la à sua vontade, sem brigas, e nenhum deles rotularia o relacionamento de abusivo.

É difícil para um homem, que espanca a mulher ou atira-a contra uma parede, saber que ele é violento. É igualmente difícil para uma mulher, com um olho roxo e equimoses no corpo, saber que ela foi vítima de violência, apesar de ambos encontrarem justificativas para evitar a realidade. Mas as sutis manifestações do abuso não-físico, em geral, não são reconhecidas – ao menos durante muito tempo. Embora um homem não possa deixar de saber que está privando a mulher de dinheiro, de contatos sociais ou repetindo que ela é estúpida e louca, conscientemente, ele talvez não saiba que aquilo que está fazendo é legalmente abusivo. Da mesma forma, uma mulher, ciente de que, sistematicamente, alguém a faz sentir-se desprezível, pode não reconhecer o que está acontecendo como abuso. Portanto, o inferno em que ambos vivem mantém o abuso vivo e crescente, até que a mulher caia na realidade e dê um basta.

Ellie não teria negado a sua infelicidade, que até seus pais enxergavam, nem teria negado sua perplexidade diante do comportamento de Roger ou a mágoa que extravasava em lágrimas freqüentes diante da sua frieza e de seu distanciamento. Entretanto, a palavra violência ou *abuso* nunca passou por sua cabeça. "Ele está sob tensão e eu preciso ser paciente", ela dizia a si mesma: "Espero demais". E, então, ela tentava agradá-lo ainda mais e, novamente, fracassava... e novamente... e, então, novamente.

Embora os seus sonhos de Cinderela, havia muito tempo, tivessem se transformado em abóboras e cinzas, ela nunca perdera a esperança, pois sabia que se pudesse fazer Roger feliz, ele seria novamente o Príncipe Encantado. Concordando com as idéias de Roger de que ela era a culpada pelo problema, ela aceitava o fato de que também era responsável pela solução. Deixá-lo não era o ideal, pois, afinal, ela era sua esposa. Ela precisava agitar a varinha mágica, que lhe permitisse fazer as coisas da maneira certa para que o marido a amasse novamente. Mas Ellie nunca podia fazer as coisas certas porque, para Roger, não existia maneira certa.

Ellie continua:

"Foi Roger quem me fez deixar o emprego. Ele dizia que eu queria um emprego só para conhecer homens, o que não poderia estar mais longe da verdade. Adorava trabalhar – era o único lugar onde sentia que valia alguma coisa. Depois que fiquei presa em casa, ele ligava para as minhas amigas para verificar se eu saíra com elas. Quando diziam que não, ele as chamava de mentirosas. Tentei manter um pouco de vida social, mas Roger afastava todas as pessoas. Quando finalmente me deixava convidar alguns casais para jantar, ficava sentado como uma estátua e não comia nada, não tomava um drinque e não dizia uma palavra aos nossos convidados. Eu ficava muito constrangida e tentava disfarçar, mas, depois de algum tempo, parei de tentar.

"Naturalmente, as crianças viam tudo e faziam perguntas. 'O papai está aborrecido', eu lhes dizia, mas as coisas pioraram quando ele começou a agir da mesma maneira com a minha mãe e com o meu pai. Fascistas, ele os chamava, e dizia que o mundo estaria melhor sem eles. Sei que é difícil acreditar, mas, certa ocasião, ele disse na frente das crianças que não podia esperar para dançar em cima do túmulo do meu pai. Ele era tão detestável com eles que comecei a visitá-los às escondidas, para que ele não soubesse. Os meus próprios pais – você pode imaginar?"

Enquanto falava, Ellie desatou a chorar pela primeira vez. Ela ficou sentada durante muito tempo, olhando para o vazio e, então, virou-se para mim e perguntou, numa voz estranhamente calma: "Eu fiz tudo o que pude para ser uma boa esposa. Por que ele me odeia?". Roger não odeia Ellie. Ele abusa dela, mas não a odeia. Ele a ama – até onde é capaz. Ele odeia a si mesmo porque, no íntimo, como muitos vitimizadores, considera-se um fracassado. Criado num lar com um pai extremamente autoritário, Roger recebeu diariamente, por meio de centenas de maneiras, a mensagem de que era muito estúpido para ter opiniões próprias e que as suas realizações estavam muito abaixo do padrão exigido. Por causa de disciplina rígida e ordens dadas pelo pai, ele era severamente punido por qualquer infração e duplamente punido se respondesse. Como resultado, Roger cresceu com uma raiva contida e com uma aversão pela própria impotência.

Então, conheceu Ellie, moldada pelos estereótipos sexuais dos anos 30 e 40, a esposa perfeita que jurara amar, honrar e obedecer. E foi o que ela fez. Como escreve Ernest Andrews em seu livro *The emotionally disturbed family*: "Ela serve como um depositário para a sua raiva desiludida... ele é a materialização do destino que ela aceitou". E, assim, o casamento durou: Roger, sendo o controlador que nunca pôde ser quando criança, e Ellie, a disponível submissa que cresceu acreditando ser.

Eleanor Ames não é uma das milhões de mulheres que relatam espancamentos graves nos consultórios e hospitais a cada ano, nem uma daquelas que silenciam e escondem o sangue e os ferimentos em casa, cujo número é quatro vezes maior; é apenas uma entre um número muito maior de mulheres, das quais não há nenhuma estatística, uma das mulheres com feridas invisíveis. Seus maridos, assim como Roger, espancam a esposa, mas saem de mãos limpas porque ferem de maneira mais sutil; destroem aos poucos a sua auto-estima, submetendo sua iniciativa, reprimindo-a e eliminando suas bases de apoio. Eles sabem o que é importante para elas – o cachorro, o carro, os amigos, talvez o casaco vermelho – e os destroem.

Eles as manipulam, fazendo-as pensar que são culpadas e, como resultado, elas tentam agradá-los cada vez mais. Durante muito tempo, eles as fazem acreditar que as coisas vão melhorar concedendo-lhes momentos ocasionais de concórdia, mas, depois de algum tempo, deixam apenas a incessante dor da esperança, desculpas e do pensamento mágico: "Ele não quis dizer isso... o seu comportamento é apenas uma fase... ele vai mudar". Mas ele quis dizer aquilo, não é apenas uma fase e ele não vai mudar. Ele não pode. Ele precisa de poder e de controle.

Há mais ou menos 25 anos, o termo *mulheres espancadas* não existia. Esperava-se que os homens mantivessem as mulheres em seu lugar por qualquer meio necessário e, se esse meio fosse o espancamento, era melhor ela começar a comportar-se bem. Recentemente, o abuso físico foi tirado do armário por intermédio de livros e de filmes de TV, como *The burning bed*, de Faith McNulty, de casos famosos como o de Hedda Nussbaum e de conclusões de pesquisas que dão nova consciência às mulheres e, como resultado, nova força para resistir:

- De acordo com o general C. Everett Koop, ex-cirurgião, o espancamento é a principal causa de ferimentos em mulheres, mais do que os acidentes, os assaltos e os estupros combinados.
- As estimativas do FBI indicam que uma mulher é espancada a cada 15 segundos.
- Dos 21% das mulheres que utilizam os serviços de cirurgia das salas de emergência em hospitais foram espancadas.
- Anualmente, cerca de quatro mil mulheres são espancadas até a morte por um membro da família – cerca de um terço de todas as vítimas de homicídio.
- Dos 59% das mulheres que mataram um suposto ente querido haviam sofrido algum tipo de abuso na ocasião.
- Em metade de todos os casamentos há pelo menos um incidente violento; em quase um terço a violência é grave.

A violência física em toda a sua enormidade e horror não é mais um segredo. Entretanto, a violência que não envolve dano físico ou ferimentos corporais continua num canto escuro do armário, para onde poucos querem olhar. O silêncio parece indicar que pesquisadores e escritores não enxergam as feridas que não deixam cicatrizes no corpo e que as mulheres agredidas não-fisicamente têm medo de olhar para as feridas que deixam cicatrizes em sua alma. "Mas não olhar não significa que não esteja lá", disse-me uma mulher que, após 34 anos de abuso, começara a permitir-se enfrentá-lo.

A violência não-física está lá, de formas tão sutis que as mulheres não conseguem reconhecê-la – o abuso emocional, psicológico, social e econômico... com conseqüências tão prejudiciais, que as suas vítimas se transformam em mortas-vivas... com as portas de saída tão trancadas que, só recentemente, as suas prisioneiras se renderam à esperança.

Como assistente de um tribunal, conselheira e escritora, relacionei-me com os vários tipos de abuso do lado de fora. Pude analisá-lo, dividi-lo em componentes e explicá-lo em suas características e categorias. Porém, quem o conhece diretamente – tanto os homens que o cometem quanto as mulheres que são suas vítimas – experimentam-no holisticamente. O homem não escolhe uma forma de abuso não-físico para exercer o controle, evitando as outras três; ele utiliza o que está disponível e é eficaz. Por exemplo, da mesma forma como o abuso social contra uma mulher muito ligada à família e aos amigos é uma arma poderosa, o abuso emocional, com sua privação econômica, seus jogos mentais psicológicos e a agressão ao ego, também pode ser. O vitimizador mantém o controle utilizando todos eles.

Da mesma forma, a mulher angustiada não faz nenhum esforço para rotular os diversos tipos de abuso que o homem lhe inflige; ela está preocupada com a sobrevivência. O abuso não-físico, de qualquer tipo, é a destruição acumulada do bem-estar emocional, psicológico, social e econômico de uma mulher. Nesse livro, classifico quatro tipos específicos de abuso não-físico porque, com isso, espero e acredito ajudar o leitor a compreender melhor a síndrome do abuso.

A *Battered Women's Task Force* da *Coalition Against Domestic Violence*, do estado de Nova York, juntamente com organizações de outros estados, fez grandes progressos no sentido de ajudar as mulheres a identificarem a violência não-física e, também, oferecer apoio e orientação. O primeiro passo é pedir às mulheres que examinem a lista de perguntas a seguir, que identifica 19 comportamentos abusivos. O seu parceiro:

1. Bate, esmurra, esbofeteia, empurra ou morde você?
2. Ameaça feri-la ou aos seus filhos?
3. Ameaça ferir amigos ou membros da família?
4. Tem súbitos acessos de raiva ou fúria?
5. Comporta-se de maneira superprotetora?
6. Fica com ciúmes sem motivo?
7. Não a deixa visitar a sua família ou os seus amigos?
8. Não a deixa ir aonde você quer, quando quer?
9. Não a deixa trabalhar ou estudar?
10. Destrói sua propriedade pessoal ou objetos de valor sentimental?
11. Não a deixa ter acesso aos bens da família, como contas bancárias, cartões de crédito ou o carro?

12. Controla todas as finanças e, obriga-a a prestar contas daquilo que você gasta?
13. Obriga-a a fazer sexo contra a sua vontade?
14. Força-a a participar de atos sexuais que você não aprecia?
15. Insulta-a ou chama-a por nomes pejorativos?
16. Usa a intimidação ou a manipulação para controlá-la ou a seus filhos?
17. Humilha-a diante dos filhos?
18. Transforma incidentes insignificantes em grandes discussões?
19. Maltrata ou ameaça maltratar animais de estimação?

No final da lista está escrito: "Se você respondeu sim a uma ou mais das perguntas acima... pode estar sendo vítima de abuso". Observe que apenas um dos dezenove comportamentos é físico. Os outros dezoito identificam quatro diferentes tipos de abuso não-físico.

Com muita freqüência, como conselheira e assistente da Vara de Família, mostro essa lista para as mulheres que solicitam proteção contra homens que as agrediram fisicamente. Ao lerem a lista ficam estarrecidas, concordando com um movimento de cabeça. "Ele tem feito todas essas coisas durante anos", elas dizem, "mas eu nunca soube que era violência até ele me bater".

O abuso nunca – e eu uso a palavra *nunca* totalmente consciente de suas armadilhas – desaparece de modo espontâneo e aumenta progressivamente. Os insultos transformam-se em humilhação pública, isolamento e, finalmente, em ameaças e, nesse ponto, uma união pode continuar até que a morte os separe; por outro lado, as ameaças podem tornar-se a realidade de surras e homicídio.

Não me surpreendo com o fato de que toda mulher que solicita uma ordem de proteção contra as surras, as punhaladas ou os estrangulamentos que ameaçam sua vida tivesse tido, além disso, um longo e doloroso histórico de abuso não-físico. Entretanto, o que me surpreendia inicialmente era o fato de que uma entre cinco ou seis mulheres que buscavam ajuda no tribunal não tivesse sofrido nenhum abuso físico; ela chegava assustada e aflita pedindo proteção contra os controles insuportáveis do abuso não-físico que havia destruído a sua vida. Há cinco anos, uma mulher não teria tido consciência da necessidade desse tipo de proteção.

Mas as mulheres vítimas de violência não-física, embora inconscientes da necessidade de proteção no passado, conheceram muito bem a sua angústia. Mesmo aquelas que são regularmente submetidas a surras afirmam, quase sem exceção, que a surra que atinge seu corpo não é muito pior do que a depreciação que suportam diariamente. Os ossos quebrados recuperam-se; as contusões desaparecem; o sangue pára de escorrer, mas sua auto-imagem nunca mais se recupera. Como disse uma mulher: "O que doía mais não era apanhar ou ser atirada contra a parede. Era ter de viver como uma ninguém".

Nascida e criada numa época em que o papel sexual da mulher exigia aquiescência e submissão, decidi tentar uma experiência com um grupo de antigas amigas da faculdade – a maioria delas de classe média alta, casadas há quarenta anos ou mais, talvez um pouco conservadoras, mas longe de serem reacionárias. Eu lhes apresentei a lista de comportamentos abusivos da *Battered Women's Task Force* e perguntei: "O que vocês acham?". Elas ficaram chocadas ao verificar o que era considerado abuso, porque muitas delas conviveram com aquilo durante toda a vida de casadas. Certamente, ficaram zangadas com a desigualdade, magoadas pela falta de empatia e envergonhadas com a sua impotência. Elas se sentiram isoladas – "Mais solitária do que se eu morasse sozinha", disse uma delas. Mas haviam-se casado numa época em que a sociedade esperava que os maridos dominassem e as esposas se submetessem. Uma delas disse: "Os maridos não são *todos* assim?".

Assim: autoritário, emocionalmente contido, superprotetor, insensível aos seus sentimentos. Assim: controlando as finanças da família, exigindo a sua atenção quando ele a deseja, esperando a sua submissão. Assim: usando o sexo como o seu direito de marido, culpando-a pelos problemas, manipulando-a para fazê-la aceitar as suas decisões. Assim: fazendo-a viver como uma ninguém tal qual ouvira no tribunal. E, mesmo assim, encantador no escritório, socialmente agradável com os amigos, um bom marido aos olhos do mundo e que também poderia perguntar: "Nós não somos todos assim?".

Não, nem todos. Porém, mais do que qualquer pessoa sabe, mais do que qualquer pessoa suspeita, até mesmo mais do que as suas esposas admitem. A minha melhor amiga, Irene – companheira de quarto na faculdade, vizinha de porta, confidente durante toda a minha vida – viveu assim durante 42 anos com um bom homem, um homem inteligente, respeitado, trabalhador, que cuidava da família, um homem que ela amava. Eu via Irene quase todos os dias – tomando café na minha cozinha, no quintal ou na cidade durante as nossas compras diárias –, mas, só depois que o marido morreu é que ela me revelou o segredo que não tivera coragem de partilhar: seu marido, Sam, fora um vitimizador. Eu e outras amigas testemunhamos o progresso dele, de jovem advogado ocupando o último degrau de uma famosa firma de advocacia a solicitado sócio sênior. Compartilhamos com Irene as notícias nos jornais a respeito das realizações de Sam e lemos os seus artigos em revistas de advocacia. Com Sam como modelo de sucesso, Irene não contara a ninguém a respeito do abuso, nem para si mesma, porque sentia vergonha, como se entre todas as mulheres apenas ela sofresse esse ultraje.

Quase um ano após a morte de Sam, Irene me contou. Eu estava trabalhando havia cerca de três meses na Vara de Família com mulheres vítimas de violência e, angustiada com a dor e a humilhação que os maridos e namorados lhes infligiam, continuava despejando tudo em Irene. Um dia, sem chorar ou reprimir soluços como eu teria esperado, mas em tom monótono, ela começou a contar a história do seu casamento, longos anos durante os quais foi vítima do abuso não-físico do marido, o qual, sistematicamente, destruía sua auto-imagem e de sua sanidade. No decorrer desse livro, cito as suas palavras *ipsis litteris*, com a sua permissão. Ela, que durante tantos anos sofreu em silêncio o abuso não-físico, expõe as suas feridas invisíveis na esperança de curar as feridas de outras mulheres por meio da visibilidade.

"Até hoje, eu não sei quanto Sam ganhava, quanto economizava, em que investia o dinheiro; ele mantinha a sua escrivaninha trancada e não respondia a nenhuma pergunta. Eu nunca tive um talão de cheques, nunca tive uma quantia mensal para gastar; de vez em quando, encontrava uma nota de vinte dólares no peitoril da janela e, como uma criança, devia prestar contas e pedir mais, caso precisasse.

"Nunca tive uma conversa sincera com ele – nem durante o café da manhã ou quando saíamos para jantar, ou na cama – a respeito do que sentíamos, como amor, medo, sexo, esperanças, dificuldades, mágoas ou beleza. Tentei durante anos, abrindo o meu coração e os meus pensamentos, convidando-o a fazer o mesmo sem obter nenhuma resposta a não ser um silêncio soturno. 'Você age como uma adolescente', ele continuava me dizendo. Assim, desisti. Nossas conversas, quando ele concordava em se comunicar, concentravam-se nos negócios e eu vivia sozinha com os meus sentimentos.

"Sam nunca quis pessoas em nossa casa e chegou a um ponto em que não saíamos mais. Sem amigos e apenas com os colegas do escritório, ele criticava os meus: eles eram estúpidos, falavam alto demais, tentavam usá-lo, eram aborrecedores, estranhos ou deviam nos convidar para jantar antes de serem convidados. Quando saíamos, ele ficava silenciosamente fervilhando. Se um homem prestasse atenção em mim; diversas vezes, chegou a agarrar o meu braço e me arrastar porta afora, com todos observando. Como ele se afastava quando eu tentava discutir a nossa vida social, que eu considerava um sério problema em nosso casamento, por muito tempo fingi que nada estava acontecendo. Eu aceitava convites e recebia visitas e, apesar de jamais apresentar objeções, ele se retraía num silêncio inflexível.

"Como raramente concordava em sair de férias, comecei a sair com as crianças. Fizemos algumas viagens maravilhosas, de que elas se lembram como parte importante da sua infância – viagens de navio, acampamentos e viagens de carro. Ele nunca fez nenhuma objeção nem pedia para ficarmos. Ocasionalmente, nos levava até o aeroporto. Quando as crianças cresceram e seguiram o seu caminho, sem os meus companheiros de viagem, eu viajava sozinha ou com minha mãe. Lembra? Duas vezes eu viajei com você. Ele ainda queria ficar em casa, mas, agora, aparentemente, também queria que eu ficasse – não que ele jamais tenha dito ou mesmo discutido as minhas viagens. Não, mas um dia depois de eu partir, ele começou a ligar para os nossos filhos diariamente, queixando-se de mim. Se uma amiga telefonava, contava em detalhes os anos do meu abandono. Provavelmente, isso aconteceu com você mais de uma vez. Alguns dias antes da viagem, ele desenvolvia doenças psicossomáticas – um resfriado, dores no estômago ou uma reação alérgica; duas vezes, um dos rapazes precisou levá-lo às pressas para o hospital, com palpitações.

"Por mais doloroso que fosse tudo aquilo, a minha maior mágoa era a falta de afeto. Sam nunca olhou para mim e sorriu, nunca me surpreendeu com uma flor, nunca me elogiou. Ele não lia os poemas que eu escrevia nem respondia aos bilhetes amorosos que deixava sobre o seu travesseiro, na porta da geladeira ou no limpador de pára-brisas quando eu viajava. Eu nunca ouvi um 'Obrigado'. Tudo o que eu fazia era minha obrigação. Eu nunca ouvi. 'Eu amo você'. Ao olhar para trás, acho que ele podia ter me amado, mas tinha tanto medo da sua vulnerabilidade, tanta necessidade de controle, que não podia admitir isso nem para si mesmo. À noite, quando eu chorava no meu travesseiro, ansiando por um toque no meu ombro, uma palavra sussurrada, ele virava de costas, deixando um abismo entre nós. Um dia, buscando segurança, eu lhe perguntei sem rodeios: 'O que você sente por mim?'. 'Eu devia saber. 'Eu gosto de você', ele respondeu, voltando aos seus papéis."

Depois de meses ouvindo as minhas histórias de horror sobre Ellie e as mulheres que iam à Vara de Família e sobre as minhas amigas da faculdade, Irene começou a perceber que não estava sozinha e parou de sentir vergonha. "Eu sou uma delas", ela conseguiu dizer. "Vivi com um homem que sistematicamente me isolava, destruía minha auto-estima, me mantinha dependente. Ele me controlava pela manipulação e, apesar de eu esbravejar em silêncio e chorar no escuro, como essas outras mulheres, presumia que os maridos eram assim. Durante a minha infância, minha mãe vivia dizendo: 'Não importa o que você sente; coloque um sorriso no rosto'. Durante anos de casada, vesti o sorriso antes de compreender que podia fazer cara feia. Ainda assim, era difícil pensar em mim mesma como uma vítima de violência. Sam nunca compreendeu e, se estivesse vivo, ignoraria a minha infelicidade ou uma acusação de abuso dizendo: 'Você está sendo criança outra vez'".

Há uma diferença entre um casamento ruim e um casamento abusivo. Embora todo casamento no qual ocorra o abuso seja obviamente ruim, nem todo casamento ruim é abusivo. Um casamento pode ser ruim por causa da incompatibilidade, da traição da imaturidade ou de quaisquer fatores que o tribunal considere motivo para conceder o divórcio. Um casamento abusivo é aquele no qual um dos parceiros (o homem, em mais de 95% dos casos) utiliza o seu poder – seja por meio da força ou da manipulação mais sutil – para controlar o outro. A ironia é que não controla a si mesmo.

A pergunta sobre os motivos por que os homens não controlam o comportamento que prejudica e, com freqüência, destrói as mulheres que eles afirmam amar, provavelmente tem tantas respostas quanto o número de homens abusivos. Entretanto, as razões subjacentes para tal comportamento tornam-se mais compreensíveis se classificarmos os vitimizadores em três grupos principais. Primeiro, existem homens para os quais o abuso é o método diário para solucionar conflitos. Muitos, como observamos no tribunal, foram criados em lares abusivos, em que um dos pais, ou ambos, serviam de modelo, não somente batendo na esposa, mas também ameaçando, desprezando, xingando e buscando vingança sempre que surgiam divergências. "As crianças têm bunda por dois motivos", disse-me um homem há algumas semanas: "para sentar-se e para apanhar".

"E as esposas?", perguntei-lhe: "Oh'. É fácil mantê-las em seu lugar", ele respondeu-me, com indiferença. "Deixe que elas saibam como são estúpidas e obedecerão como um cachorrinho." Como resultado dessa filosofia, esse tipo de marido adotou o abuso verbal como o seu *modus operandi*.

Um segundo grupo de homens não pretende abusar da esposa – ou racionaliza que não pretende – embora o faça periodicamente. Com um baixo nível de frustração e habilidades mínimas para lidar em diferentes situações, esses homens atacam violentamente sempre que são contrariados: se o jantar está atrasado, se um parente indesejável aparece para uma visita, se as crianças fazem muito barulho, se a esposa desafia uma ordem. Mais tarde, com desculpas, flores e promessas, conseguem convencer a esposa e a si mesmos de que o comportamento anormal foi provocado por forças externas, tais como problemas no trabalho ou alguns drinques a mais ou, mais claramente, pelos atos da esposa. Um homem dessa categoria não considera o seu comportamento como um problema real, porque está convencido de ter a solução: ele resolverá o problema da tensão no trabalho e da bebida se pararem de aborrecê-lo. Infelizmente, nenhuma mulher consegue viver à altura desse decreto, porque o homem continua a colocar o motivo de seu comportamento fora de si mesmo e, independentemente daquilo que ela deixa de fazer, não é o suficiente para agradá-lo. Finalmente, ela pode compreender que o abuso não vai parar, irá buscar proteção no tribunal ou abandonar o relacionamento controlador. Em geral, as mulheres casadas com homens desse grupo acabam no tribunal quando – e se – percebem o que realmente está acontecendo.

O terceiro grupo não espera ser contrariado para ser abusivo, utilizando o abuso diariamente para exercer o controle. O controle é a sua ferramenta, um torno que, consciente e deliberadamente, apertam para manter o seu poder. O que pode começar como mera repreensão: "Acho que você deveria comer menos doces", aumenta gradativamente até a mulher ficar com sua capacidade egóica destituída, que só consegue concordar: "Eu sou uma pateta, gorda e feia, que ninguém mais agüentaria". As mulheres com um ego tão enfraquecido precisam de muito apoio antes de conseguirem dar o primeiro passo para buscar proteção no tribunal.

O propósito de todo abuso, diferentemente do sadismo, não é o prazer de infligir dor, mas a necessidade de controlar: o controle é o fim em si mesmo. Embora um homem possa explicar os seus atos dizendo: "Perdi o controle", na verdade, o que ele fez foi *ganhar* controle. O seu grau de consciência a respeito do próprio comportamento e dos resultados é determinado pelo grupo no qual ele se encaixa. Os homens que utilizam o abuso como método normal para solucionar controvérsias e erradicar irritações sabem muito bem o que estão fazendo, e o fazem com indiferença, não vendo o que está errado em seu comportamento. Na realidade, eles não consideram o seu comportamento como um *abuso*. Para eles, esses atos são inteiramente normais, a maneira "natural" de maridos e esposas se relacionarem. Eles não sentem culpa. Os homens que recorrem ao abuso quando a frustração ultrapassa a sua habilidade para lidar com ela, embora conscientes de seus atos, tendem a ignorar (com freqüência intencionalmente) o fator controle. Eles se sentem culpados, mas só até encontrarem alguma outra coisa para culpar e, então, começam tudo de novo. Os homens que mantêm a mulher sob rígido controle tendem a saber muito bem o que estão fazendo: enfraquecendo a esposa para fortalecer-se. Entretanto, apesar do programa deliberadamente planejado, o seu machismo autovalidante elimina a culpa.

Irene disse-me que chorou quando seu marido morreu, apesar do abuso que suportou – e ainda chora até hoje – não pelo que ela e Sam tiveram juntos, mas pelo que poderiam ter tido. Apesar de sua mente brilhante, do seu sucesso, do seu valor, do legado profissional que deixou, ela o considerava uma alma perdida buscando em vão uma maneira para sair de si mesmo. "Eu choro pela proximidade que nunca tivemos, pelo divertimento que ele nunca teve, pela alegria que ele nunca sentiu", ela explica. "Choro pelo menininho que ele foi há muitos anos, num lar que não conheceu a intimidade, o divertimento, a alegria e pelo homem que ele se tornou, odiando a si mesmo. Choro pelo controle que ele buscava na esperança de minimizar sua dor e, principalmente, choro pela severidade marcada em seu rosto acinzentado pela morte."

"Em seu funeral, ao qual compareceram apenas seus filhos e eu, ele foi lembrado pela dádiva excepcional que deixou – sem saber – para cada um deles: honestidade a qualquer preço, disse um dos filhos; envolvimento no trabalho, disse outro; apoio em tempos de necessidade, disse a filha. 'As pessoas demonstram seu amor de maneiras diferentes', acrescentou Irene, reprimindo os soluços pela primeira vez 'e, algumas vezes, elas estão sentindo muito medo para reconhecê-lo.'"

Nos vários anos em que trabalhei como conselheira/assistente de mulheres espancadas na Vara de Família, atendi, talvez, umas duzentas mulheres – chorosas, enraivecidas ou entorpecidas. Elas me mostravam os braços e os seios com equimoses ou vinham direto da sala de emergência dos hospitais com ataduras e talas; ou ilesas, dizendo: "Ele não bate em mim, mas...". E, a seguir, descreviam em detalhes as ameaças, as humilhações, o isolamento e a privação com os quais o marido ou, em número cada vez maior, os parceiros agrediam-nas ou controlavam-nas.

O que podemos dizer ou fazer para aliviar-lhes a dor? Para diminuir-lhes o medo? Para devolver-lhes a esperança? Todos os dias me faço essas perguntas mas continuo tentando fazer algo. Eu lhes ofereço opções: obter uma ordem de proteção; trocar as fechaduras da porta; ficar durante algum tempo na casa da mãe, da irmã ou de amigas; relatar qualquer transgressão; pedir à polícia um mandado de prisão; procurar um advogado; não perder os filhos de vista. E, principalmente, eu lhes digo: "Nós nos importamos. Estamos aqui para ajudá-las. Procurem-nos".

Volto para casa todas as noites tal qual um balde transbordando de dor com a minha e a delas. E eu sei, como talvez não saiba o juiz que as atende, que as suas feridas invisíveis ameaçam sua vida exatamente como as fraturas, as contusões e o sangue que os olhos do juiz não conseguem evitar.

Não é fácil reconhecer e compreender o abuso não-físico, como escreve Ginny NiCarthy em *Getting Free*, "Uma mulher com um olho roxo ou ossos quebrados sabe que alguma coisa lhe foi feita, mas, algumas vezes, o abuso emocional é tão complexo e atordoante que se torna difícil dar-lhe um nome. Se não é possível identificá-lo claramente, a pessoa para a qual ele é dirigido pode acreditar que está imaginando coisas".

A violência secreta, não-identificada, não-reconhecida, contra as mulheres precisa acabar. Entretanto, os homens e as mulheres só alcançarão o seu objetivo quando puderem enfrentá-lo diretamente, como estão começando a fazer com a violência física, violenta. E, só então, todos os homens e mulheres poderão desfrutar de um relacionamento de verdade, igualdade e amoroso.

PARTE I

O que é abuso não-físico?

I

"Eu não faço nada direito."

A HUMILHAÇÃO DO ABUSO EMOCIONAL

Bárbara era uma boa cozinheira. Ela sabia disso e Sal também. Quando se casaram, quase todas as semanas Sal trazia amigos para jantar e elogiar o seu *"fetuccine* Alfredo" e a sua torta de queijo. Uma noite, quase um ano após o casamento, depois de avisar que marcara um encontro com uma amiga, Bárbara explicou ao marido que o seu jantar estava no microondas, pronto para ser aquecido, pois ela não estaria em casa para cozinhar. Sal ficou furioso. "Nem sonhe, você *vai* estar em casa para cozinhar. Quando eu chegar, o meu jantar estará na mesa, não no microondas." Bárbara desmarcou o encontro.

Algumas semanas depois, enquanto Bárbara servia o jantar para o marido e um amigo, Sal cuspiu a comida, gritando: "O que você está tentando fazer, nos envenenar?". Ele a obrigou a fazer novamente o jantar – cujo sabor lhe parecia muito bom – enquanto com o amigo acabavam com duas garrafas de vinho. Três dias depois, o caminhão dele quebrou e, quando chegou em casa, duas horas atrasado, Bárbara começou a esquentar o seu jantar. "Eu não como restos de comida fria", disse, lenta e deliberadamente: "Dê isso para os cães ou coma com eles, cadela".

Naquela noite, começaram oito anos de abuso emocional, que só terminaram quando Bárbara foi para a casa da mãe, com um caso de herpes-zoster tão grave que ela não conseguia mover-se e nunca mais voltou para casa. Sal se concentrava na única coisa da qual ela sentia grande orgulho – ser uma boa cozinheira. O que já lhe dera tantas alegrias, enquanto descobria novas receitas, plantava ervas numa jardineira e criava os próprios pratos, tornou-se uma fonte de terror. Uma noite, quando o bairro ficou sem energia durante cerca de vinte minutos, Sal saiu furioso porque o jantar não estava servido quando chegou em casa. Outra noite, jogou o prato no chão porque ela aproveitou um pedaço do assado do dia anterior para fazer o ensopado.

Não importava o que Bárbara fizesse, ela não conseguia agradá-lo. O que começara com o seu fracasso na cozinha, progressivamente, passou a incluir a sua conversa "boba", o seu aumento de peso e o seu mau desempenho na cama. Como se estivesse triturando as pedras que carregava em seu caminhão, ele diminuiu a auto-estima de Bárbara até esmagá-la. Sal a fazia sentir-se não apenas inútil por fazer tudo errado, mas também culpava-a por deixá-lo zangado. Afinal, ele a convenceu: não era culpa dela se não conseguisse cozinhar do jeito que ele queria? E não era culpa dela se não conseguia conversar com ele de maneira inteligente? E culpa dela se o deixava constrangido por ter engordado? E culpa dela se não conseguia agradá-lo na cama?

Sal é como qualquer vitimizador: manipula a relação com a crença de que, por mais que a mulher tente, sua incapacidade para satisfazê-lo deve-se não só às suas exigências irracionais, mas aos seus erros e fracassos. Os erros que ela comete, os quais o homem apresenta em número e tamanho cada vez maiores, indicam o seu sucesso: o controle total. Como diz Kate no final de *The Taming of the Shrew*, a mulher vítima de abuso se submete à vontade do homem dizendo, na verdade:

Teu marido é o teu amo, a tua vida, o teu guardião,
A tua cabeça, o teu rei, aquele que cuida de ti.

O abuso emocional assume muitas formas diferentes no caminho para o objetivo do poder e todos eles destroem aos poucos o auto-respeito e a auto-estima da mulher. Um homem pode começar com uma reclamação e deslizar para as críticas constantes e xingamentos antes mesmo de ela perceber a existência de um problema. Ele pode envergonhá-la em público, gritando ou humilhando-a. Pode acusá-la de ter amantes e começar a vigiar cada movimento seu, seguindo-a quando ela encontra um amigo. Pode afastar-se quando ela tenta conversar ou fazer cara feia e não falar com ela durante dias seguidos. Pode lançar acusações e blasfêmias contra seus pais e outros parentes aos quais ela é muito ligada. Pode proibi-la de tomar decisões ou opinar em assuntos familiares e, até mesmo, em seus assuntos particulares.

A mulher vítima do abuso emocional vive num estado de medo: o que o homem fará a seguir? Sua vida torna-se um inferno, como a de um dissidente na época de Stalin, imaginando a cada momento quando a KGB irá agarrá-lo. Com medo de baixar a guarda, ela não pode sequer desfrutar de momentos tranqüilos com ele – um filme ou uma noite com amigos – sempre cautelosa, sabendo o que ele pode fazer com um mínimo de provocação.

Como uma nuvem negra anunciando uma tempestade, o perigo é iminente caso diga uma palavra errada, olhe da maneira errada, ou sorria quando não deveria.

No emprego ela pode esquecer-se durante algum tempo: o seu trabalho é importante e o desempenha bem. O patrão a respeita, ela trabalha muito e participa do clima de camaradagem do escritório. Todas as manhãs, ela agradece a Deus pelo seu emprego e sente pena da mulher que não tem um! Mas a mulher que não trabalha fora também encontra uma válvula de escape no lar, que o marido deixa quando sai todas as manhãs para trabalhar. Oito maravilhosas horas de paz! Ela pode assistir aos programas femininos da TV e ler tranqüilamente o jornal, enquanto termina de tomar seu café. Pode concentrar-se sem medo em qualquer coisa que aprecie – um livro, costura, pintura, ginástica. Pode encontrar amigos, fazer compras ou apenas caminhar e ser ela mesma. A vida pára de soluçar e canta.

Então, chega a noite para ambas: o escritório fecha, os amigos vão embora, o espaço aberto na casa é invadido. As mulheres contam que o abuso emocional começa antes mesmo de ele voltar para casa ou antes de ela retornar do trabalho; ele começa com a lembrança, começa com o pavor. Como na história de Cinderela, a magia do baile termina à medida que o homem abre a porta da frente ou a mulher vai para casa; para a escravidão do abuso, ela murcha, sabendo que não deixou para trás nenhum sapatinho de cristal.

Irene, minha amiga, diz que era diferente e, provavelmente, pior, porque não era realista. Ela não conseguia acreditar, mesmo depois de quarenta anos, que, ao voltar para casa, o seu lar seria o mesmo lugar triste, tenso, que deixara pela manhã. Afirma que ainda pode sentir a expectativa crescente de quando colocava a chave na fechadura, pensando que daquela vez seria diferente; alguma coisa maravilhosa teria acontecido – ele teria mudado! "Que tola eu era!", exclama. "Ao meu primeiro alegre 'Oi, já estou em casa', a pesada mortalha da qual eu escapara, novamente me asfixiava. É preciso muito tempo para o otimista abandonar a esperança, não é?".

Para muitas mulheres, a meia-idade traz as alegrias dos cheques da previdência social, o afeto e a proximidade de outras pessoas proporcionados pela aposentadoria. Conheço casais de sessenta e setenta anos que jogam tênis juntos, viajam como nunca puderam viajar antes, vivem um romance recém-descoberto. Entretanto, para outras, surge um pavor maior: ele não terá nenhum emprego para onde ir, nem colegas do escritório com quem sair ou problemas de negócio para ocupar os seus pensamentos. Ele ficará em casa e tudo o que terá é a esposa.

Quando um vitimizador emocional permanece em casa o tempo todo, ele tende a aumentar o abuso por dois motivos: primeiro, porque tem mais tempo para encontrar erros e, segundo, porque, sem o *status* que o trabalho lhe proporcionava, tem apenas um foco para sustentar o seu ego: o poder dentro de casa. "Eu tinha medo do dia em que Harry se aposentasse", uma amiga me contou, "e é ainda pior do que eu temia". Ela está à sua disposição, forçada a renunciar a qualquer decisão que tenha tomado anteriormente, com medo de uma cena, dominada e humilhada, privada da paz e da liberdade que desfrutara ocasionalmente, coisas tão rotineiras como fazer compras no supermercado. Ela tem tanto medo de não agradar Harry, que recusou-se a comparecer a um jantar da sua antiga turma, no caso de Harry ter planejado alguma coisa para aquela noite.

"Por que você não lhe pergunta?", sugeri.

"Ele gosta de me surpreender no último minuto", ela respondeu, sem perceber que o eufemismo de Harry para *controle* era *surpresa*.

Toda mulher presa na armadilha do abuso emocional é capturada antes mesmo de perceber. Ela não está esperando por aquilo. Mesmo que tenha ouvido falar de abuso emocional, o que não acontece com muitas mulheres, como um acidente de avião, isso só acontece com as outras pessoas, não com ela. Não o seu marido. A princípio, tem explicações fáceis e racionais para justificar o comportamento dele. Se ele fica com ciúmes, é porque a considera desejável; ela se sente lisonjeada. Se insiste em tomar todas as decisões, é porque deseja protegê-la e defendê-la; ela se sente protegida. Se não se comunica, é porque é do tipo silencioso; ela compreende. Se a deixa constrangida ou esbraveja, é só porque perdeu a cabeça e não queria fazer isso; ela perdoa. Quando percebe que realmente quer fazer isso e não se sente mais lisonjeada, protegida ou compreensiva – e, certamente, não generosa – ela se descobre num relacionamento tão deformado que não consegue enxergar uma saída. A carta de Edith Wharton, mencionada por Irene Worth, em seu programa de TV, conta como ela conhecia esse sentimento e expressou-o numa simples metáfora: "Eu ouvia a chave girar na fechadura da minha prisão", ela escreveu certa ocasião, quando o marido aplicou outro golpe emocional.

As mulheres mais velhas, como a minha amiga Irene, podem não saber que o seu relacionamento insatisfatório é abusivo e, mesmo que soubessem, não esperariam encontrar uma saída. Criadas num lar em que o marido dominava como o chefe incontestado – fac-símiles da peça *Life with father* – foram condicionadas a desempenhar um papel submisso. Não gostam dele, mas aceitam-no. "O que eu vou fazer?", perguntou-me uma amiga de setenta anos de idade. "Desistir de um bom lar e de uma vida confortável só porque Jim me trata como lixo? De jeito nenhum. Eu sou infeliz, mas agüento." Ela agüenta, como Irene e como milhares de mulheres da sua idade agüentam, não fingindo que não está lá – *está* lá –, mas anestesiando os seus sentimentos. Elas são sobreviventes, essas mulheres mais velhas – não felizes, mas fortes. Se tivessem sido capazes de escolher ou mesmo de imaginar um relacionamento de maior igualdade com os maridos quando eram mais jovens, poderiam não ter desenvolvido a coragem necessária para agüentar um parceiro abusivo. Se tivessem podido escolher, talvez não tivessem se tornado tão fortes, mas, certamente, teriam se sentido muito mais realizadas.

Para tentar suportar o abuso emocional, como fez Irene e como ainda fazem muitas das minhas amigas, uma mulher precisa anestesiar não somente os seus sentimentos, mas também a sua vontade: a deferência, a humilhação, a sensação de fracasso. Se vale ou não a pena, cabe a cada pessoa decidir. Se ela pesa os prós e os contras e decide continuar, deve abandonar a opção de responder, pois é em resposta ao desafio de uma mulher que um homem aumenta o abuso para poder manter o poder e o controle. Os estudos mostram que um número maior de mulheres mais velhas agüenta mais o abuso do que as mulheres mais jovens. Isso é compreensível: tendo crescido antes de Betty Friedan e de outras mulheres, que puseram abaixo os antigos estereótipos sexuais, elas não desafiam a sua tirania. Ele permanece seguro em seu papel de macho.

Os casos de abuso emocional que ouvimos de amigos ou que são pessoalmente suportados diariamente podem passar despercebidos ao mundo exterior quando uma mulher veste o sorriso sugerido pela mãe e representa o seu papel com uma prática há muito adquirida. Entretanto, os casos que surgem na Vara de Família são tão flagrantes que a mulher busca a libertação da brutalidade que está prestes a destruí-la. Os exemplos seguintes ilustram aquilo que poderia ser chamado de a última gota:

- Um marido recusou-se a deixar a esposa regular a temperatura do ar-condicionado – que estava na marca dos 15 °C mesmo sendo de janeiro e após ter voltado da maternidade com um bebê recém-nascido. Quando pediu a um vizinho para explicar o perigo ao marido, ele gritou: "Você quer calor? OK, eu lhe darei calor", e aumentou a temperatura – acima de 40 °C.

- Outro, obrigava a esposa a dormir no chão se ela fizesse uma comida que ele não gostasse – e ele nunca gostava. Mesmo depois de ela ter ficado com problemas nas costas, ele não cedeu.

- Um homem, funcionário de uma penitenciária estadual, continuava a deliciar-se brincando com sua arma, diante da mulher, quando ela fazia qualquer coisa que o aborrecesse. "Você não pode ter a certeza de que eu não vá atirar, pode?", ele escarnecia com um sorriso irônico.

- Um homem, que está desempregado, fica furioso quando a esposa chega do trabalho, chamando-a de prostituta e de cadela. Com freqüência, os vizinhos chamam a polícia, não somente por ficarem zangados com o barulho, mas também com medo do que ele possa fazer.

- Um policial, com a mente alterada por uma possessividade ciumenta, faz dois agentes do seu distrito seguirem a mulher numa viatura policial quando ela sai de casa, esperando apanhá-la com o amante. Certa ocasião, vendo um homem com ela, os policiais a fizeram parar o carro para perguntar quem era o passageiro. Era o seu pai.

- Um ex-amante telefona para a mulher até vinte vezes por dia, gritando obscenidades ou deixando mensagens gravadas na secretária eletrônica quando ela não atende o telefone.

Uma característica comum àqueles que praticam abusos emocionais é a habilidade para encontrar o ponto fraco da mulher, para utilizar como uma arma aquilo que lhes é mais importante. Em muitos casos, são os filhos. Um homem divorciado cortou os longos cabelos da filha porque a ex-esposa cuidava muito deles. Outro só devolvia as crianças, depois de uma visita, se a ex-esposa vestisse as suas melhores roupas e implorasse sedutoramente. Um marido descobriu que a melhor maneira de maltratar a esposa era ameaçando castigar os filhos; outro vivia dizendo que fugiria com as duas filhas e que ela nunca mais as veria. Outro chamava a esposa no seu escritório para observá-lo ensinando o filho de treze anos a beber e a fumar, dois dos seus hábitos que ela detestava.

Quando gritos e xingamentos não humilham mais a mulher como faziam anteriormente, alguns homens criam uma nova variação de abuso e começam a proferir obscenidades diante dos filhos, cujas lágrimas e pedidos deixam-na mais angustiada. O exemplo mais grave de abuso infantil como forma de atingir a mulher foi o caso de um homem, posteriormente acusado de molestador sexual. "Você encontrou a arma perfeita", disse o juiz numa audiência: "As crianças. De acordo com a sua confissão, você fez jogos sexuais com elas para atingir a sua esposa". O resultado foi que o juiz limitou as suas visitas às crianças a duas horas por semana, sob supervisão profissional.

Os animais de estimação são outra arma de abuso emocional para um homem "cumpridor da lei" para atacar uma mulher. Como um homem, que foi levado ao tribunal, pois amarrou uma corda no pescoço do gato e ameaçava estrangulá-lo. Um homem provocou e torturou quatro gatinhos da namorada antes de afogá-los. Um outro arrancou todas as penas do canário da esposa. Outro escondeu o cachorro num armário e disse que ele havia fugido. Outros, ainda, atearam fogo no rabo do cachorro.

A propriedade de uma mulher, particularmente o seu carro, do qual ela se orgulha muito, é outra arma à mão para o abuso. Um homem fez profundos arranhões nos dois lados do adorado Thunderbird da esposa. Outro pôs fogo no assento do seu Plymouth, enquanto outro jogou o seu Subaru contra a parede, destruindo toda a frente do carro. Sistematicamente, os homens têm destruído vasos e cadeiras, têm queimado cigarros em sofás preferidos, aberto buracos em mesas antigas. O dano não é somente um profundo sofrimento para a mulher, mas também uma ameaça do que lhe poderia acontecer.

Os homens já ridicularizaram o diploma que a mulher se esforçou para obter, podaram os botões das suas roseiras, retalharam o seu vestido preferido, espalharam fezes na parede do quarto que ela acabou de pintar, difamaram os seus pais. Qualquer coisa que magoe. Qualquer meio para rebaixá-la. Entre as mulheres mais vulneráveis, dizem os advogados, estão as asiáticas, para quem a família é tão importante, que uma única acusação de infidelidade é motivo de abandono; elas não se atrevem a erguer o olhar na rua ou no elevador com medo de encontrar os olhos de um homem e, assim, perder o marido.

As mulheres imigrantes, que moram com homens que se recusam a legitimá-las com o casamento, são um grupo igualmente vulnerável, sob a ameaça de uma denúncia ao Serviço de Imigração e de Naturalização, mantêm-nas como escravas. Talvez os casos mais tristes sejam os das dependentes de drogas – mulheres mantidas sob o domínio de homens que negarão as drogas ao menor desafio ao seu controle. A ironia é que, numa elevada porcentagem de casos, foram os homens que as levaram à dependência.

Assim, o golpe emocional abrange uma ampla escala, desde a crueldade constante com uma mulher, até o trauma emocional. Embora os seus ossos nunca sejam quebrados, sua carne nunca seja queimada, seu sangue nunca seja derramado, mesmo assim ela é ferida. Sem autoconfiança e auto-respeito, ela vive vazia, sem uma identidade pela qual se expressar. Cede o controle de sua vida ao seu vitimizador. Está impotente.

Joan Zorra, diretora do National Center on Women and Family Law, considera o abuso emocional muito pior do que o físico porque ele atinge a nossa essência básica. "Vi mulheres que buscaram proteção falarem sem emoção a respeito de narizes quebrados e rostos inchados", ela diz, "mas quando começam a falar dos golpes emocionais, ficam prostradas e perturbadas". O corpo resiliente recupera-se com ungüentos e talas – as mulheres espancadas sabem disso em sua dor. Mas o ferimento do espancamento emocional é tão profundo, a angústia tão intensa, a recuperação tão inatingível que, como diz o ditado espanhol, "Aquele que perde o seu espírito, perde tudo". A mulher objeto de abuso emocional perde a si mesma.

2

"Acho que estou ficando louca."

A LOUCURA DO ABUSO PSICOLÓGICO

No filme *Gaslight*, Charles Boyer, determinado a encontrar e possuir quatro jóias preciosas escondidas numa casa pelo antigo dono, o qual ele estrangulara, arma um esquema que quase dá certo. Casando-se com a herdeira, Ingrid Bergman, ele a convence a morar na casa e, então, começa a destruí-la, levando-a à loucura. Mostrando-se preocupado, ele a convence de que ela roubou o seu relógio, escondeu um quadro que estava na parede, perdeu o broche que colocara na bolsa, até fazê-la acreditar que estava ficando louca. Ele proíbe visitas na casa e recusa convites sob o pretexto de estar preocupado com a sua saúde; humilha-a diante dos empregados e fica com ciúmes quando ela sorri para um estranho – tudo, ele explica com a famosa solicitude boyeriana, porque deseja protegê-la. No decorrer do filme, o espectador vê Ingrid Bergman degenerar da confiança ao terror, do amor à submissão sob o firme controle do marido. Finalmente, ela *fica* louca porque *acredita* que é louca e, no final feliz exigido, ele é morto pela "insanidade" que lhe impingiu.

O filme é notável, não apenas por ter ganho um Oscar, mas, também, por introduzir uma nova palavra em nosso vocabulário. *Gaslighting* – o processo premeditado de, persistentemente, convencer uma pessoa de que ela é louca. O *Gaslighting*, uma das principais formas assumidas pelo abuso psicológico, é uma maneira sutil de corroer as bases da lógica sobre as quais uma pessoa aprendeu a tomar decisões e agir.

Por exemplo, Ingrid Bergman sabe que não escondeu o quadro, nem perdeu o broche ou roubou o relógio, mas Charles Boyer a convence disso. "Você esqueceu, querida", ele a conforta amorosamente, convencendo-a de que está cansada e não está bem. A tensão aumenta: será que ela está enlouquecendo? A vida real também tem os seus dramas. Uma mulher, que buscara refúgio num abrigo temporário, depois de ter passado muitos anos sofrendo diversos tipos de abuso, contou-me uma história não muito diferente daquela do filme. O marido adorava um bolo especial de chocolate e nozes. Ela sempre o fazia para agradá-lo quando ele se zangava com ela ou com os filhos. Uma noite, quando ele nem mesmo parecia zangado, ela lhe deu um pedaço de bolo como sobremesa, só para ouvi-lo dizer: "Para que você está me servindo isso? Você sabe que eu detesto bolo de chocolate com nozes". Assim como Ingrid Bergman, ela perguntou a si mesma: "será que estou enlouquecendo?".

Um homem pode arquitetar incontáveis tipos de jogos mentais para abusar psicologicamente da mulher. Uma manobra comum é ligar para a esposa durante o dia e dar-lhe algumas instruções: buscar as roupas na lavanderia, comprar selos, calibrar os pneus do carro etc. Quando ele volta para casa à noite, ela orgulhosamente declara: "Missão cumprida", e ele olha para ela, confuso. "Do que você está falando? Eu não lhe telefonei!" Ele também pode reverter o processo: *não* telefonar dando instruções e, então, enfurecer-se ao voltar para casa, porque ela não as seguiu.

O marido de uma mulher que estava num abrigo em Nova York, contou-nos a respeito da meticulosidade com que ela arrumava os sapatos no armário – agrupados por cor, com todos os pares pretos, marrons, brancos, cremes e pastéis arrumados lado a lado. O abuso assumiu a forma de interromper os códigos de cor, movendo alguns pares e, como nunca lhe ocorrera que ele pudesse inventar um esquema tão diabólico, confusa, com os sapatos trocados, ela também presumiu que estivesse perdendo a sanidade.

Outro homem, que trabalhava com o seu melhor amigo, ficava indignado com o fato de o vitimizador "colocar idéias" na cabeça da própria esposa – idéias ameaçadoras como igualdade, respeito e cooperação. O marido fez o amigo ligar para a esposa, noite após noite, e desligar assim que ela atendesse o telefone. Quando a esposa se mostrou preocupada com aqueles telefonemas, o marido lhe disse: "O telefone não tocou. Você deve estar imaginando".

O maior abuso psicológico é levar uma mulher ao limite da sanidade. Um homem costumava colocar a esposa numa instituição para doentes mentais – um manicômio, como era chamado na época – simplesmente afirmando que ela era insana. Contudo, atualmente, isso é mais difícil, uma vez que as novas leis exigem que se comprove que a pessoa é um perigo para si mesma ou para os outros para ser internada. Na verdade, a maioria dos vitimizadores, diferente de Charles Boyer, não deseja afastar as esposas porque, então, teriam de entregar o controle para a instituição. Como o controle é o seu objetivo, eles até mesmo opõem-se ao divórcio pedido pela esposa, para mantê-la "no seu lugar", submissa. "Eu a amo", eles insistem em afirmar ao juiz e à mulher, e é possível que amem mesmo. Entretanto, o amor é tão subjetivo que desafia definições. Embora tanto um vitimizador quanto um parceiro amoroso possam identificar os seus sentimentos com as palavras "Eu a amo", ninguém pode ler o seu coração. O comportamento é evidente para a maioria das pessoas, mas é difícil acreditar que um homem ame a mulher que espanca, apesar das suas afirmações. A verdade está mais perto de: "Eu amo o que ela faz para mim". E o que ela faz para ele é lhe dar o controle.

Apesar da variedade de exemplos de abuso psicológico citados, todos têm a mesma finalidade: abalar a segurança de uma mulher com relação ao raciocínio lógico no qual ela se baseou toda a vida. Com o abuso psicológico, a causa não leva mais ao efeito. O psicólogo Ivan Pavlov, seguido pelos psicólogos comportamentais como B. F. Skinner, demonstraram a eficácia do sistema causa e efeito. Baseados no princípio da punição para o erro e da recompensa para o acerto, apresentam dois resultados.

Primeiro, motiva uma pessoa a fazer o que o controlador estabelece como certo, que pode ser tocar uma campainha para servir o jantar ou para solucionar um conflito interpessoal sem o uso da força para obter a paz. As crianças são motivadas por esse sistema todos os dias na escola, onde "certo" é uma resposta para a qual o professor dá uma nota *A*. A recompensa faz o esforço valer a pena, especialmente quando a punição é uma alternativa: ficar sem jantar, ser repreendido, tirar uma nota *zero* num teste.

Segundo, o uso repetido da recompensa e da punição provou-se, realmente, capaz de alterar o comportamento de uma pessoa. Mesmo quando a campainha não for tocada, o cão salivará naquela hora; quando não houver ninguém por perto para elogiar, a pessoa servirá de mediadora no conflito; quando não houver uma nota *A* para receber, o aluno estudará.

A maioria de nós é tão dependente desse sistema que estrutura o comportamento esperando que ele funcione. Nossa vida assume a forma dos nossos padrões de motivação: se permanecermos do lado direito da rua, chegaremos em casa a salvo; se decidirmos dirigir do lado esquerdo, acabaremos mortos.

A mulher vítima de abuso aprende, por assim dizer, a dirigir com o tráfego, na pista da direita. Embora o resultado possa ser uma úlcera ou um colapso nervoso, ela está condicionada a antecipar aquilo que agradará ao marido – e, mais importante, aquilo que não o *irritará* – e agir de acordo. Enquanto causa e efeito se mantiverem constantes, ela também continuará, não gostando, mas pelo menos *sabendo* o que deve e o que não deve fazer para ficar segura.

Entretanto, se o marido desvirtuar o sistema de causa e efeito sob o qual vivem, ela, assim como a Alice de Lewis Carroll, irá encontrar a si mesma num país das maravilhas sem sentido. O homem que pratica o abuso psicológico parece saber disso de modo instintivo, utilizando-o diabolicamente. Ele irá abusar da mulher emocionalmente, durante semanas, reforçando os padrões de humilhação e inutilidade que estabeleceu e, então, de repente, sem nenhum motivo, mudará. Uma noite, chegará em casa com flores e a levará para jantar num bom restaurante. Como ela mal se atreve a conversar ou sorrir, ele a repreende gentilmente: "Vamos lá, nós estamos nos divertindo, não estamos?" e ela começa a pensar que talvez estejam.

Até o dia seguinte, a semana seguinte ou a seguinte. Então, sem nenhuma provocação, ele grita com ela, restabelecendo o antigo padrão de abuso. Agora ela está confusa: Por que, de repente, ele foi tão bom? O que ela fizera para enfurecê-lo novamente? O marido continua a representar o papel do bom sujeito, dessa maneira, sem nenhuma lógica – sem nenhuma razão para a súbita bondade e sem nenhum motivo para a reversão ao abuso. Sem que essas mudanças possam ser atribuídas aos seus atos, não existe nenhuma causa para o efeito.

Sem meios de saber o que fazer para agradar o marido e o que evitar para não irritá-lo, a mulher fica num dilema. Como o gato Cheshire diz para Alice quando ela reluta em visitar o Chapeleiro Maluco ou a Lebre Maluca porque ambos são loucos: "Oh! Você não pode evitar; nós todos somos loucos aqui. Eu sou louco. Você é louca... Você deve ser ou não teria vindo aqui". Antes de cair na toca do coelho, a vida fazia sentido para Alice; agora ela está de cabeça para baixo.

Igualmente, a mulher vítima de abuso psicológico sente que entrou num mundo virado de cabeça para baixo, no qual a lógica sobre a qual ela construiu a sua sanidade não mais se aplica. Ela se sente como Alice, tentando compreender a passagem do tempo no país das maravilhas, quando a Rainha de Copas a descreve: "Aqui, temos principalmente dias e noites, duas e três vezes ao mesmo tempo e, algumas vezes, no inverno, temos cinco noites juntas – para aquecer, você sabe". Na verdade, o vitimizador alterou o seu estado de consciência, pois ela atravessou a moldura do espelho, entrando num mundo em que nada é como deveria ser. Nessa confusão mental, mais do que nunca, ela é dependente dele, uma percepção que permitiu a um homem dizer para a esposa: "Louca como é, você tem sorte de ter a mim. Caso contrário estaria no hospício". Alguns homens abusivos utilizam as drogas para obter esse efeito. Um homem forçava a mulher com quem vivia a beber com ele à noite até ficar bêbada. Então, ele trazia os amigos para fazer sexo com ela e, no dia seguinte, descrevia-lhe o ato em detalhes. Ele sempre concluía o seu terrível relato lembrando-a de que era uma prostituta que qualquer outro homem rejeitaria. Embora não se sentisse uma prostituta, acreditava nele porque não sabia mais em quem acreditar.

Há alguns anos, quando trabalhava em um presídio, conversei com muitas mulheres que acabaram na prisão pela manipulação das drogas efetuada pelos seus homens. Nas palavras de uma atraente ilustradora de uma revista: "Ele me levou para um mundo que eu achava que só existia nas revistas sensacionalistas, até eu me tornar uma das suas habitantes. Eu não me conhecia mais. Ele não me batia, mas me mantinha tão drogada que eu me sentia como um robô controlado pelos botões que ele apertava. Quando a polícia me prendeu, eu nem mesmo sabia que estivera numa farra com drogas". Um homem que transforma a sua mulher num robô, com certeza, venceu o jogo mental do abuso psicológico.

A lavagem cerebral como abuso

Uma segunda forma importante de abuso psicológico acrescentou outra palavra ao nosso vocabulário, embora ela não tenha começado com mulheres. Nós a observamos quando os prisioneiros americanos da guerra no Japão e os dissidentes presos na China foram mostrados confessando os erros do seu comportamento e recitando a liturgia do credo dos seus capturadores. *Lavagem cerebral*. Esse é o método pelo qual um capturador, pelo controle coercivo, subjuga a mente dos prisioneiros à sua vontade.

Com o advento da televisão, a lavagem cerebral foi mostrada claramente. Não precisávamos mais confiar na voz do capturador ouvida pelo rádio ou em suas palavras, citadas nos jornais; agora, uma audiência mundial podia ver e ouvir os convertidos subjugados e curvados, em primeira mão. Poucas pessoas que assistiram ao jornal da noite poderão esquecer-se dos prisioneiros comunistas na Rússia, zumbis enfileirados na frente das câmeras da televisão, admitindo os seus crimes e a sua culpa antes de serem executados. Mais recentemente e, mais dolorosamente, permanece a cena dos reféns americanos no Irã, marchando de olhos vendados em meio à multidão zombeteira, pedindo desculpas pelos pecados da América e implorando a aquiescência do presidente às exigências iranianas para garantir a sua libertação.

No início dos anos 70, como educadora, fui convidada pelo reverendo Sun Myung Moon para jantar no Waldorf Astoria, em Nova York. Centenas de convidados, sentados em mesas para oito ou dez pessoas no magnífico salão de baile, jantando filé mignon, ouvindo propaganda sobre as boas obras da comunidade religiosa de Moon e um discurso de duas horas sobre a linha de ação do reverendo, inacreditavelmente pronunciado em coreano. Embora muitas pessoas com o pavio muito mais curto do que o meu tenham levantado e saído no meio do discurso, estou feliz por ter permanecido, pois, quando ele finalmente acabou, fomos encorajados a fazer perguntas – não ao reverendo, mas aos membros da seita sentados em cada uma das mesas para esse propósito.

Esses membros eram homens e mulheres, jovens e atraentes, de diferentes nacionalidades, extremamente limpos, como meus filhos os teriam descrito, que nos olhavam com sorrisos de comercial de pasta dental e falavam num tom de voz sem emoção. Estava óbvio que as suas respostas haviam sido programadas, como o *Word Perfect* no meu computador, porque sempre que um convidado pressionava uma tecla, a resposta saía insípida e literal. Tendo trabalhado a maior parte de minha vida com jovens, posso reconhecer a espontaneidade. Aqueles jovens não tinham nenhuma. Eles nos respondiam como os bonecos Ken e Barbie e tudo o que pude pensar foi no *The Stepford Wives*. Esse foi o meu primeiro encontro frente a frente com a lavagem cerebral.

A partir daí, eu e o resto do mundo nos familiarizamos com a técnica, como a utilizada pelas seitas. Em 1978, mais de uma centena de seguidores de Jim Jones tiveram a sua vontade tão enfraquecida, que se sujeitaram a tomar veneno e dá-lo aos filhos. Em 1993, quase oitenta membros da seita *Branch Davidians* seguiram David Koresh à morte pelo fogo. Conversei muito com um dos seus membros, um jovem formado em Yale, que conheci num programa de televisão, e que escrevera um livro a respeito das suas experiências induzidas pelos moonies. Ele ficara tão robotizado, que a sua barba parara de crescer e, para seu horror, percebeu que perdera o mecanismo protetor da dor: certa ocasião, ele continuou trabalhando com a enxada, na fazenda dos moonies, durante oito a dez horas por dia, com uma das mãos supurada, o que anteriormente o teria feito procurar a sala de emergência do hospital com dores terríveis.

"O que eles fizeram para levá-lo a esse estado?", perguntei. A sua resposta explicou um método de controle de pensamento, naquela época inimaginável para quem não fora submetido a ele.

Primeiro, destruíram aos poucos a sua saúde e a sua força, privando-o de sono adequado e oferecendo comida suficiente apenas para a sobrevivência. Além disso, trabalhavam nele durante longas horas.

Segundo, o isolaram, fazendo-o romper todos os contatos com a sua vida anterior – amigos e familiares – para que só restasse a comunidade Moonie como o seu grupo de apoio.

Terceiro, o submeteram à propaganda repetida dos líderes da seita e dos colegas que, enquanto a faziam, envolviam-no na atmosfera de aceitação e amor. Ele se aninhou nas suas crenças e no seu estilo de vida como se o fizesse por livre vontade.

Finalmente, o mantinham num constante estado de ansiedade. Ele se sentia apoiado pela comunidade, mas sabia que se questionasse ou violasse uma regra, se voltaria contra ele com castigos severos e sabia também que não havia como fugir.

Anos atrás, uma celebridade americana foi manchete dos jornais e tornou-se assunto de livros, de um filme e de um programa de televisão, ao ser seqüestrada de sua suntuosa casa na Califórnia e mantida prisioneira pelo Exército da Liberação Simbionesa. Patty Hearst. O dilúvio de temores e lágrimas, derramado pelo público durante as semanas em que ela permaneceu prisioneira, secou logo depois, num terrível choque: Patty Hearst foi fotografada com uma carabina semi-automática na mão, junto com os seus ex-seqüestradores, assaltando o Banco Hibernia em San Francisco. Fugiu com eles e, durante semanas, ficou escondida, uma criminosa procurada pela justiça. Quando finalmente foi levada à justiça, os fatos da lavagem cerebral foram trazidos à luz. Como os prisioneiros, reféns e membros de seitas, ela fora vencida, não pelo castigo, mas pelo controle dos pensamentos. Os seqüestradores haviam transformado a filha debutante dos Hearsts num reflexo de si mesmos, assim como os moonies haviam transformado o jovem de Yale:

- Mantiveram-na exausta.
- Sufocaram-na com propagandas sobre a exploração dos pobres pelos ricos famintos de poder como o seu pai e sobre a necessidade da violência para destruir o sistema e estabelecer a justiça.
- Mantiveram suspensas sobre sua cabeça, como a espada de Dâmocles, ameaças de surras e estupro caso ela os desafiasse.

Como investigadores da polícia extraindo informações de um suspeito, alternaram o abuso verbal com a bondade, a fúria com a proteção, para desequilibrá-la ainda mais. Logo, com a sua vontade submetida à deles, ela devotadamente transformou-se naquilo que os seqüestradores pretendiam – um deles.

Os maridos que praticam abuso psicológico adaptam os métodos de lavagem cerebral para manipular a vontade da esposa. É difícil ignorar as semelhanças.

Cativeiro

Homens psicologicamente abusivos mantêm a mulher prisioneira – não com as barras das penitenciárias ou as paredes da cela de reféns, nem mesmo com o transe hipnótico dos membros das seitas. Acorrentam-na com aquilo que muitos chamam de *impotência aprendida* – um estado mental no qual a mulher é incapaz de resistir à pressão manipuladora do homem – e outros consideram apenas puro medo. Mesmo os profissionais, que se opõem à teoria da impotência aprendida, admitem que a mulher vítima de abusos psicológicos geralmente entra numa depressão clínica que provoca sintomas semelhantes: perda de iniciativa, resignação, incapacidade para lidar com as tarefas mais simples do dia-a-dia. Uma mulher com quem conversei, agora afastada há dois anos do seu casamento abusivo, lembra-se de que abria o guarda-roupas todas as manhãs e era incapaz de decidir o que vestir. "Eu quero dizer realmente incapaz", ela explica. "Eu colocava e tirava três ou quatro saias ou calças, sem ter consciência do que estava fazendo." Outras mulheres expressam mudanças semelhantes de atitude, bem como de comportamento: "fora do ar", "confusa", "como se estivesse drogada". O abuso psicológico desorienta tanto a mulher, que ela cambaleia como se estivesse na casa maluca de um parque de diversões com o chão inclinado para derrubá-la. Enquanto procura às cegas uma parede para não desabar na escuridão, ela se apóia na única parede que pode alcançar – o homem que a levou para um mundo retorcido.

Os psiquiatras dizem que a depressão é uma técnica de sobrevivência na qual a mente, agarrando-se à vida durante um sofrimento muito intenso para ser tolerado, escapa. Anos após sua fuga, tanto de um relacionamento de abuso psicológico quanto de depressão, uma mulher com cerca de cinqüenta anos contou-me que, na época, realmente pensava estar morta. Ela vira a si mesma, levantando do leito de morte, caminhando sem nenhum sentimento ou pensamento, surda e cega ao que ocorria à sua volta. É assim que acaba o mundo de uma mulher vítima do abuso psicológico – nas palavras de T. S. Elliot, não com uma explosão de resistência, mas com o choro de submissão.

Deterioração da saúde

O homem psicologicamente abusivo também destrói a saúde e a força da mulher, como aqueles que utilizam a lavagem cerebral. As estatísticas indicam que as mulheres vítimas de abuso têm até três vezes mais probabilidades de apresentar más condições de saúde do que as outras mulheres. A privação do sono é comum. Certa vez, uma mulher me disse na Vara de Família que, todos os dias, quando o marido volta do trabalho para casa, de madrugada, ele a acorda para que lhe prepare o jantar e a faz ficar sentada ao seu lado enquanto ele janta. "Ele não gosta de comer sozinho", ela explicou compreensivamente, apesar do fato de ele dormir o dia inteiro, enquanto ela se levanta às 7 horas para ir trabalhar.

Outros homens não apenas acordam a mulher para cozinhar, como forçam-na a manter relações sexuais durante a noite inteira. Alguns a mantém grávida, ano após ano, recusando-se a usar ou a deixá-la usar qualquer método anticoncepcional. "É para isso que Deus a colocou na terra", disse um homem para a esposa após o nascimento do décimo primeiro filho.

Um antigo provérbio árabe diz que aquele que tem saúde tem esperança e aquele que tem esperança tem tudo. Durante algum tempo, enquanto o vitimizador representa os bons dias de afeto e os maus dias de abuso, a mulher consegue manter a esperança; mas, com o tempo, à medida que ele enfraquece a sua força e saúde, a esperança desaparece com a exaustão e ela fica sem nada.

Como a saúde física e mental são gêmeas numa relação simbiótica, o homem que abusa psicologicamente trabalha em cada uma delas para minar a outra e qual delas vem em primeiro lugar não é mais importante do que a controvérsia sobre o ovo e a galinha. Uma mulher convencida de que está ficando louca perde o apetite, não consegue dormir e desenvolve qualquer uma das centenas de doenças psicossomáticas que os médicos precisam tratar. Foi o que aconteceu com Ingrid Bergman em *Gaslight* e é o que acontece com a longa fila de mulheres que vejo no tribunal com problemas de saúde relacionados ao estresse, como asma e enxaquecas.

Por outro lado, uma mulher enfraquecida pela doença é muito mais vulnerável às maquinações de um marido abusivo, que está tentando levá-la à loucura. Uma mulher queixou-se de que o marido não comprara o remédio prescrito pelo médico para aliviar os sintomas de dor após uma cirurgia na perna, que a deixara imobilizada. Uma amiga minha, desesperadamente doente, com gripe, implorou ao marido um pouco de refrigerante, a única coisa que ela conseguia engolir. Do quarto ao lado, cuidando dos dois filhos, eu o ouvi responder: "Eu vou comprar mais tarde. Você pode esperar". Peguei as crianças e eu mesma fui comprá-lo.

Isolamento

Um homem psicologicamente abusivo, como o líder da seita com os seus seguidores, isola a mulher do resto do mundo para que ela não tenha nenhum apoio, a não ser o dele. Ele expulsa os seus amigos, que poderiam servir de medida da vida real sobre a sua própria condição fantasmagórica e só lhe permite ter contato com os seus amigos. Ele rompe as ligações com a família dela, cuja preocupação poderia refletir a sua deterioração e aproxima-a da própria família. Ele a proíbe de ter um emprego, o qual poderia proporcionar-lhe autoestima e comunicação com colegas e aprisiona-a dentro de casa. (O isolamento será amplamente discutido no Capítulo 3.)

Propaganda

Um homem psicologicamente abusivo também vence a mulher pela propaganda. Dia sim, dia não, ele a chama de prostituta, cadela, vagabunda recusando-se até mesmo a usar o seu nome. Ele maximiza qualquer erro que ela cometa e, se não houver erros suficientes, cria outros para colocar em sua mente. Com o tempo, ele a transforma na mulher que ela vê refletida no espelho dos olhos dele – a prostituta inadequada, a cadela, a vagabunda que faz a sua vontade.

Uma mulher de meia-idade, que foi ao tribunal, vivera com um marido abusivo durante 34 anos. Um dos seus quatro filhos morrera de leucemia; ela mantinha dois empregos para sustentar a família porque o marido estava desempregado e esforçava-se para atender a todas as suas exigências. E, mesmo assim, ele a humilhava constantemente. "Eu sei que sou estúpida, mas faço o melhor que posso", ela me disse em tom de desculpa. "Uma mulher mais inteligente seria capaz de agradá-lo, eu acho." Por mais que tivesse tentado, não consegui fazê-la enxergar a enorme força e as diversas habilidades que ela demonstrava todos os dias da sua vida, nem pude convencê-la de que *inteligência* era o que a havia levado ao tribunal naquele dia. A propaganda do marido estava profundamente enraizada.

Em outro caso, um homem convencera a jovem e atraente esposa de que ela tentava seduzir os seus amigos. Era verdade que, de vez em quando, alguns dos homens lhe faziam propostas, as quais ela descartava sorrindo para evitar uma cena. Apesar de o marido conhecer a natureza predatória dos amigos e, com freqüência, rir disso com eles, em vez de culpá-los, ele escolheu acusar a esposa. Quando eu a conheci, ela havia deixado de usar maquiagem e estava usando um macacão, sem formas, convencida pelo marido de que, como ela disse: "Eu costumava agir como uma vagabunda".

Ansiedade

Finalmente, um parceiro psicologicamente abusivo mantém a mulher em constante estado de ansiedade. Uma vez que a constância estabilizaria as expectativas dela, ele se certifica de mantê-la numa montanha-russa – não como de um parque de diversões onde os visitantes antecipam a queda à medida que sobem, mas como um passeio demoníaco, no qual os altos e baixos não seguem a lei da gravidade. Ele toma providências para que ela nunca tenha certeza se ele irá machucá-la, se os seus esforços irão agradá-lo, enfurecê-lo, ou se pode cumprir suas ordens adequadamente.

Os psiquiatras dizem que a maioria das crianças pode sobreviver ao abuso dos pais se ele for consistente, pois elas aprendem a esperar: Mamãe ficará bêbada ou papai chegará em casa frustrado e gritará com elas à noite. Contudo, se mamãe e papai mudarem de repente, numa noite, beijando-as em vez de gritar, a estabilidade das crianças ficará abalada. O que elas poderão esperar na noite seguinte?

As mulheres que vivem situações psicológicas de abuso reagem da mesma maneira. Uma mulher, casada há menos de um ano, explicou que quando o marido ia tomar um drinque com os colegas, após o trabalho, geralmente chegava em casa brigando com ela sem nenhum motivo. Ela temia ouvir o som da chave na fechadura, mas preparava-se para o abuso. Ocasionalmente, ele voltava para casa trazendo flores, beijando-a, querendo fazer amor. "Teria sido adorável", ela explicou com um suspiro, "se eu soubesse, mas eu era uma ruína esperando pelo pior". Algumas vezes, ela saía de casa, propositalmente, inventando alguma coisa para fazer, para poder lhe telefonar, avaliar o seu humor e preparar-se.

Outra forma utilizada no abuso psicológico para criar ansiedade é o uso de ameaças. O homem pode ser óbvio e ameaçar verbalmente, bater na mulher, se ela sair da linha. Se ele tiver sido fisicamente violento, no passado, a ameaça terá garras afiadas. Por outro lado, ele pode ser mais sutil ou mais assustador, provocando-a com o dedo em riste ou brincando com uma arma à sua frente sem dizer uma palavra.

Muitos vitimizadores usam ameaças contra os pais da mulher, insultando-os pessoal ou indiretamente, por intermédio dela, assustando-a, ameaçando um amigo que consideram rival. O vitimizador especialista escolhe a arma mais letal de todas, os filhos, ameaçando bater neles, seqüestrá-los, recorrendo à justiça na tentativa de tirar-lhes a custódia. Uma mulher relata que quando desafiava o poder do marido atrevendo-se a discordar dele, ele agarrava a filha de dois anos e saía de casa e, em geral, só retornava de madrugada, enquanto a mulher andava de um lado para o outro, imaginando se eles voltariam. Depois do divórcio, o mesmo homem fazia as crianças rolarem nas calçadas de Nova York durante as visitas, para que quando ele as devolvesse, pudesse assustar a ex-esposa com a sua imundície e com as possíveis doenças que poderiam ter contraído. Esse homem se preocupava tão pouco com o bem-estar dos filhos que, indiferente à lei, recusava-se a deixá-las usar o cinto de segurança no carro durante as visitas, para poder aumentar a ansiedade da ex-esposa.

O efeito dos jogos mentais

Os profissionais que trabalham com mulheres vítimas de abuso relatam que o dano do abuso psicológico é muito mais difícil de ser eliminado do que o do abuso físico. Ser espancada ou chutada escadas abaixo, certamente, provoca medo e raiva numa mulher, mas essas são emoções que ela pode reconhecer e chamar pelo nome e, com apoio profissional, consegue lidar com elas. Por outro lado, ter o seu mundo virado de cabeça para baixo e a sua mente retorcida destrói as diretrizes nas quais confiava e, anteriormente, seguira em sua vida. Como resultado, ela fica oscilando. A doutora Joanna Landau, que realiza programas para mulheres vítimas de abuso no *Four Winds Hospital* em Cross River, Nova York, é rápida ao corrigir qualquer um que lhe pergunte a respeito de seu tratamento. "Tratamento é para os doentes", ela explica. "As mulheres vítimas de abuso não precisam de tratamento, porque elas não estão doentes – mentalmente, quero dizer. Elas precisam de confirmação e apoio." Confirmação da sua sanidade. Apoio para pisar novamente em solo firme.

Mesmo em meio à sua confusão, Alice finalmente conseguiu gritar para o mundo do País das Maravilhas: "Você não é nada além de um bolo de cartas" e acordou em seu lar bem equilibrado. Algumas das mulheres mencionadas aqui foram capazes de fazer o mesmo; abandonaram os maridos ou amantes e, de algum modo, conseguiram manter contato com a realidade, o suficiente para dizer a si mesmas: "Ele é louco. Não há nada de errado comigo". Com ajuda, elas reencontraram a si mesmas. Porém, muitas estavam com a mente muito confusa, foram além dos seus limites, tornaram-se dependentes demais. Tudo o que conseguiram dizer a si mesmas foi: "Eu não consigo viver sozinha". Elas ficaram.

Alice Miller, em seu profundo estudo da auto-estima, em seu livro *O drama da criança bem-dotada* definiu uma saudável sensação de si próprio como "a certeza inquestionável de que os sentimentos e os desejos que experienciamos são uma parte do nosso eu-mesmo". O homem psicologicamente abusivo cria uma encenação que exclui as experiências pessoais da mulher, negando-lhe os próprios pensamentos e sentimentos. Dizer a alguém o que *pensar* enfraquece a sua mente; desesperadamente, observamos o resultado disso na educação recebida pelas crianças na escola, forçadas não a pensar, mas a memorizar e a repetir de forma mecânica. Entretanto, dizer a alguém o que *sentir* é ainda mais prejudicial, pois desafia a sanidade: se formos levados a acreditar que deveríamos estar felizes quando estamos infelizes ou que deveríamos nos considerar afortunados quando estamos amaldiçoando nosso destino, começaremos a acreditar que há alguma coisa errada conosco.

A mente da mulher vítima de abuso psicológico é brutalmente manipulada. O vitimizador não se limita a ordenar que ela tenha pensamentos e sentimentos determinados; não, ele coloca-se dentro do seu cérebro e convence-a de que aqueles pensamentos e sentimentos sejam verdadeiramente dela. Como o dr. Frankenstein, ele faz a pessoa da sua criação pensar com o cérebro de outra pessoa.

Se o transplante fosse bem-sucedido, a mulher poderia viver com a tranqüilidade de um autômato programado. Porém, partes do seu antigo *eu* provocam pensamentos e sentimentos opostos: O que ela realmente pensa? O que realmente sente? Ela gira num redemoinho de desorientação.

Glória, uma mulher que deixou o namorado e procurou a proteção da justiça depois de dois anos de abuso, explicou que ele a estava deixando louca. De repente, ao dizer isso, ela parou e refletiu por um minuto. "Sabe", ela continuou, "Eu nunca pensei nessa expressão antes – deixar alguém louco – mas é exatamente isso o que ela quer dizer. Curt *realmente* me deixava louca". Ele pode ter tentado, mas o fato de ela ter se libertado demonstra que está errada.

Oliver Wendell Holmes chamou de insanidade a lógica de uma mente sobrecarregada – um mecanismo de defesa, na verdade, para sobreviver àquilo que uma pessoa sã não consegue agüentar. Glória e as milhares de mulheres cujos vitimizadores as estão deixando loucas não são insanas, pois, se fossem, teriam se afastado da sua sinistra realidade para vagar alegremente na segurança da fantasia; como Blanche DuBois em *Um bonde chamado desejo*, elas teriam partido com um sorriso radiante. Entretanto, esse não é o caminho da mulher vítima de abusos. É o seu parceiro, não ela, quem é insano num mundo de poder criado por ele; e é ela, não o seu agressor, quem se agarra à sanidade no mundo real de sua angústia.

3

"Se ao menos eu pudesse visitar os meus pais."

O ISOLAMENTO DO ABUSO SOCIAL

Joan foi criada num subúrbio de classe média de Nova York, a caçula de duas meninas e de dois meninos. "Nós brigávamos muito", ela diz, "mas era só alguém nos olhar torto e nós nos uníamos!" Sua mãe lecionava matemática no colégio local e seu pai trabalhava numa empresa de publicidade. Depois de ter se formado numa universidade estadual, Joan conseguiu um emprego modesto numa editora em Nova York e, como ganhava pouco, foi morar com o irmão, aceitando sua oferta de pagar-lhe as contas.

Então, ela conheceu Irwin. Enquanto aguardavam na fila do supermercado, começaram a conversar, foram tomar um café e ficaram juntos. O fato de ninguém de sua família ter gostado dele apenas aumentou a atração. Ela coloca as coisas assim: "Eu era tão classe média, até conhecer Irwin. Ele era diferente de qualquer rapaz com quem eu já saíra – você conhece os subúrbios conservadores. Ele se vestia como um *hippie* dos anos 60 e era uma espécie de comunista, sempre falando mal dos ricos. Não contei ao meu pai, mas Irwin referia-se à publicidade como o "veneno para os pobres".

"Os meus irmãos me preveniram contra Irwin, percebendo que ele era um aproveitador, pois só ficava num emprego o tempo suficiente para receber o seguro desemprego e a minha irmã sentia aversão por ele, pois não era muito asseado e a maior parte do tempo cheirava mal. 'Como você pode dormir com ele?', ela dizia. Bem, eu realmente dormia com ele, fiquei grávida e casei-me com ele. O maior erro da minha vida. Não o fato de ter engravidado – eu tenho a

55

melhor menininha do mundo –, mas ter-me envolvido com Irwin, em primeiro lugar."

"Ele sabia o quanto eu era ligada à minha família e tinha tanto ciúme que fazia de tudo para me afastar dela. Quando eles me telefonavam, ele dizia que eu não estava e não me dava os recados. As coisas chegaram a um ponto em que ele não me permitia convidá-los para jantar – nem mesmo para tomar um café. Sempre que eu saía de casa, ele me interrogava para ter certeza de que eu não iria visitá-los."

"As coisas ficaram tão ruins, que ele não me deixava ver amigos que eu conhecia há muito tempo, desde a época em que morava com os meus pais ou com o meu irmão. Ai de mim se eu lhes telefonasse! De algum modo, ele descobria – provavelmente, pela conta telefônica. Ele gritava comigo e ameaçava desligar o telefone. Era terrível. Algumas vezes eu o odiava e me sentia como se estivesse presa num cubo de gelo."

Joan teve sorte, conseguiu deixar Irwin porque tinha fortes laços familiares. Sabia que os pais, a irmã e os irmãos a protegeriam e seriam o seu apoio durante o divórcio, que foi doloroso. Atualmente, ela e a filha moram sozinhas. Está trabalhando na mesma área, porém ganhando um pouco melhor, estuda advocacia e deixa a família ajudá-la com dinheiro e nos cuidados com a filha. Ela sorri: "Com Irwin eu estava vivendo um tempo emprestado. Agora, é com dinheiro emprestado!".

Maureen tem uma história semelhante, mas não pôde rir no final. Não existe final. Quando conheceu David, aos 31 anos de idade, adorou a idéia de ter um homem para acompanhá-la às reuniões sociais, nas quais anteriormente comparecia sozinha. Não precisava mais repelir os don-juans ou inventar desculpas plausíveis para evitar os chatos; tinha o seu homem, que a protegia zelosamente. Orgulhosa de sua bela aparência, o exibia em reuniões familiares e transpirava charme para a família e os amigos, quando o incluiu em seu círculo de amizades. Ela o aplaudia na quadra de tênis, aos sábados pela manhã e na cancha de boliche nas noites de quinta-feira e, todos os domingos, preparava jantares criativos para os pais de ambos. Quando a sua mãe beijou David e disse sentir que estava ganhando um filho, Maureen vislumbrou um futuro belo e brilhante à sua frente.

Entretanto, após o casamento, a vida social ativa cessou completamente: nada de festas com os amigos, nada de jantares com as duas famílias aos domingos, nada de aplausos no tênis e no boliche. David ainda saía com os amigos, mas era "coisa de homens", que a excluíam e ele eliminou as reuniões com a família dela. O mais doloroso de tudo é que agora iam jantar na casa dos pais dele, sem convidar os dela. A única palavra que Maureen pode pensar para descrever como se sentia é *amputada*.

David é o protótipo de um homem socialmente abusivo. Ele criara a armadilha com tanta habilidade, que Maureen facilmente racionalizava as dicas que ele expressava involuntariamente. Por exemplo, se tivesse sido observadora, teria percebido que ele não a protegia zelosamente, mas com ciúme, e poderia ter avaliado a manobra que a levava a acompanhá-lo ao tênis e ao boliche em vez de sair com os próprios amigos. Mas como isso não aconteceu, a mudança veio como um choque. Maureen não percebeu o que David estava fazendo até estar solidamente presa e não compreendeu o controle que ele exercia envolvendo-a como um torno.

O objetivo do isolamento social é o controle. Se um homem puder manter a mulher afastada do contato com o mundo externo, ela dependerá única e exclusivamente dele. Assim, será forçada à submissão, sem recursos externos para obter apoio e drenada de recursos internos para extrair força. O confinamento solitário continua sendo uma das medidas disciplinares mais efetivas para os prisioneiros recalcitrantes, porque ao serem privados do contato social, não têm força para resistir. Os arranhões feitos com unhas nas paredes de pedra das masmorras medievais e na Torre de Londres e Alcatraz falam do desespero existente naquelas celas solitárias. Os arranhões das mulheres vítimas de abusos sociais não deixam marcas nas paredes de seus lares, mas corroem a vontade firme, até que, como um antigo cristão prostrado diante de Deus, elas juram: "Como Tu quiseres, o que Tu quiseres, quando Tu quiseres".

A forma mais comum de um homem isolar uma mulher é pela manipulação, arranjando situações – ou reorganizando-as – até ela ser isolada. Por exemplo, quando David decidiu que Maureen estava vendo demais a sua família, ele acabou com os jantares que ela esperava ansiosamente todos os domingos. É muito trabalho, ele a convencera, assegurando-lhe de que sua mãe os receberia alegremente para os jantares semanais – naturalmente, convidando também os pais dela. Apesar de desapontada e magoada, Maureen concordou e o local do jantar foi mudado – sem a presença dos pais dela.

Aos poucos, ele a afastou das reuniões com os seus amigos, marcando outros compromissos quando eles eram convidados, estimulando-a a passar mais tempo com os amigos dele, acusando-a de estar se tornando anti-social. Diversas vezes, ele cancelou planos que ela já fizera, telefonando aos seus amigos e dizendo que ela estava doente e mentindo para Maureen que os amigos haviam cancelado devido a uma emergência. Sem perceber, ela não se encontrava mais com os seus amigos, via muito pouco seus pais e freqüentava demais as pessoas que povoavam o mundo de David.

Quando a manipulação não funciona, o homem socialmente abusivo recorre ao despotismo e dá uma ordem. Por mais que tentasse, David não conseguiu persuadi-la de que os seus pais exerciam má influência sobre ela. "Eles a mimam demais" não funcionou. "Eles tomam muito o seu tempo" não funcionou. "Eles não escutam você" não funcionou. Portanto, David deixou de lado as sutilezas e foi direto ao ponto, dizendo: "Eu não vou mais deixá-la ver os seus pais". Chocada com a ordem de David, Maureen manteve-se firme. "Eu vou ver os meus pais quando quiser", ela insistiu. "Você não precisa ir, mas não pode me impedir."

"Não?" David conhecia outros meios. A primeira vez em que ela se preparou para visitá-los, David escondeu as chaves do carro. Na vez seguinte, ele a trancou no quarto, dizendo que os seus pais atrapalhavam a vida amorosa deles e que ele queria ficar mais tempo sozinho com ela. Quando ele a trancou fora de casa uma noite, Maureen percebeu que David falava sério e obedeceu de má vontade.

Quando, ressentida, ela protestou contra a sua insistência em trazer os colegas de boliche para jantar todas as quintas-feiras antes do jogo, a princípio David tentou convencê-la: eles se divertiriam; ele queria mostrar a ótima cozinheira que ela era; uma esposa não deve apoiar o marido? "Não assim, de jeito nenhum" foi a sua única resposta.

David ficou lívido de raiva. "O que você disse?", ele gritou. "Vamos, você não precisa gritar comigo", Maureen tentou ponderar. "Será que não podemos mais conversar?"

"Estou conversando", insistiu David com raiva. "O problema é que você nunca escuta." Maureen virou as costas e foi para a cozinha, incapaz de conter as lágrimas de mágoa e perplexidade diante da súbita transformação do marido. Como todas as mulheres diante do abuso irreconhecível, ela perguntou a si mesma: "O que foi que eu fiz?". Decidindo que a resposta estava em sua recusa para agradar David, todas as quintas-feiras ela fazia o jantar para a turma do boliche e decidiu dizer sim com mais freqüência.

Mas nem sempre. Quando eles tiveram um bebê, David achou que a casa era muito pequena e decidiu construir outra, no terreno ao lado da casa dos seus pais. Horrorizada ao pensar em ficar ainda mais absorvida pela sua família, Maureen apresentou todas as desculpas que pôde inventar. Nenhuma deu certo. Mais determinado do que nunca a fazer as coisas do seu jeito, David declarou que eles construiriam a casa onde ele quisesse e ponto final; era melhor ela calar a boca.

Quando Maureen continuou a argumentar, dizendo que ela também moraria na casa e que, portanto, também deveria opinar, David olhou-a friamente, mas não gritou como de hábito. Ela ficou imaginando por que, pensando que talvez o tivesse convencido, até que, ainda sem erguer a voz, David disse rispidamente: "Nós vamos construir lá. Entenda direitinho. Se voltar a este assunto, você não precisará ir morar lá, porque você estará na rua. Eu irei morar lá". Maureen ia começar a responder com ameaças de divórcio, quando David acrescentou: "com o bebê".

O argumento final: o bebê. Ele faria isso também. Ela começou a perceber: com a família dele por trás, como uma fortaleza, e ela sozinha e sem emprego teria poucas chances de obter a custódia. Uma vez que as conseqüências eram muito terríveis para arriscar, ela concordou.

Quando as manobras manipuladoras e as ordens expressas não funcionam, o homem ainda pode recorrer à intimidação para exercer o seu poder. Ele ameaça espancá-la, matá-la, seqüestrar os filhos, queimar a casa dos seus pais, bater o seu carro, fazer qualquer coisa prejudicial que a sua mente possa conceber – e ele nunca precisa realizar nenhuma. O medo provocado pela ameaça, como um instrumento cortante mortal, torna a esposa submissa. Assim, ele mantém o controle e, portanto, consegue isolá-la como deseja.

O homem socialmente abusivo emprega diversos meios para alcançar o seu objetivo, embora raramente se limite a apenas um.

Proibindo o contato familiar

Ele vê a família da mulher como uma arma à disposição. Pode começar, assim como David e Irwin fizeram, eliminando as linhas de comunicação – nada de telefonemas, visitas, cartas. Se ela desobedecer, indo visitá-los às escondidas ou fazendo ligações de um telefone público, ele intensifica o seu ataque – nenhum contato com amigos da família. Para uma jovem, isso significou o fim dos encontros para tomar um café com uma velha "tia", amiga da sua mãe. Para outra, significou recusar os convites de um casal amigo dela e da família de sua irmã para jantar.

Se uma mulher gosta de cães ou de gatos, o homem considera o animal de estimação como família, afastando-o também. Uma mulher precisou encontrar um lar para o seu cão de dez anos de idade, o qual, antes do casamento, era aceito sem objeções pelo marido. Outra tentou manter o seu gato, mas os ataques diários do marido contra ele a deixaram tão esgotada que ela acabou se desfazendo dele. Se um homem permite que a mulher mantenha um animal de estimação, o seu comportamento abusivo pode ficar muito mais próximo da crueldade com o animal do que com a família. Por exemplo: conheço um homem cuja esposa não se atreve a desagradá-lo porque ele se vingará no cachorro com um pontapé ou com uma pancada. Um outro fez o veterinário sacrificar o gato da mulher enquanto ela estava fora, porque não queria limpar a caixa onde o gato fazia as necessidades.

Além de eliminar a comunicação com a família, o homem socialmente abusivo intensifica o sofrimento por meio da difamação. "A cadela tentou falar com você hoje?", era a pergunta de Irwin quando desconfiava que a mãe de Joan poderia ter telefonado. Quando ele viu Joan lendo uma história para a filha de três anos, sobre uma doce vovó coelha, ele interrompeu: "Não a sua avó cadela, nenê".

Quando os xingamentos não bastam, o agressor geralmente começa a importunar. Ele pode ligar para os parentes dela e desligar quando eles atendem – não uma ou duas vezes, mas, num caso, 130 vezes num dia. Os telefonemas no meio da noite são eficazes, especialmente quando realizados a intervalos constantes, para garantir a insônia. No passado, não era possível identificar o autor de um trote por telefone, portanto, as pessoas relutavam em levar o homem à justiça, mas, atualmente, com o identificador de chamadas, é possível apresentar evidências claras. Nem todos os vitimizadores desligam; alguns continuam na linha para gritar obscenidades e ameaças para a família da esposa: "Sua prostituta", "Seu idiota", "Um dia desses eu te pego". Irwin contentava-se em gritar "fascista" todos os dias, no telefone comercial do pai de Joan. Não é difícil compreender o medo e a impotência de uma mulher quando ela percebe que o vitimizador voltou sua maldade contra os seus pais.

Para os homens socialmente abusivos, o ataque à família é uma faca de "três gumes". Primeiro, torna o isolamento da esposa ou da namorada ainda mais doloroso; segundo, a depreciação da sua família a deprecia ainda mais; e terceiro, aumenta o alcance do seu poder. As três apóiam a sua auto-estima abalada, uma prática comum entre as pessoas inseguras – desde o valentão da sexta série no pátio da escola até a gangue de valentões no metrô. Como eles, os homens socialmente abusivos lançam as suas obscenidades, inconscientes de que elas são projeções da aversão que sente por si mesmo, pois, quanto maior o valentão, maior a sua necessidade não realizada de sentir-se importante.

Geralmente, esses homens usam a própria família para jogar sal nas feridas que infligiram à esposa ao afastá-la da família. Como David, ele insiste em visitas freqüentes à sua família e em recebê-la generosamente em sua casa, enquanto a esposa se prepara, trêmula e com medo, para essas visitas. Além disso, ele pode dar carta branca aos seus pais, até mesmo encorajando-os a criticar a esposa: a sua maneira de cozinhar, de limpar a casa, de criar os filhos, as suas roupas e os seus cabelos. Ao criar uma equipe que se une a ele para difamá-la, ele reforça a sua solidão dentro dos limites que a afastam da sua família, da qual ela sente ainda mais saudades.

Irwin usava a mãe para atacar a família de Joan ao telefone. Algumas vezes, a mensagem que ela deixava era engraçada: "Irwin é tão maravilhoso que, se fosse católico, seria um santo". Outras, era ameaçadora: "Espero que vocês morram de ataque cardíaco".

Proibindo o trabalho e a escola

Para muitas mulheres vítimas de abusos, o trabalho é o único vínculo com a sanidade. Por mais devastadora que tenha sido a noite anterior, quando o alarme do relógio toca às 6 ou 7 horas, em vez de resmungar como todas nós, elas suspiram de alívio: oito maravilhosas horas de liberdade! O que quer que elas façam no escritório, de porta em porta, na linha de montagem ou na loja, estão no controle, tomam as próprias decisões. Sentem-se bem consigo mesmas, ganham um salário, almoçam com colegas e participam de um mundo maior. Têm uma identidade. Naturalmente, a hora de voltar para casa é inevitável. Abandonam a pessoa real e rastejam para dentro das suas conchas, enfrentando timidamente o lar, o marido e o abuso.

Sintonizados com esse roteiro, muitos maridos, que praticam abusos, não deixam a mulher trabalhar. Embora alguns deles as mantenham em casa sob o pretexto da proteção: "Mulher minha não precisa enfrentar esse aborrecimento"; outros o fazem sem nenhuma desculpa. "Você não pode trabalhar e ponto final." O resultado é o mesmo para a mulher: a sua única ligação com a vida é rompida e ela fica mais presa na armadilha do isolamento do relacionamento abusivo.

A escola é outro lugar proibido para a mulher vítima de abuso social. Um dos motivos é que a escola lhe proporciona a oportunidade de fazer amigos e trocar idéias que derrubam a parede de isolamento que o marido construiu. Outro motivo, mais ameaçador, é que a escola lhe oferece uma maneira de transpor a parede: com a aquisição de habilidades, ela se torna capaz de conseguir um emprego e sustentar a si mesma e aos filhos. Educação significa independência, uma condição que o seu vitimizador não permitirá. É significativo que no livro *The burning bed*, baseado na história real de Faith McNulty, a esposa espancada concorde com todas as exigências do marido até que ele destrói os seus livros e insiste para que ela abandone a escola de comércio. Ela se recusa, levando uma surra que quase a mata e que a faz assassiná-lo.

Um parceiro abusivo não somente força a mulher a afastar-se da camaradagem da escola ou do emprego, como também a uma parceria exploradora no seu emprego. Apesar de ser proibida de manter contato com amigos, colegas e ex-colegas, ela deve estar à disposição dos colegas de trabalho dele, representando o papel que ele exige. Um homem obrigou a esposa a fazer um curso por correspondência para "não parecer tão idiota" quando recebessem os seus colegas de trabalho. Outro, com um cargo elevado na empresa, comprava as roupas que ela deveria usar quando o acompanhasse em viagens de negócios, porque o seu gosto era "inferior".

No extremo oposto, conheço uma vítima de abuso social que, depois de preparar e servir o jantar ao marido e aos companheiros de futebol, deveria ficar no quarto até que ele tocasse um sino para pedir mais cerveja. Então, ele a humilhava com referências obscenas àquilo que chamava de sua aparência "cheia". Uma das situações mais dolorosas de abuso social com a qual me deparei foi a de um alto executivo de uma grande empresa, que fez a esposa abandonar amigos íntimos que conhecia desde o colegial – uma mulher e um homem, cujos modos não competitivos o mantinham num emprego pouco importante – "porque eles não são o tipo de pessoa com as quais devo ser visto". Ele, assim como outros vitimizadores, impregnou a vida da esposa como que por osmose, até deixá-la tão diluída a ponto de tornar-se indistingüível da sua.

Trancando-a fora de casa – ou dentro

A arma mais forte de isolamento que um vitimizador tem à mão – e *na* mão – talvez seja uma chave. Com ela, um homem pode trancar a mulher fora de casa e, freqüentemente o faz, se ela tiver violado uma regra e visitado amigos ou família. Uma mulher foi ao tribunal depois de ter passado a noite no carro porque levara um presente de aniversário para a irmã e ficara para o café e o bolo. Outro, depois de uma discussão, colocou a mulher para fora, no meio da noite, de roupão de banho e de chinelos, fazendo-a correr quase um quilômetro até o apartamento dos pais para conseguir abrigo.

Com uma chave, o vitimizador também pode trancá-la dentro de casa, no quarto, no banheiro ou num armário e, algumas vezes, o cadeado com o qual ele a aprisiona não é tangível – uma ameaça a ser concretizada caso ela se atreva a sair. Há mulheres que ficam trancadas desde a hora em que o homem sai de casa, até que volte. Um homem justificou-se dizendo: "Eu não quero que nada lhe aconteça".

As escadas de incêndio têm sido usadas como caminhos para a liberdade por algumas mulheres suficientemente corajosas, que se arriscam a uma queda, mas também têm sido usadas para aprisioná-las ainda mais. Um homem, percebendo que a esposa fora mais esperta do que ele, pois escapara do confinamento no quarto rastejando pela escada de incêndio, trancou a janela para que ela só pudesse voltar no dia seguinte, quando ele a cumprimentou com um novo ferrolho na mão.

Ainda melhor do que uma escada de incêndio, a verdadeira estrada para a liberdade é um automóvel. Só precisamos observar os anúncios de carros nas revistas e na televisão, para percebermos as alegrias de fugir de carro – dos afazeres domésticos, do tédio, do isolamento – em direção aos amigos e ao riso. Só precisamos conhecer uma pessoa mais idosa, que vive com medo de ter a sua carteira de motorista revogada, para compreendermos que o carro lhe oferece a fuga da dependência e da imobilidade. Para uma mulher vítima de abusos, o carro é a válvula de escape mais prontamente disponível, proporcionando-lhe a companhia de amigos ou a escolha da privacidade. Para um parceiro abusivo, uma vez que o carro da mulher é uma ameaça ao seu controle, um dos atos mais comuns de vingança para a desobediência real ou imaginária é privá-la dele.

Esconder as chaves do carro é o truque mais fácil, mas nem sempre o mais garantido, uma vez que ela pode encontrá-las. Levar as chaves para o trabalho é eficaz, a não ser que, tendo planejado antecipadamente, ela tenha cópias. Muitas mulheres que conheço são proibidas pelos maridos de tirar a carteira de motorista, uma manobra segura para manter o carro na garagem. Uma amiga minha, anteriormente casada com um ginecologista bem-sucedido, costumava entrar no carro e descobrir que ele não dava a partida. Depois de mandar um mecânico examiná-lo diversas vezes, ela descobriu que alguém desligara uma chave ou cortara um fio. Alguém – o seu marido.

Uma mulher com quem conversei explicou-me que o marido tirava toda a gasolina do tanque. Outra disse-me que, ao sair atrasada para uma reunião no clube, descobriu que o carro estava com um pneu furado. Frustrada, mas filosoficamente reconhecendo a respeito da Lei de Murphy – tudo o que puder dar errado dará – ela vestiu seus *jeans*, trocou o pneu, vestiu novamente a blusa e a saia e correu para o encontro. Alguns dias depois, encontrou dois pneus furados e, embora não pudesse trocá-los, pois dispunha apenas de um estepe, mudou de idéia a respeito da Lei de Murphy, rebatizando-a com o nome do marido, que inventara um novo "tudo" para dar errado.

Irwin, o marido de Joan, encontrou uma maneira ameaçadora de brincar o jogo do abuso do carro: ele a impedia de usar o carro mantendo-a prisioneira em seu interior. A primeira vez que isso aconteceu, ela fora levar as crianças até a agência do serviço social, onde encontravam o pai uma vez por semana, sob supervisão. Naquele dia, como o supervisor não estivesse esperando por eles do lado de fora e, ao ser informada de que ele não estaria lá, Joan recusou-se a deixar as crianças sozinhas com Irwin. Apesar da ordem de supervisão do tribunal, Irwin exigiu a sua visita, defendendo com firmeza os seus "direitos". Como Joan ligou o motor, ele atirou-se contra o capô, bloqueando o seu caminho. Quando ela deu marcha-à-ré, ele correu para trás do carro, com os braços estendidos, uma barreira para a sua partida. Dessa maneira, ele a aprisionou durante quase uma hora, gritando e xingando, até que o superintendente do edifício ordenasse que ele se afastasse sob ameaça de prisão.

Irwin usou a mesma técnica com a mãe de Joan, num dia quente de agosto, quando ela tentou deixar as crianças para uma visita. Com a agência fechada e sem nenhum supervisor à vista, ela manteve as crianças no carro. Bloqueando-o com os braços e fazendo um amigo bloqueá-lo por trás, ele manteve a mãe de Joan e as duas crianças virtualmente prisioneiras. Aterrorizadas, as crianças esconderam-se sob o cobertor do cachorro, soluçando, até que finalmente a avó abriu uma janela para lhes dar um pouco de ar. Enquanto elas saíam de sob o cobertor, Irwin chegou na janela do carro, assim como um dinossauro predador do filme *Parque dos dinossauros*, agarrou o filho de quinze meses e a criança acabou batendo a cabeça na moldura da janela. Com o bebê gritando de medo e de dor em seus braços, Irwin continuou a desafiar a mãe de Joan, mesmo com o amigo lhe implorando para soltar a criança. Finalmente, depois de quase uma hora, ele a entregou relutantemente.

O pai de Joan era o único que aparentemente não tinha medo de Irwin. Um dia, com o neto de três anos, no carro e aguardando pela chegada de Joan e do bebê, ele ficou frente a frente com Irwin, espiando pela janela da frente. Proferindo ameaças e obscenidades, Irwin recusou-se a ir embora e, assim, o pai de Joan ligou o motor, preparando-se para sair. Rapidamente, Irwin atirou-se sobre o capô e, com os braços e pernas estendidos, recusou-se a sair. O pai de Joan resolutamente começou a dirigir e a afastar-se do meio-fio. Irwin continuou inflexível. O carro ganhou velocidade. Irwin continuou agarrado ao capô enquanto o pai de Joan dirigiu três quarteirões, parou repentinamente, e deu a Irwin uma última chance de sair. Nesse ponto, ele saiu e foi embora esbravejando blasfêmias. "O que você teria feito se Irwin tivesse escorregado e fosse atropelado?", perguntou-lhe a esposa mais tarde, horrorizada.

"Um homem feliz teria ido para a cadeia", foi a sua resposta satisfeita.

O efeito do isolamento

Milhares de estudos foram realizados por pesquisadores sobre os efeitos do isolamento, usando desde pássaros e porcos até primatas e seres humanos. Todos eles relatam que o isolamento e a solidão resultantes prejudicam seriamente a psique. O doutor Meyer Mendelson da Universidade de Yeshiva descobriu que o isolamento é "um importante e não suficientemente reconhecido fator na psicose" (*Contemporary Psychoanalysis*, abril de 1990). Os doutores Stanley Brodsky e Forrest Scogin, da Universidade do Alabama, concluíram que "o isolamento e as restrições têm um nítido potencial para provocar efeitos psicológicos negativos" (*Forensic Reports*, dezembro de 1988). Aparentemente, quem usa o abuso social sabe o que está fazendo.

O isolamento é uma poderosa arma sob o controle deles empunhada para criar o desespero do abandono e da solidão, tornando a mulher totalmente dependente da única pessoa que lhe resta, o seu vitimizador. Durante algum tempo, ele força-a a afastar-se não apenas das pessoas significativas em sua vida, mas também da comunidade humana mais ampla, à qual um dia ela já pertenceu. Quando trabalhei como conselheira de internos de uma prisão federal – falsificadores, traficantes, estrangeiros ilegais, atiradores de bombas –, eu os considerava não tanto como pessoas trancadas dentro da prisão, mas como pessoas trancadas fora da vida. Quando, ao entrar, a pesada porta de metal se fechava atrás de mim, o amor, a esperança, a sensação de pertencer a alguma coisa – sentimentos que fazem parte da vida – ficavam do lado de fora, para mim e para eles. Depois de sair, pisando novamente na cidade – o céu sem limites emoldurado por altos edifícios, as ruas definidas pelas luzes brancas e vermelhas dos carros indo e vindo – eu olhava para as janelas da prisão. Lá, por trás das barras que mantinham o céu, as luzes e eu mesma do lado de fora, haveria um rosto olhando, alguém acenando para um mundo povoado no qual estavam proibidos de entrar.

É assim que se sentem as mulheres quando são isoladas pelo abuso social – trancadas fora de casa, do amor, da participação que um dia significaram a vida, agora amortecidas em seu confinamento solitário. É assim que Irene se sentiu, trancada fora da vida que ela e o marido poderiam ter vivido juntos do outro lado da porta da prisão que ele construiu. Mesmo encontrando-a, com freqüência, eu nunca desconfiei. Eu sabia que ela e Sam raramente saíam ou recebiam visitas, mas aceitei a explicação de Irene de que "Sam é um homem introvertido", tão habilidosamente ela disfarçava a dor que sentia. O poeta Richard Lovelace escreveu dois versos a respeito do isolamento que foram transmitidos por muitos anos:

Paredes de pedra não fazem uma prisão,
Nem barras de ferro uma jaula.

O poema termina com esses versos menos familiares:

Se eu tenho liberdade no meu amor
E em minha alma sou livre,
Só os anjos que pairam nas alturas
desfrutam de tal liberdade.

Embora os críticos não reconheçam o valor literário do poema, as mulheres cujo amor e alma estão aprisionados pelo abuso social não podem deixar de sentir a sua dolorosa verdade.

Nós, seres humanos, somos criaturas sociais, como as formigas e as abelhas, os peixes e os pássaros, os cães selvagens, os leões e os babuínos com quem partilhamos esta terra. Quando abandonados, os nossos companheiros indomados morrem. O abuso social abandona a mulher, elimina a comunidade na qual ela floresce deixando-a num deserto de isolamento. "A solidão é o pior", diz a psiquiatra Virginia Bird. "É como ser abandonada no universo."

Mira Rothenberg é uma psicóloga que durante mais de 25 anos tentou derrubar as paredes com as quais as crianças autistas se afastam do contato humano. Num livro inesquecível chamado *Children with emerald eyes*, ela transmite a absoluta solidão de uma criança perdida por dois dias na floresta: "Um sem fim, uma morte, um abandono... tudo fora do meu alcance... ninguém para cuidar de você, ninguém para ouvi-lo – perdido... perdendo a identidade, perdendo o *eu* na confusão de muitos sentimentos".

Essa criança, esse sentimento, essa perda do *eu* é a mulher isolada na floresta do abuso social.

4

"Nunca tenho um centavo."

A DESGRAÇA DO ABUSO ECONÔMICO

"Eu nunca tenho um centavo." Não é incomum ouvir uma mulher no serviço social queixar-se da falta de dinheiro: com os preços elevados, os vales-refeição limitados e os cheques semanais menores, nós compreendemos. Entretanto, quando ouvimos a mesma queixa vinda de uma mulher de um grupo econômico mais elevado, presumimos que ela esteja falando metaforicamente. Como ela poderia estar sem um centavo – com um marido executivo, dois carros de luxo na garagem, uma linda casa nos subúrbios com vista para o Lago Michigan e as crianças freqüentando escolas particulares? Não faz sentido: "Você deve estar brincando! Certo?".

Errado. Faz sentido. O que faz ainda mais sentido é o número, em igual abundância, de mulheres sem dinheiro e que se sentem muito constrangidas para admiti-lo a qualquer um, até para si mesmas. Sinto que conheço intimamente essas mulheres por intermédio de Irene, que fez o seguinte relato detalhado:

"Antes de nos casarmos, Sam não fazia extravagâncias, mas gastava com certas restrições; saíamos para jantar, para ir ao teatro; ele me comprava flores e presentes-surpresa; deu-me uma aliança de diamantes; e ele fazia – sozinho, como sempre fez – longos cruzeiros luxuosos nas férias. Após o casamento, a lua-de-mel literalmente acabou".

"Nós vivíamos pobremente. Eu ganhava uma ninharia como pesquisadora, mas presumia que ele ganhasse um pouco mais. Afinal, eu sabia que ele era diretor de um departamento na empresa em que trabalhava. Ele não me dizia quanto ganhava e eu era muito tímida para perguntar. Anos depois, quando fiquei menos tímida e perguntei... e perguntei... e perguntei, ainda assim ele não me dizia. Como você sabe, tivemos três filhos muito rapidamente, que também cresciam muito rapidamente. Como você deve lembrar-se, as escolas em nossa comunidade eram notoriamente inadequadas. Você e eu decidimos mandar nossos filhos para escolas particulares. Só que o seu marido pagou e Sam se recusou. Foi quando comecei a dar aulas. Embora eu ganhasse apenas acanhados três mil dólares por ano, as crianças tinham ensino gratuito e eu não me importava em perder o salário maior, que poderia ter conseguido com o meu mestrado em algum outro lugar."

"Nessa época, Sam trocara de emprego e se tornara alto executivo em outra empresa. Eu ainda me sentia muito constrangida para lhe perguntar sobre o seu salário, pois fora criada com a advertência de que nunca deveria discutir assuntos de dinheiro, e eu me recusava a imaginar quanto ele ganhava. Tudo o que eu sabia é que ainda vivíamos tão mal quanto antes, com um carro barato – e apenas um, apesar de morarmos muito longe da estação de trens para onde eu levava Sam todas as manhãs e ia buscá-lo à noite. Eu nem mesmo recebia ajuda nos afazeres domésticos como você e, quando você ia ao Macy ou ao Bloomingdales fazer compras, eu inventava desculpas e comprava roupas na Sears ou numa loja de saldos. Durante anos, o dinheiro que eu tinha para a semana, para alimentar e vestir todos nós, comprar gasolina, remédios etc., era uma nota de vinte dólares, deixada na segunda-feira de manhã sobre a janela da cozinha. Se Sam tivesse um emprego mais humilde, eu teria aceito tudo isso de boa vontade, mas, posteriormente, eu soube que ele ganhava muito mais de cem mil dólares por ano.

"Certa manhã, ao ver a nota de vinte dólares sobre a janela, meu pai ficou horrorizado. 'Deus do céu', ele disse em tom de censura, 'você o deixa agir como se ele estivesse num bordel'."

"O que meu pai não sabia era quanto dinheiro eu já pedira emprestado à minha mãe e nunca devolvera, quanto do meu próprio salário, que eu reservara para abrir contas bancárias para as crianças, eu precisava gastar para atender às nossas necessidades. Ele não sabia que eu pagava todas as viagens que fazíamos, que eu jamais tivera um talão de cheques ou um cartão de crédito, que quando a inflação atingiu o país Sam deixava quarenta dólares na janela. Ele não sabia quantas vezes eu tive de devolver mercadorias no supermercado porque não tinha o suficiente para pagá-las. Ele não sabia – ou talvez soubesse – como eu arranjava coragem para pedir um pouco mais de dinheiro a Sam quando eu realmente precisava, e o quanto aquilo me humilhava. O que o meu pai não sabia era que eu não sabia – e nunca soube – quanto dinheiro o meu marido ganhava ou guardava. Tudo o que eu sabia era que não era o suficiente para pagar as contas, porque quando me aposentei, ele ficava com o meu dinheiro todos os meses. Quando ele morreu, deixou pilhas de dinheiro. Até o seu contador ficou surpreso. Mas ele deixou apenas uma pequena quantia para mim. Todo o seu dinheiro estava investido, uma mensagem final de controle econômico."

"Eu me culpava e a Sam também por vivermos em dificuldades financeiras, porque eu poderia ter exigido explicações e ter me recusado a ser descartada sem respostas. Não agi assim porque fui criada para considerar o dinheiro um assunto proibido, assim como o sexo: muito pessoal para ser discutido. Lembro-me de minha mãe dizendo: 'Nunca se deve perguntar a uma pessoa quanto ela ganha'. Eu aprendi bem a minha lição."

"Eu deveria saber. Afinal, tinha formação superior, mestrado e doutorado, e, não preciso dizer, foram pagos por mim. Eu também era privilegiada: mantinha um grau de independência trabalhando e ganhando o meu próprio dinheiro. Embora jamais tivesse conseguido sustentar-me e aos meus três filhos, podia complementar as nossas necessidades, proporcionar algumas coisas extras, comprar todos os presentes de Natal e guardar pequenas quantias no banco para mim e para as crianças."

"Eu sentia mais falta de respeito do que do dinheiro. A nota de cinco dólares que Sam me deu certa manhã, quando expliquei-lhe que precisava de algum dinheiro para comprar meias e roupas íntimas, transmitiu uma mensagem tão friamente abusiva que, ainda hoje, sinto calafrios. É triste, mas é verdade, que o dinheiro determina o valor de uma pessoa em nossa cultura – salário, carros, roupas de marca, clubes, casa, bairro etc. Também é triste, mas é verdade, que a nota de cinco dólares daquele dia gritava o desprezo de Sam e o fato de segurá-la em minha mão era um soluço dos meus sentimentos de inutilidade."

Nem toda mulher é tão ingênua quanto Irene. Muitas delas lutam na justiça – na ocasião do divórcio — por melhores acordos financeiros. E nem toda mulher tem tanta sorte quanto Irene; algumas, sem nenhuma educação, sem emprego, sem mãe para pedir dinheiro "emprestado" são totalmente dependentes de um marido ou namorado abusivo.

No abuso econômico, o homem geralmente oferece quantias tão pequenas, que a mulher é forçada, como uma criança, a pedir mais. Se ele aceita, sua condescendência a humilha; se recusa, sua avareza a deixa em necessidade. Em ambos os casos, ela fica indefesa sob seu controle. Alguns homens não dão dinheiro algum para a mulher. Uma senhora, proveniente da Letônia, recorreu à justiça e trouxe a filha de oito anos como intérprete. Desesperada, buscando proteção do marido abusivo, percorremos todos os passos habituais do processo e, depois, eu lhe dei o nosso cartão, pedindo-lhe para telefonar caso precisasse de mais ajuda ou informações. A menininha não se deu ao trabalho de traduzir para a mãe e respondeu: "Ela não pode lhe telefonar. Ela não tem dinheiro". Não tem dinheiro – nem mesmo algumas moedas para fazer um telefonema.

Mesmo contra os princípios do trabalho profissional, dei dinheiro a mulheres que vieram procurar ajuda. Dei dez dólares para uma mulher com um bebê no colo comprar comida, pois o namorado a deixara. Apesar de ele ter concordado em cuidar dela, não daria dinheiro para cuidar do bebê. Dei dinheiro para o táxi, para mulheres que abandonaram homens abusivos para buscar refúgio numa casa-abrigo. Dei dinheiro para o ônibus, para uma mulher vítima de abuso, para que ela pudesse chegar até a casa da mãe. Apesar de não ter sido profissional, era preciso mais do que profissionalismo para dar segurança a essas mulheres carentes. Ao contrário do que Karl Marx disse a respeito de o dinheiro transformar as pessoas em mercadorias, o dinheiro que dei àquelas pessoas teve a possibilidade de torná-las novamente seres humanos.

Ainda hoje, assim como no passado, muitos países exigem que a mulher dê presentes ao marido antes do casamento – um dote – e, quanto maior o dote, mais desejável a mulher. Um artigo no *The New York Times* (6 de dezembro de 1993) relatou que quando uma recém-casada veio da Índia para encontrar o marido advogado, em Nova York, ele foi agressivo enquanto ela desfazia as malas. "Ele estava esperando braceletes e brincos de ouro", ela explicou aos prantos.

Um homem economicamente abusivo segue essa antiga tradição do dote. Quando uma mulher se casa e tem suas próprias economias, o marido toma posse delas dizendo indiferente: "Eu administrarei o dinheiro". Se ela tem um emprego, ele a obriga a depositar o salário em sua conta: "Desse jeito, é mais fácil controlar a nossa renda". Uma mulher que estava sem um centavo disse que o marido colocava o salário semanal de setenta dólares que ele recebia, mais os duzentos dólares dela, na sua conta bancária e colocou o carro e o apartamento em seu nome. "Eu acho isso injusto", ela disse. Eu estava concordando com a cabeça, quando ela acrescentou, "O pior é que todas as contas são enviadas para mim".

A dependência financeira diminui a mulher e o homem pode exercitar os seus músculos financeiros de muitas maneiras. Primeiro, apropriando-se do dinheiro da mulher e privando-a dele; ele pode satisfazer generosamente as próprias vontades. Conheço uma jovem, não mais do que uma menina, com um bebê em casa e lutando para comprar alimentos com os poucos dólares que o marido lhe dava e, para aumentar a pequena casa em que moram, refazendo a garagem para usá-la como sala de estar. Ela cozinhava, limpava, colocava papel de parede, pintava – como Cinderela, uma criada. Enquanto isso, o marido comprava ternos da sua preferência, almoçava com os amigos em restaurantes elegantes e dirigia um Cadillac. Na época, eu não conseguia compreender por que ela ficava com ele; hoje, compreendo que ela não conseguia juntar dinheiro para ir embora.

Alguns homens que praticam abuso econômico gastam generosamente, não em roupas e carros, mas, abertamente, com outras mulheres, intensificando a mágoa da esposa. Conversei com uma mulher cujo marido enviava flores para as namoradas durante um período de tempo e mandava a esposa fazer um cheque quando a conta chegava. Conversei com mais de uma mulher que, ao verificar as contas do cartão de crédito, encontrou contas de jantares em restaurantes que elas nem conheciam. Esses homens atacam duplamente com a sua arma financeira – uma vez, para tornar a mulher totalmente dependente deles para sobreviver e, novamente, para rebaixá-la ainda mais, pelos gastos generosos com outras mulheres.

Viver com extravagância à custa da esposa ou da namorada é um estilo de vida ao qual muitos homens rapidamente se acostumam. Diferente do abuso social em que o homem proíbe a esposa de trabalhar, no abuso econômico eles insistem em que ela arranje um emprego para trazer dinheiro extra para a sua conta bancária. Uma mulher tinha dois empregos e chegou perto de um colapso físico decorrente da exaustão. Outros, não deixam a esposa abandonar o emprego e, quando as circunstâncias exigem, recorrem a métodos ainda mais agressivos.

Doris, por exemplo, era casada com Ralph, um técnico em telefonia, que ganhava um salário adequado, mas que representava a metade do salário dela como compradora de uma loja de roupas femininas. Embora a disparidade dos salários abalasse o ego de Ralph, ele o fortalecia guardando o seu salário e esbanjando o de Doris, abusando dela emocionalmente, na barganha. O abuso tornou-se tão estressante, que Doris começou a ter problemas de saúde e esteve à beira de um colapso. Ela foi consultar um médico, que a aconselhou a parar de trabalhar. Ralph recusou. Doris ficou mais doente. O médico insistiu. Ralph ainda recusou. Finalmente, Doris sofreu um colapso e foi forçada a deixar o emprego.

"Você acha que ele se sentiu mal e cuidou de mim, não acha?", Doris perguntou retoricamente. "Ele realmente se sentiu mal – porque o dinheiro não estava entrando toda semana – e a sua maneira de cuidar de mim era me deixando roxa de pancada e me atirando escada abaixo." Apesar de ele nunca ter batido nela antes, considerou a perda do salário dela como uma tentativa deliberada para controlá-lo, recorrendo à agressão física para manter o controle.

Um homem economicamente abusivo geralmente usa o dinheiro como uma ameaça. Ele não controla a mulher pelo medo de perder os filhos ou levar uma surra; ele não precisa. Apenas deixando que ela saiba que, a qualquer momento, ele pode privá-la de um lar, alimentos e roupas, ele a mantém submissa como uma alternativa para as ruas. Uma mulher estava tão estressada quando o marido ameaçou vender a casa e abandoná-la, que teve um ataque de asma e precisou ser levada às pressas para o hospital.

Outra mulher acabou numa situação sem saída. Sem dinheiro e sem casa para morar quando o namorado a abandonou, ela foi procurar o serviço social. Quando eu a conheci, ela estava tentando organizar sua vida. Foi então que o namorado voltou. Embora o salário dele como entregador a favorecesse economicamente, o que não lhe permitia receber ajuda do Estado, ele a pressionou a continuar aceitando os cheques semanais, ilegalmente, e a depositá-los na conta dele. Finalmente, a culpa superou o medo e ela se rebelou. Quando ela se preparava para deixar de aceitar a ajuda do Estado, contra suas ordens, ele ameaçou contar às autoridades a fraude que ela cometera.

Agora, prestes a receber um diploma universitário, que está determinada a conseguir, para poder deixá-lo e sustentar a si mesma e aos dois filhos, ela se sente presa numa armadilha: se decidir agir dentro da lei e desistir da ajuda do Estado, ele delatará a ilegalidade cometida no passado; se continuar recebendo essa ajuda sob falsos pretextos, ele manterá constantemente a ameaça sobre a sua cabeça.

O dinheiro é uma arma natural empunhada pelos homens porque, como um revólver, representa o poder que, de acordo com psicólogos, sociólogos, psiquiatras e outros pesquisadores da mente humana, os homens vivem com medo de perder. Dizem que a vulnerabilidade masculina começa na infância, quando a sua virilidade é abalada pela dependência da Grande Mãe. Como resultado, o seu subconsciente planeja vingança, adquirindo na vida adulta o poder sobre todas as Mães Fortes e suas irmãs. Conseqüentemente, o macho adulto cresce desconfiado da fêmea adulta porque, como escreve Dorothy Dinnerstein em *The mermaid and the minotaur*, "Se ele deixar, ela pode estilhaçar o seu senso de poder e controle".

Para excluir tal possibilidade, o homem toma medidas preventivas, das quais Dinnerstein menciona duas. Primeiro, cria grupos masculinos nos quais se sente seguro, não simplesmente por estar com os seus iguais, mas enfraquecendo o outro grupo por meio da exclusão. Os laços entre os homens se solidificam mais como grupo, quando há um grupo de fora para ser humilhado; assim, temos unidades militares e bares da vizinhança; salões de sinuca e clubes de universidade, onde um homem e seus companheiros podem "ficar unidos".

Segundo, de acordo com Dinnerstein, os homens protegem a sua vulnerabilidade mantendo relações sexuais superficialmente, presumindo que se não permitirem que as mulheres os envolvam totalmente, como aconteceu com sua mãe, eles não serão dominados. As mulheres podem ter o poder graças à capacidade de dar à luz e criar filhos, os homens parecem dizer a si mesmos, mas nós ditamos as regras quando o assunto é sexo. Como resultado, eles adotam a abordagem de Hugh Hefner da *Playboy*, transformando o amor em diversão e jogos sexuais, fazendo-os achar que estão apaixonados quando, na verdade, estão apenas sentindo desejo.

Um terceiro método usado pelos homens para proteger e disfarçar a sua vulnerabilidade, que Dinnerstein não menciona, mas é comumente reconhecido, é recorrendo ao abuso. Um homem que não tem medo da sua vulnerabilidade e está seguro do seu poder – não necessariamente como homem, mas como ser humano – pode dar as boas-vindas às mulheres nesse mundo e amá-las num relacionamento igual. Entretanto, um homem inseguro, ameaçado pela proximidade de uma mulher, precisa continuamente reafirmar a si mesmo, como Muhammad Ali: "Eu sou o maior".

Anos atrás, um homem chamado Leon Samson escreveu no *The New Humanist* que "o dinheiro é o poder da impotência". O vitimizador econômico, medroso, fraco, ameaçado, age vigorosamente, pois a história preparou o caminho para ele. Ele força a esposa a ser dependente, não apenas enfraquecendo sua auto-estima, a sua sanidade ou a sua comunidade social, como fazem os outros tipos de vitimizadores, mas também ameaçando-a com a privação das necessidades mais básicas do corpo – alimentação e abrigo.

As mulheres são capazes de se adaptar mais rapidamente ao abuso financeiro do que aos outros três tipos, provavelmente porque têm sido financeiramente dependentes dos homens no decorrer da história – primeiro do pai, depois do marido. Como irmãs, não esperavam receber educação se o dinheiro só fosse suficiente para pagar os estudos de um irmão; como solteironas, esperavam ser acolhidas na casa dos irmãos; como viúvas, esperavam casar-se novamente com um homem em boa situação financeira; como mães, buscavam um "bom" casamento para as filhas. Assim, o abuso econômico é quase uma herança genética, mas, assim como a hemofilia e a doença de Tay-Sachs, destrói.

Entretanto, algumas mulheres desenvolvem truques para lidar com ele. Como o homem que pratica o abuso econômico trata a mulher como se ela fosse uma criança, ela, por sua vez, talvez precise agir como tal para sobreviver. As crianças, contra a sua vontade, são forçadas pela nossa cultura a suportar um longo período de dependência dos pais, durante os anos de escola e talvez de faculdade, não tendo meios para se sustentar. Para a maioria, o dinheiro que ganham em empregos depois da aula só dá para comprar CDs, ir ao cinema e, se tiverem sorte, eventualmente comprar um carro de segunda mão – uma simples amostra da doçura da independência.

Os maridos economicamente abusivos colocam a mulher em situação semelhante. Quando lhes negam o privilégio de ganhar e economizar para si mesmas, essas mulheres precisam buscar outros meios – infantis – para lidar com ela. Uma mulher admitiu que adulava o marido, como fizera com o pai, quando era uma menininha. "Eu fazia um bom jantar, à luz de velas, e dizia como ele era maravilhoso, concordava com qualquer tipo de sexo que ele quisesse, por mais excêntrico que fosse. Finalmente, eu acabava dizendo que precisava de mais dez ou vinte dólares. Algumas vezes, funcionava." Mas quando não funcionava, resultava apenas mais abuso.

Outras mulheres, muito menos teatrais, usam uma abordagem direta: elas roubam. Muitas me contaram como tiravam uma nota do bolso da calça do marido quando ele estava dormindo, rezando para que ele não contasse as notas que restavam. Se conferir as notas, acabou-se a festa: ele esconde o dinheiro ou coloca-o sob o travesseiro. Irene diz que sabe como essas mulheres se sentem porque ela recorreu ao mesmo método vergonhoso, tirando algumas notas do bolso da calça do marido, trabalhando habilmente para não fazer barulho com as moedas. Irene se sentia – todas elas se sentem – envergonhada, desprezível, com ódio de si mesma. Jamais culpada.

Num programa de Sally Jessy Raphael na televisão, no início de 1994, um homem e a esposa, de quem ele abusava, descreveram o seu relacionamento com sinceridade: ela queixou-se de que ele a fazia obedecer a todos os seus desejos e não lhe dava nenhum dinheiro; ele justificou o seu comportamento como o seu direito masculino. Esse marido era tão controlador que ninguém no auditório lhe deu apoio. Um homem zangado, sentiu-se forçado a observar, "Por que você não compra um cachorro? Ele fará tudo o que você quiser".

Muitos homens e mulheres no auditório estavam indignados, insistindo para que a esposa o abandonasse. Uma pessoa perguntou o que ele faria se ela o deixasse. Com a certeza de um soberano absoluto, como se estivesse concedendo a sabedoria do Cesar imperial, ele respondeu: "Ela não tem outra escolha a não ser permanecer comigo".

É aí que se encontra a tragédia das mulheres vítimas do abuso econômico: como elas nunca têm um centavo, nunca têm escolha.

PARTE II

Como ocorre a violência não-física?

5

"Sempre foi assim."

A ACEITAÇÃO HISTÓRICA DO ABUSO

*A mesma obediência que o súdito deve ao príncipe,
uma mulher deve ao seu marido.*

No século XVI, Shakespeare escreveu e Petruchio expressou a crença de que todo homem viril do seu tempo acreditava, e Tennyson repetiu 250 anos depois: "a mulher é o homem inferior".

A história da posição da mulher no mundo tem sido escrita em palavras e façanhas semelhantes desde os tempos mais remotos. Visitando Lascaux ou Les Eyzies, podemos quase ver o homem das cavernas arrastando a mulher para a caverna, mantendo-a lá para cuidar da fogueira e parir os seus bebês, enquanto ele se une aos homens para trazer o lanoso mamute e pintar a sua coragem na parede para as gerações futuras.

A imaginação nos engana ao criar esse cenário, mas a história não precisa nos iludir. Ela tem sido tão constante em relegar as mulheres a uma condição inferior, que as cenas de abuso, atualmente, são realizadas no mesmo cenário e com o mesmo *script*.

No antigo Egito, enquanto eram realizadas façanhas espetaculares de engenharia na construção das pirâmides, enchendo-as de ouro para os corpos milagrosamente preservados de reis, os homens quebravam os dentes das esposas com tijolos se elas ousassem criticá-los.

Séculos depois, na antiga Grécia, mesmo na Idade do Ouro, no auge da civilização, em 400 aC, os homens eram considerados tão superiores às mulheres que só a eles era atribuída a capacidade para sentir as grandes paixões da vida. Por exemplo, para experienciar o amor, um jovem se unia, não a uma mulher, mas a um homem mais velho. Posteriormente, embora o jovem se casasse e tivesse filhos, ele continuava amando aquele homem, lutando ao seu lado até a morte nos campos de batalha. O casamento com uma mulher, de acordo com o dramaturgo grego Menandro, era "um mal, mas, um mal necessário".

Quando os romanos conquistaram a Grécia, centenas de anos depois, trouxeram consigo um sistema de justiça, o seu legado para o desenvolvimento da maior parte do mundo ocidental, no qual estavam incluídas algumas leis relacionadas às mulheres. Nessas leis, os romanos formalizaram a condição servil das esposas, rotulando-as como propriedades. Como a casa, a mobília, a terra e as moedas de ouro, uma mulher era propriedade do seu marido; como os seus escravos, ela lhe devia obediência.

O passar do tempo não melhorou a condição da mulher. Na Idade Média, elas ainda eram levadas ao casamento como propriedade e eram tratadas com menos cuidado do que as armaduras e tapeçarias do marido. Não é difícil imaginar um grupo de homens do século XIII concordando e rindo desse aforismo, muito popular naquela época:

Um cão, uma mulher e uma nogueira,
Quanto mais apanham, melhor ficam.

Na América recém-colonizada, as esposas continuavam tão dependentes e insignificantes quanto seus filhos, especialmente as filhas, e eram legalmente expostas a torturas públicas por crimes como aborrecer o marido. Mais recentemente, no século XIX, elas ainda estavam legalmente proibidas de declarar a posse de propriedades, dinheiro e até mesmo dos próprios filhos. Enquanto as esposas não tinham direitos legais para solicitar o divórcio, nem mesmo por adultério, o qual era considerado uma vergonha para a mulher, não para o homem, os maridos não encontravam nenhuma dificuldade para obtê-lo. Se, em lugar do divórcio que lhe era negado, uma mulher fugisse, o marido publicava um comunicado ameaçando processar qualquer um que a recebesse.

Algumas mulheres, naturalmente, rompiam o relacionamento e eram forçadas a passar o resto da vida lutando contra o desprezo da sociedade, enquanto a maioria dos homens as considerava, na melhor das hipóteses, tolas e, na pior, levianas. Contudo, alguns poucos homens aplaudiam essas primeiras feministas. *Sir* James Barrie, o cavaleiro mais respeitável do reino, escreveu uma peça de um ato chamada *The twelve pound look*, na qual Kate, a ex-esposa de *Sir* Harry Sims, outro respeitável cavaleiro do reino, surge em sua casa, agora agraciada com uma nova esposa, alguns anos depois do divórcio. Ela entra com sua máquina de escrever na mão, enviada por uma agência em resposta à solicitação de *Sir* Harry por uma secretária temporária. Tendo ficado intrigado durante todos aqueles anos sobre os motivos que levaram Kate a ser tão tola a ponto de ter deixado o seu bom marido e a boa vida, *Sir* Harry recebe a seguinte explicação: como ele a tratava como ninguém, ela alugara uma máquina de escrever, aprendera a datilografar e quando conseguiu guardar dinheiro suficiente – doze libras para ser exato – comprou a própria máquina de escrever e partiu, uma mulher livre.

Lady Sims, que ouvira tudo pela porta entreaberta, pediu permissão ao marido para entrar e observou Kate com inveja, enquanto ela vai embora, com os olhos brilhantes. A peça termina com *Lady* Sims refletindo, enquanto pergunta ao marido: "Elas são muito caras?".

"O que são muito caras?" Lord Sims pergunta rispidamente, com pouco interesse.

"Essas máquinas", ela responde, com um olhar sonhador. E a platéia silenciosamente aplaude o nascimento de uma nova mulher.

Na Noruega, Henrik Ibsen escreveu uma peça ainda mais mordaz, que termina com a batida de uma porta, que ecoou por 125 anos: *Casa de boneca*. Explicando por que está abandonando o marido, Nora lhe diz: "Você fez tudo de acordo com o seu gosto e, assim, eu adquiri os mesmos gostos – ou pelo menos eu fazia de conta... é como se eu tivesse vivido aqui como uma mulher pobre, ao deus-dará. Eu existi simplesmente para fazer truques para você. ...Você cometeu um grande pecado contra mim".

O mundo ficou chocado. Houve tantos protestos contra Ibsen depois do seu retrato complacente de uma mulher, que apontou com precisão o "pecado" de todos os maridos contra suas esposas e que ousou buscar a independência, que ele diminuiu os seus efeitos negativos escrevendo o cenário oposto em *Ghosts*. Nessa peça ele inverteu as posições, fazendo a esposa permanecer com o marido irresponsável, apenas para ser ironicamente recompensada com uma sífilis contraída por ele, a cegueira do filho e o próprio sofrimento. Embora a mensagem feminista de Ibsen soasse ameaçadoramente nos corações das mulheres, ela pouco fez para alterar a sua condição. Mesmo atualmente, as instituições americanas refletem, não a opinião de Ibsen a respeito das mulheres, mas a da história. Só para dar alguns exemplos:

Casamento

Até recentemente, o casamento era uma maneira legal para subjugar uma mulher: "Amar, honrar e obedecer" dizem tudo. Mesmo com o obedecer retirado do juramento, a tradição manteve as mulheres moralmente obrigadas a agradar os seus homens: Marabel Morgan escreveu um livro inteiro, *The total woman*, com instruções detalhadas sobre diversas técnicas criativas que uma mulher poderia usar para manter o seu homem suficientemente feliz para ficar com ela e, todos os meses, as revistas femininas revelam intermináveis segredos sobre "Como segurar o seu homem", "Como tornar o sexo melhor para o seu homem", "Como preparar pratos eróticos para o seu homem" etc. Aparentemente, a submissão feminina vende bem.

O próprio fato de uma mulher renunciar ao nome de sua família e adotar o do marido anuncia a sua propriedade para o mundo. As mulheres que conservam o nome de solteira ou o associam ao do marido são as Kates e Noras de hoje. Elas também são pragmatistas, pois é quase impossível descobrir o paradeiro de uma mulher casada, a não ser que você saiba com quem ela se casou... e onde... e quando. Isso também é uma declaração.

Lei

As estatísticas indicam que, geralmente, os homens recebem melhor tratamento do que as mulheres em nossos tribunais. As mulheres têm sido forçadas a viver perseguidas, fugindo e se escondendo com os filhos ao se recusarem a permitir as visitas determinadas pela justiça, de pais que abusaram sexualmente desses filhos. A resistência de uma mulher, eficiente e corajosa – e perigosa também – como a resistência escrava antes da Guerra Civil, existe para protegê-las da captura e do confinamento.

Há menos de dez anos, um homem podia estuprar a esposa impunemente; se ela apresentasse queixa contra esse abuso sexual, o crime era dela, não dele. Apesar da aprovação de uma lei, na metade dos anos 80, que considerava o estupro da esposa tão criminoso quanto qualquer outro, muitos homens acreditam que o sexo, consensual ou forçado, é um direito do marido; enquanto escrevo isso, esta semana mesmo uma mulher foi ao tribunal onde trabalho para pedir proteção, pois o marido, do qual ela está separada, continua invadindo sua casa para estuprá-la, como seu direito de marido.

Membros de júri foram acusados de tender na direção da antiga crença de que se um homem estupra uma mulher, foi ela quem pediu. Usando isso a seu favor, os advogados de defesa, em casos de estupro, trabalham duro para transferir o papel de vítima da mulher para o homem, focalizando os seus erros passados e suas atitudes promíscuas. William Kennedy Smith, acusado de estupro, foi finalmente absolvido, em parte, na opinião de muitas pessoas, porque a mulher fora buscá-lo num bar da vizinhança e, voluntariamente, o acompanhara até a casa de praia do tio.

Um inglês chamado George Horace Hatherill expressou há alguns anos o que muitos consideram a atual posição legal da América com relação às mulheres, ao gracejar, "São cometidos cerca de vinte assassinatos por ano em Londres e nem todos são graves – alguns são apenas maridos matando as suas esposas".

Ciências Humanas

Grande parte do pensamento antifeminista é atribuída a Sigmund Freud, baseado na sua suposição de que os problemas emocionais das mulheres são, em sua maioria, provenientes da inveja do pênis. Que os homens têm alguma coisa que as mulheres não têm e desejam parece muito mais metafórico do que verdadeiro, porque não são essas poucas polegadas de carne que as mulheres desejam, mas o poder e o controle que o mundo concedeu aos seus proprietários.

A maior parte do raciocínio psicológico aceito apóia-se não somente na opinião de Freud a respeito das mulheres, mas também em outras fontes discutíveis. Por exemplo, o falecido dr. Lawrence Kohlberg, de Harvard, desenvolveu uma teoria de desenvolvimento moral que atribuía níveis mais elevados de maturidade aos homens do que às mulheres. Entretanto, a sua colaboradora, Carol Gilligan percebeu, depois de o estudo ter sido aclamado como um sucesso, que uma vez que Kohlberg realizara os seus estudos apenas com indivíduos do sexo masculino, as suas descobertas baseavam-se num ponto de vista masculino. Ela desafiou Kohlberg. Em seu livro subseqüente, *Uma voz diferente* (Rio de Janeiro, Rosa dos Tempos, 1992). Gilligan corrigiu o equívoco apoiando a crença de que, como os valores morais das mulheres são diferentes daqueles dos homens – nem melhores nem piores, apenas diferentes – Kohlberg não poderia tirar conclusões sobre os dois sexos baseado na população masculina do seu estudo.

As ciências sociais são famosas por criar índices para avaliar os problemas e progressos da sociedade. Apesar de ter estudado e classificado durante centenas de anos as estatísticas sobre uma ampla variedade de eventos, que vão desde homicídios até nascimentos, de níveis de pobreza até limites de educação, de casamentos a divórcios, só depois de 1970 foi considerada a necessidade de avaliar o abuso cometido contra esposas; isso simplesmente não existia.

Política

Um exame do governo americano não nos convence de que a promessa de igualdade sexual tenha sido cumprida. As mulheres são mais numerosas do que os homens na população do país e, no entanto, só em 1994 os cem membros do senado norte-americano incluíram as mulheres, cujo número não ultrapassava o dos dedos das mãos – 7% – e o número de mulheres na Câmara de Deputados, com 435 membros, era de 11%. Os legisladores recusaram-se a aprovar uma emenda de direitos iguais sob a alegação de que ela é supérflua, e a Constituição garantiu igualdade aos americanos, há mais de duzentos anos; porém, apesar da igualdade constitucional, foram necessários 150 anos para que as mulheres tivessem o direito de votar. Um exame mais detalhado da história revela que os legisladores relutam muito mais em aprovar projetos de lei para ajudar as mulheres, como saúde, cuidados com as crianças, moradia barata e indicação de aborto, do que projetos de lei relativos a material bélico para ajudar os homens.

Os presidentes também expressaram os seus sentimentos antimulheres. Em 1945, quando um grupo de mulheres procurou Harry Truman, com argumentos bem pesquisados, para obter a aprovação da emenda de direitos iguais, ele as dispensou, de acordo com David McCullough em *Truman*, com o seguinte comentário aos seus assistentes: "Quantas bobagens!" Mais recentemente, em 1981, Ronald Reagan, honrado exemplo da família americana, expressou os seus sentimentos fechando o Office of Domestic Violence, um órgão criado para proteger mulheres. Como Randy Shilts perguntou em *Conduct unbecoming*: "Será que ele estava dizendo que um programa para acabar com o espancamento de mulheres era antifamília?" Ou, como ele estaria eu pergunto simplesmente dizendo: "Se um homem espanca sua esposa, não interfira?"

As artes

Enquanto os nomes de artistas do sexo masculino, mesmo dos mais dúbios, são familiares, as pessoas comuns só conseguem citar alguns, quando conseguem, de artistas do sexo feminino. Entretanto, desde os trabalhos de tecelagem e pintura em couro dos primeiros americanos nativos, passando pela confecção de acolchoados até as pinturas do século XIX e, mais recentemente, a pop-arte e a pintura feminista, as mulheres produziram obras de arte memoráveis. Mas não foi fácil. Elas tiveram de lutar contra aquilo que Charlotte S. Rubenstein, em seu livro *American women artists*, chamou de "piedade, inocência, submissão e domesticidade", encontrando pouco tempo para dedicar-se à pintura e pouco apoio quando conseguiam.

Mary Cassatt, de acordo com a autora, foi uma artista dedicada, mas, quando disse ao pai que iria estudar num centro de artes no exterior, como os seus colegas do sexo masculino faziam habitualmente, ele declarou que preferia vê-la morta. Quando ela voltou aos Estados Unidos, alguns anos depois, tendo sido muito aplaudida em toda a Europa, o *Philadelphia Ledger* anunciou sua volta com a seguinte notícia: "Mary Cassatt, irmã do sr. Cassatt, presidente da Pennsylvania Railroad, retornou ontem da Europa. Ela esteve estudando pintura na França e tem o menor cão pequinês do mundo."

Em 1898, o irmão executivo de uma mulher e o seu cão raro eram mais dignos de nota do que a sua arte.

Quase cem anos depois, uma outra artista americana, Helen Frankenthaler, cujo trabalho fora extensivamente exibido e elogiado pelos críticos e pelo público, recebeu uma matéria de um crítico, que repete a atitude do *Philadelphia Ledger*. O crítico do *Washington Post*, após a sua última apresentação lá, achou que o seu trabalho estava sendo superestimado, apontando os seus defeitos e falhas com detalhes. Como crítico de arte, é seu direito e sua obrigação ter uma opinião baseada nos fatos. Entretanto, esse crítico, não com uma opinião válida, mas com um raciocínio machista freqüentemente expressado, continuou atribuindo o seu sucesso a outros fatores, não ao talento: primeiro, que ela era uma mulher e, além disso, atraente; segundo, que ela era casada com o artista Robert Motherwell. Embora separados por quase um século, os dois jornalistas desprezaram os talentos de Mary Cassatt e de Helen Frankenthaler, não pelo mérito dos seus trabalhos, mas também por sua suposta conquista pelo mérito dos homens em sua vida.

As escritoras e atrizes viveram uma história semelhante. Durante anos, as escritoras foram forçadas a usar pseudônimos masculinos para conseguir publicar suas obras. Deixei muitos alunos da minha classe na faculdade chocados, ao anunciar que George Eliot era realmente Mary Ann Evans e, eu mesma, mais de cem anos depois, estou chocada ao ler críticas atuais sobre livros que se referem a uma "mulher romancista" embora nunca tenha lido uma crítica sobre um "homem romancista".

Quanto às atrizes, as mulheres ainda não podiam nem mesmo subir num palco muito tempo depois de o teatro ter-se tornado uma importante forma de arte. Enquanto a Itália permitia que as mulheres representassem na *Commedia dell'Arte* no século XVI, durante mais de cem anos, a Inglaterra e a França continuavam fazendo rapazes representar papéis femininos. Agora, embora as mulheres sejam bem-recebidas no teatro – pois quem pagaria para ver um homem no papel de Julieta ou Blanche DuBois? – a sua queixa comum é a escassez de bons papéis. O homem é o herói que o dramaturgo e o cineasta consideram digno de ser explorado; o homem é o herói que o público paga para ver. Uma vez que as esposas e as amantes dos heróis são simples mulheres e, portanto, menos interessantes, poucas Cândidas, Santas Joanas e Loucas de Chaillot são criadas.

As Forças Armadas

A degradação militar das mulheres é tão óbvia que dificilmente admite discussão. A guerra é um empreendimento masculino que, por sua própria natureza, consolida a união masculina pela desumanização do inimigo – algumas vezes os "bárbaros", outras os "amarelos", sempre as mulheres. As mulheres eram as recompensas da guerra em tribos primitivas, na suposta Roma civilizada do terceiro século e, ainda são, em nossas guerras americanas, onde os soldados compram mulheres com tão pouco quanto uma barra de chocolate ou um par de meias de *nylon* nos países que ocupam. A ópera *Madame Butterfly*, a peça *Miss Saigon* e o filme *Platoon* transformam a exploração militar em formas de arte. A guerra do Vietnã transformou-a em milhares de crianças vietnamita-americanas, abandonadas, sem lar, morando nas ruas.

As Forças Armadas exercitam a atitude machista e antifeminista também em tempos de paz. Entrevistei fuzileiros navais que, um pouco envergonhados, cantaram para mim o nome de quem marcava a cadência dos seus treinamentos todas as manhãs – Susie Rottencrotch. Durante anos, os homens da marinha abusaram sexualmente das mulheres em suas convenções: "Nós só estávamos nos divertindo", eles explicavam. Quando uma mulher da marinha ousou estragar a brincadeira apresentando queixa, toda a marinha pôs-se na defensiva – até mesmo as altas patentes. Somente quando foram encontrados bodes expiatórios e o caso foi comprovado, é que a marinha assumiu a responsabilidade, não por agressão ou assédio, que eram os verdadeiros crimes, mas não aqueles com os quais a marinha podia lidar. Os homens foram acusados pelo que a marinha considerou o único crime real – conduta inadequada para um oficial.

O esforço do presidente Clinton para acabar com a discriminação contra os homossexuais nas Forças Armadas provocou forte resistência, baseado no fato de que *gays* e lésbicas são um perigo iminente. Os *gays* os ameaçam: nas palavras de muitos soldados, "Eu não posso tomar um banho ou passear como eu faço, com eles lá". É irônico – e trágico – que eles atribuam aos *gays* os mesmos sentimentos predatórios pelos homens, que eles próprios negam sentir pelas mulheres, apesar de as estatísticas mostrarem um índice muito mais elevado de crimes sexuais entre heterossexuais do que entre os homossexuais masculinos, especialmente nas Forças Armadas.

As lésbicas também ameaçam os homens das Forças Armadas. Como salienta Randy Shilts em *Conduct unbecoming*, os marinheiros freqüentemente fazem propostas indecorosas para as companheiras de bordo. Se uma mulher rejeita as suas investidas sexuais, os homens defendem o ego ferido rotulando-a de lésbica: por que mais ela não sucumbiria ao seu charme? Por que mais, na verdade? Isso poderia ser tão engraçado quanto a fábula de Esopo sobre a raposa e as uvas, as quais ela rotulou de azedas quando não conseguiu alcançá-las, a não ser pelo fato de que muitas mulheres foram afastadas da marinha sem dispensa honrosa, por causa da falsa acusação. A hierarquia obviamente protege a marinha, dando apoio ao orgulho de um de seus homens e passando por cima da reputação e do emprego de uma de suas mulheres.

Medicina

Uma famosa charada dizia: depois de um acidente de carro, um homem é levado às pressas para uma cirurgia de emergência onde, ao vê-lo, o cirurgião empalidece e grita: "Esse é o meu filho!". Mas o cirurgião não é o pai do homem. Como é possível?*

Atualmente, é óbvio – ou quase óbvio – que o cirurgião é a mãe do homem ferido. Há vinte anos, quando ouvi a charada pela primeira vez, ela era muito menos óbvia porque a idéia estabelecida era a de que os cirurgiões eram homens. Mesmo agora, que sabemos que existem médicas – apesar de ainda ouvirmos "Eu não procuraria uma" – nós pensamos nas cirurgiãs em último lugar, apesar das provas, é o que dizem, de que os seus dedos menores as tornam mais qualificadas em cirurgias do cérebro, do coração aberto e de angioplastia.

Ultimamente, muita coisa foi escrita a respeito da naturalidade com que os médicos realizam histerectomias e mastectomias. Algumas estatísticas afirmam que, muitas, uma entre vinte cirurgias, são desnecessárias, uma vez que existem métodos menos deformadores, com índices iguais de sucesso. Eu mesma fui submetida a três biópsias no seio, que o meu cirurgião afirmou serem necessárias, para remover calcificações indicadas numa mamografia.

Apesar de ter retirado metade do meu seio esquerdo, ele nunca encontrou as calcificações e eu nunca tive nenhum problema nos oito anos seguintes. A radiologista que o auxiliou, uma "médica", disse-me depois que ela acreditava que, em primeiro lugar, eu não precisava das biópsias e que ela jamais as teria recomendado.

Um relatório de Paul Hoffman, de 8 de março de 1994, "MacNeil/Lehrer NewsHour" revelou algumas estatísticas chocantes. Da mesma maneira como Lawrence Kohlberg, a partir de estudos com homens, aplicou as suas descobertas em mulheres, muitos pesquisadores estendem as descobertas feitas a partir de estudos com homens, encorajando também os tratamentos para as mulheres. Em alguns casos, os resultados foram trágicos: Hoffman deu o exemplo da talidomida, que prejudicou milhares de bebês porque não fora adequadamente testada em mulheres; da aspirina, que tem sido prescrita para prevenir ataques cardíacos em homens, mas não em mulheres, embora a taxa de ataques cardíacos seja mais ou menos a mesma; mais recentemente, de analgésicos, que não foram desenvolvidos especificamente para mulheres, cujos cérebros reagem à dor de maneira diferente. "Como regra, os cientistas aferram-se ao corpo masculino", afirma Hoffman, retardando o desenvolvimento de tratamentos que poderiam salvar a vida de mulheres.

---

* Em inglês, a palavra surgeon (cirurgião) é utilizada tanto para o sexo masculino quanto para o feminino. (N. do T.)

O foco masculino da medicina está diretamente relacionado ao abuso. Num artigo intitulado "Medical Therapy as Repression: The Case of Battered Woman" citado pelo Center for Women Policy Studies, em Washington, D.C., Evan Stark e Ann Flitcraft relatam que os médicos parecem relutantes em atribuir os ferimentos das mulheres ao espancamento. Embora eles, particularmente os médicos das salas de emergência dos hospitais, cuidem das feridas e fixem os ossos de milhares de mulheres espancadas, só identificam um, entre 25 casos, como abuso. Os outros 24 ou são dispensados sumariamente ou são classificados como problema das mulheres, porque elas aparecem lá com muita freqüência: "Oh, ela de novo!". Em ambos os casos, os médicos, em posição estratégica para tratar a causa do ferimento, bem como o próprio ferimento, não fazem nada e o abuso continua.

Religião

Deus tornou-se um homem quando a grande deusa pagã terrestre tornou-se uma ameaça para os homens. Quando Abraão fundou a primeira religião monoteísta, há mais de sete mil anos, ele espelhou Deus à sua própria imagem masculina, assim como Deus criou Abraão à Sua imagem. Por séculos, a tradição judaico-cristã reafirmou a diferença sexual por meio dos seus ensinamentos e práticas. No início, o "mal" que o poeta grego Menandro associava às esposas manifestou-se em Eva, a sedutora que induziu Adão ao pecado original. A partir desse momento – em mulheres como a esposa de Lot, Dalila, Jezebel e Salomé –, a sedução de Eva e o pecado de Adão têm sido reencenados na Bíblia. E as boas mulheres da Bíblia? E Sarah, a paciente esposa de Abraão? E a rainha Esther, que arriscou a vida para salvar os judeus? E Judith, que matou Holofernes? E as três Marias no Novo Testamento – a Virgem Maria, a maternal; Maria, a mãe de Jaime, o fiel; Maria Madalena, a redimida? Se tivessem permitido que a bondade delas compensasse o mal que os homens atribuíam às mulheres, os homens poderiam tê-las julgado como julgam a si mesmos, com ambivalência, dizendo: "Nós somos iguais na bondade e na maldade. Nós somos a mesma mistura humana. Nós somos iguais".

Entretanto, não foi assim que funcionou. A psique do homem enfrentou um dilema: negar que todas as mulheres eram basicamente pecadoras significava reconhecê-las como iguais e, dessa forma, renunciando ao domínio masculino; negar que algumas mulheres eram basicamente virtuosas significava agrupá-las num círculo de sereias, privando os homens de esposas aceitáveis. Não sendo aceitável nenhuma das alternativas, eles criaram a solução ideal bem no fundo do seu subconsciente, onde age a sexualidade. Incapazes de unir os dois aspectos conflitantes numa única mulher, eles as dividiram em duas partes, a prostituta e a santa. A mulher prostituta carrega o mal da sexualidade; a santa carrega a pureza frágil que os homens protegem num pedestal. O resultado, afirmam os psico-historiadores como o dr. David Beisel da Rockland County Community, determinou o papel da mulher no decorrer da história e estabeleceu a supremacia masculina para sempre.

Trabalho

História é a longa, longa história do local de trabalho do homem – um trono ou uma sala de diretoria, uma linha de montagem ou um banco, um campo de batalha ou a Sala Oval, um laboratório de ciência ou uma galeria de arte. Onde quer que o homem tenha trabalhado, a história aconteceu; e onde quer que ela tenha acontecido, os homens a registraram. A história do local de trabalho das mulheres é curta: na cozinha, na dispensa, na sala de partos e no quarto das crianças.

Enquanto os homens receberam pagamento pelo seu trabalho, quer em dinheiro quer em glórias e, algumas vezes, ambos, grande parte das mulheres, voluntárias não celebradas, não recebeu nenhum deles. Há alguns anos, uma mulher movendo uma ação por "salários atrasados" num caso de divórcio, relacionou os trabalhos que realizara para o marido, pelos quais ele lhe devia dinheiro: cozinheira, motorista, lavadeira, faxineira, governante, professora, anfitriã, *barman*, secretária, pára-choque contra o mundo e amante. Como salientou, se ela tivesse sido uma empregada contratada, teria ganho centenas de milhares de dólares por tempo de casamento.

Não somente as mulheres são privadas de renda como donas de casa, como até muito recentemente foram privadas até mesmo da oportunidade de trabalhar fora. Durante a Primeira Guerra Mundial, elas foram incentivadas pela propaganda, com palavras patrióticas, a substituir os homens nas fábricas, a se tornarem companheiras de equipe confeccionando roupas e armamentos que os seus homens precisavam para "combater os bárbaros". Contudo, depois da guerra, os seus homens precisavam delas em casa e, assim, elas se afastaram do mundo do trabalho, tirando os macacões e vestindo os aventais. A Segunda Guerra chamou-as novamente para preencher os cargos nas linhas de montagem, escritórios e locais de construção, dos quais seus homens haviam se afastado marchando, mas, assim que eles marcharam de volta para casa, Rosie, a Operária, perdeu o seu emprego para a mulher, a Cozinheira.

As estatísticas mostram que, atualmente, há mais mulheres trabalhando fora do que dentro de casa, o que soa encorajador até percebermos que os seus empregos são inferiores aos dos homens e que elas ganham muito menos. Há poucas altas executivas, financistas, empresárias; menos ainda controlam a bolsa de valores e o comércio exterior. As escolas primárias não poderiam existir sem elas como professoras; as escolas de ensino secundário ficariam com falta de professores; mas, no ensino superior, menos da metade do corpo docente é formada por mulheres e menos de um terço ocupa cargos administrativos.

As burocracias da igreja são notoriamente antimulheres. A igreja católica opõe-se firmemente contra mulheres sacerdotes; as igrejas protestantes e as sinagogas judaicas têm apenas um pouco mais de 8% de mulheres liderando congregações; e o *The New York Times* relatou, no início de 1994, que, apesar de 70% dos membros das igrejas de negros serem do sexo feminino, nenhuma mulher recebe o poder de pregar.

A continuidade histórica do abuso

Os homens usaram o seu poder político e econômico não apenas para manter as mulheres em sua posição inferior, mas também para humilhá-las e brutalizá-las. Por mais de mil anos, a lei ocidental absolveu homens que espancavam as esposas, embora a civilização tenha imposto algumas restrições: por exemplo, na Idade Média, um homem precisava seguir a regra do polegar ao bater na esposa, o que significava usar uma vara que não fosse mais grossa do que o seu polegar. Enquanto os primeiros colonizadores puritanos no Novo Mundo ordenavam o castigo público para as esposas com comportamento inaceitável, os homens na nova América de 1800 adotavam a lei inglesa mais severa do espancamento das esposas. Embora ela tenha sido revogada sete anos depois, de acordo com Emerson e Russell Dobash, em *Violence against wives*, "a lei fechava os olhos para o espancamento de uma esposa".

Parece que os tempos não mudaram. Lenore Walker, em *The battered woman*, fala sobre um teste no qual foram observadas as reações de transeuntes a uma briga na rua; embora muitos tentassem parar a briga entre dois homens, muito menos pessoas interferiam quando a briga era entre um homem e uma mulher. Parece que, ao longo dos anos, foi transmitida a idéia de que "quando um homem bate na esposa, ele provavelmente tem um bom motivo, que não envolve nem a lei, nem a mim".

Alguns homens consideram o espancamento da esposa como uma piada. Dallas Green, administrador do Mets, um time de beisebol em má situação em 1993, em resposta à pergunta do *The New York Times* sobre como ele lidava com o seu fracasso, disse: "Eu dou uma surra em Sylvia [sua esposa], chuto o cachorro e qualquer outra coisa que precise fazer para desabafar... e, então, volto para o parque, tento sorrir um pouco e correr atrás do prejuízo outra vez". Ninguém perguntou se Sylvia estava rindo da tentativa de piada do marido. E não é preciso perguntar aos milhões de esposas cujos maridos e namorados fazem exatamente aquilo sobre o qual Dallas Green gracejou.

Embora as estatísticas indiquem que os Estados Unidos têm o índice mais elevado de abuso de esposa atualmente, elas ignoram os países nos quais ele é perdoado ou ignorado pela lei. Por exemplo, o governo chinês, que defende a esterilização forçada e o aborto para manter a lei de um filho só, ignora os milhares de bebês do sexo feminino que são mortos porque os meninos são considerados mais valiosos. O Sudão e a Somália ainda exigem a mutilação do clitóris. Em Burma e na Tailândia, as meninas são forçadas à prostituição e foi necessário meio século para que os japoneses reconhecessem as mulheres coreanas que eles mandavam como brinquedos para os seus soldados na Segunda Guerra. Na Arábia Saudita, a lei permite que as empregadas sejam espancadas. No Congo, o adultério é ilegal somente para as mulheres, não para os homens. No Zaire, dois terços mais de meninas são forçadas a abandonar os estudos do que meninos (*The New York Times*, 3 de fevereiro de 1994).

Estremeci ao ver fotografias das mulheres Ubangi, uma tribo centro-africana: o lábio inferior perfurado com discos rígidos de madeira desde o nascimento. Aprendi que o *sati*, apesar de, atualmente, ser ilegal na Índia, ainda é imposto a muitas mulheres pelas famílias de seus maridos mortos. Vi pessoalmente, nas tribos dos Pescoço Longo da Tailândia, meninas com o pescoço alongado por aros de metal, uns sobre os outros, e suas mães, cujos pescoços foram ainda mais alongados, com mais aros, durante muitos anos.

A história e os costumes prepararam o palco para que os homens espancassem suas mulheres, para criar o sexismo legal e para dar poderes a uma minoria masculina privilegiada. Sem nenhum sentimento de injustiça. Sem culpas. Com presunção. "Que obra de arte é um homem!" exclama Hamlet para todos os homens.

Em *The mermaid and the minotaur*, que investiga a diferença sexual entre homens e mulheres, Dorothy Dinnerstein sugere que os homens adquirem o direito de bater nas mulheres ao nascer. "O sentimento dos homens de que nós não somos realmente humanas origina-se na infância", ela escreve. "A nossa própria reação – de que os homens é que não são realmente humanos, 'não estão totalmente aqui' – surge mais tarde." Muito tarde na história. Muito tarde na vida de mulheres espancadas.

6

"Eu nem sabia o que era."

OS PADRÕES SUTIS DA VIOLÊNCIA

Era o ano de 1943. Os rapazes americanos estavam navegando para a França e para a Itália para a Segunda Guerra. As garotas americanas estavam tricotando meias para a Cruz Vermelha e os pais americanos estavam acreditando no patriotismo. Terry tinha dezenove anos, era caloura na Universidade e estava tão envolvida com os movimentos e as emoções da guerra quanto qualquer um. Da janela do seu quarto ela observou as Waves (integrantes do corpo feminino da Marinha) que estavam treinando no campus, marchando animadamente para suas classes. Homens em uniformes azuis, da marinha e cáqui, do exército, passeavam entre os edifícios com suas namoradas.

Nessa noite, John e Terry se tornariam um desses casais. Formado há dois dias no *Tufts*, ele estava vindo para pedi-la em casamento, antes de ir para a Academia de Aspirante a Oficiais em New Jersey. *Pedir* era a palavra errada, ela sabia, porque John nunca pedia nada; *exigir* era mais do seu estilo.

Terry começara a sair com John quando estavam juntos no colegial – mas, apenas ocasionalmente, pois ela não queria namorar firme. Entretanto, percebia que ele a seguia como um detetive particular quando ela saía com outra pessoa e, quando voltava para casa, encontrava-o esperando na porta. Ele jurara que jamais renunciaria a ela e insistira tão implacavelmente em suas exigências que, finalmente, ela concordou e aceitou o seu anel de formatura. Agora, ficava imaginando se, sob sua pressão incansável, poderia protelar uma aliança de casamento.

Ele chegaria mais tarde, trazendo flores, elegante no seu uniforme, um anel de noivado no bolso da camisa. Terry sentia-se presa numa armadilha. Por um lado, estava lisonjeada; por outro, sufocada. Ele a pressionava há anos, parecia, e ela estava cansada. Ele a amava; disso Terry tinha certeza. Enquanto olhava pela janela, esperando, ela supunha que o amava. Com a guerra, ele iria para o exterior, talvez fosse morto e todo mundo estava se casando. Como ela poderia ser tão cruel? Terry casou-se com John.

Em 1993, numa festa organizada pelos três filhos para comemorar suas bodas de ouro, entre os brindes, abraços e beijos, Terry cochichou-me: "Que piada! Esses cinqüenta anos foram uma viagem pelo inferno". Ela embarcou nessa viagem na primeira noite em que convidou John para tomar um café quando o encontrou na porta de sua casa após ter saído com "Qual era o nome dele?". A viagem ainda continua porque John é um homem abusivo.

Nenhuma mulher se casa dizendo "Este homem abusará de mim, mas eu não me importo; vou casar-me com ele assim mesmo". A maioria se casa sem saber; algumas, como Terry, podem suspeitar intuitivamente, mas racionalizam as suas dúvidas; e poucas casam-se totalmente conscientes de que ele é um vitimizador, mas convencidas de que com "a mulher certa" ele mudará. A segunda esposa de um homem que conheci enquadra-se nessa última categoria. Embora a primeira tivesse obtido o divórcio por crueldade mental, do qual a segunda esposa tinha conhecimento, ela se convenceu de que a outra fora meio louca e tudo o que ele precisava era de uma boa mulher para endireitar a sua vida. Ela, assim como todas as esposas que sofrem abuso, acompanhou Terry na sua viagem para o inferno.

A viagem de Terry começou com uma explosão repentina de xingamentos quando ela foi visitar John no acampamento da Academia e o trem atrasou; culpando-a em vez de culpar a Ferrovia Pennsylvania, ele gritou: "Você é incrivelmente estúpida. Você não podia ter tomado o trem que saía antes?". Ainda atordoada, Terry encontrou um jeito para entender – a guerra e todo o resto – e John pediu-lhe tantas desculpas e fez amor com tanta urgência que ela logo se esqueceu.

Até a próxima vez, quando eles estavam morando num apartamento alugado em Monroe, Louisiana, e ele lhe disse para ir embora e voltar para a casa da mãe, uma vez que ela lhe escrevia tantas cartas. E a próxima vez, quando ele a fez desistir do gato abandonado que ela adotara. E a próxima vez... e a próxima vez... e a próxima vez, gritando com ela, culpando-a, afastando-a dos amigos, fazendo-a sentir-se uma nulidade. Terry explicava as explosões de John como acessos de mau humor, geralmente justificados, e esforçou-se ainda mais para agradá-lo e tornar a sua vida mais fácil.

O que Terry e a maioria das mulheres não sabem é que a violência, física ou não-física, não é um caso isolado de mau humor, ou dois ou três casos. Um homem não comete um único ato abusivo quando está com raiva, pede desculpas e, então, em outro acesso de raiva ataca novamente, algum tempo depois. Essa é uma explosão de raiva da qual a maioria de nós ocasionalmente é culpada. O abuso é diferente: em vez de uma série de eventos sem relação entre si, nos quais um homem agride a esmo, o abuso é o comportamento sistemático, que segue um padrão específico com a intenção de obter, manter e exercer controle. A forma assumida por esse padrão depende da maneira como diferentes profissionais o interpretam.

A escalada do abuso

O abuso praticado por John seguia o padrão de uma escalada: continuava subindo, subindo e subindo. No colegial, como namorado, ele perseguia Terry, com telefonemas, seguia-a até sua casa e vigiava-a com ciúme em eventos sociais. Como marido, fingindo estar doente ou exigindo a ajuda dela numa tarefa, ele manipulava as situações para que ela se sentisse obrigada a ficar em casa com ele ou intrometia-se nas suas atividades fora de casa, associando-se ao seu clube do livro e ficando ao seu lado enquanto ela jogava bridge. Ele não a deixava ir sozinha nem às reuniões da faculdade.

Quando, tendo lentamente percebido que estava controlando sua vida, ela o desafiou, a situação piorou, porque o que antes fora coação tornou-se ordem. Embora geralmente obedecesse, para evitar a fúria dos seus xingamentos e de suas ameaças, ele não se arriscou e começou a controlar os seus telefonemas e a segui-la quando ela ia até a cidade. Quando ela se candidatou a um emprego de secretária, buscando uma válvula de escape, ele cancelou a sua proposta e, mais tarde, a fez desistir do trabalho como voluntária no hospital. "Eu não conseguia lutar contra ele", Terry explica. "Era menos doloroso ceder." Ela cedeu ao seu anel com o casamento, à sua manipulação com docilidade, às suas ordens com obediência e, finalmente, às suas regras com submissão.

As mulheres presas na escalada do abuso afirmam não conseguir lembrar-se de quando começaram a compreender que era abuso. Ele ocorre tão regular e inexoravelmente, que não há tempo para adquirir uma perspectiva. Elas não conseguem mencionar um momento traumático isolado, que identifique o comportamento do parceiro como abusivo – não "o dia em que ele disse que eu não podia visitar a minha mãe", nem "o momento em que ele me chamou de cadela estúpida", nem "a manhã em que ele escondeu as chaves do carro". Não, o padrão da escalada do abuso cria um estilo de vida que forma uma trama fechada da qual a mulher não consegue mais separar os fios, como os supostos ricos e famosos não conseguem apontar para sua piscina ou para sua roupa de grife como uma evidência única do seu *status*.

As mulheres lidam com essa escalada do abuso de duas maneiras: lutando contra ela ou submetendo-se, da mesma forma como um animal encurralado que, ou mostra os dentes e ataca o seu agressor ou deita-se de costas em atitude submissa. Aquelas como Terry, que escolheram essa última atitude, tentam satisfazer todas as exigências impostas pelo marido, providenciando tudo o que lhe dê prazer, eliminando aquilo que o aborrece, humildemente reconhecendo o seu poder. Em nome da paz, aceitam o isolamento, a culpa e a baixa autoestima e, apesar de acabarem sem nenhum sistema de apoio, sem ninguém para chamar de amigo – nem mesmo a si mesmas – acham que a sua sobrevivência justifica a dor.

Apesar da disposição para pagar qualquer preço exigido, elas são enganadas pelos maridos, pois assim que atendem às suas exigências, estas aumentam. Ele não fica mais satisfeito de não terem mais nenhum relacionamento com os amigos; agora eles também não devem ter contato com a família dela; ele não diz mais o que elas devem vestir; agora ele também compra as suas roupas. Elas precisam desaprender o que aprenderam a respeito do que ele desejava antes e precisam aprender novamente o que ele quer agora. Independentemente da máxima humildade com que elas se submetem ao seu controle, ele exige constantemente novas demonstrações de poder.

Se, por outro lado, a esposa escolhe o caminho alternativo – lutar contra o abuso – a sua situação fica ainda pior. Cada desafio que ela lança, torna-se uma ameaça ao seu controle. Ela não vai fazer novamente o jantar; não vai deixar de visitar sua mãe; não vai fazer sexo forçado. Ela não vai? Ela *vai*. Como um pai tirando o doce de uma criança teimosa, ele a castiga da maneira que a magoará mais: tranca-a dentro de casa, confunde a sua mente, abusa dos filhos. Porque ela ousou desafiá-lo, as suas exigências tornam-se ainda maiores e os castigos mais severos. E, assim, o abuso aumenta.

De acordo com a maioria dos profissionais, o abuso ocorre num *continuum*, no qual há um ponto – talvez um momento específico – quando a mulher diz: "Chega". Vi mulheres na justiça, que conviveram com o abuso crescente até por quarenta anos e então, de repente, recusaram-se a aceitar mais. As mulheres com mais sorte – mais fortes, mais desesperadas, com mais recursos, com mais apoio ou mais livres – atingem esse ponto mais cedo. Algumas abandonam seus homens. Algumas os matam. Uma decepou-lhe o pênis. Algumas mulheres, como Terry, ainda não chegàram a esse ponto no *continuum*. Elas ainda estão lá.

O ciclo interminável

Um segundo padrão identificado por profissionais que trabalham com mulheres vítimas de abuso assume a forma de um ciclo. Não há a escalada constante de uma escada rolante, mas a continuação de um ciclo que, como o desenho de um papel de parede, repete-se sempre e sempre. Embora muitos profissionais interpretem o abuso como um ciclo repetitivo, diferentes eventos são identificados como o empurrão que lhes dá impulso.

Da tensão ao abuso

Lenore Walker, em *The battered woman*, descreve um ciclo de violência no qual muitas mulheres vítimas de abuso ficam presas. Ele começa com as tensões normais de todos os relacionamentos, tensões provocadas pelos filhos, empregos, preocupações financeiras, hábitos irritantes e meras diferenças de opinião. Nos relacionamentos não-abusivos as pessoas lidam com essas tensões ignorando-as ou discutindo-as e, assim, elas diminuem e o casal continua como antes. Se forem incapazes disso, acabam num casamento infeliz ou na justiça pedindo o divórcio.

No entanto, nos relacionamentos abusivos, os quais podem durar anos, a tensão não diminui. Ela aumenta. Sem habilidades para lidar com a situação, o homem fica mais irritado à medida que seus nervos ficam mais tensos. A mulher fica assustada e ele, como um jaguar escolhendo uma gazela, salta sobre ela para abatê-la. Ocorre o abuso. Apesar de Walker tratar principalmente da violência, a violência não-física segue o mesmo padrão. Em vez de esmurrar ou esbofetear, o homem grita, xinga, tranca a mulher, ameaça, bate nas crianças, joga coisas, rasga suas roupas, talvez durante dias e semanas. Em ambos os casos, o medo, a humilhação e a sensação de inutilidade tomam conta da mulher. Na violência física, a mulher coloca ataduras nos ferimentos; no abuso não-físico ela não pode alcançá-los.

De acordo com Walker, o próximo estágio no ciclo é um período de arrependimento, durante o qual o homem diz que sente muito, traz flores, chora, promete que aquilo nunca mais acontecerá. Ela começa a sentir-se melhor. Ele explica que não queria dizer o que disse e que não teria agido assim se ela não tivesse provocado. Ela concorda e promete ser mais cuidadosa no futuro. Agora, há um período de calma, uma lua-de-mel. Ele está amigável, até mesmo afetuoso. Eles conversam, visitam os amigos, fazem amor e continuam como qualquer casal não-abusivo. Enquanto a sedução dessa trégua se instala, a mulher se permite sentir esperança, até mesmo acreditar que o problema em seu relacionamento não existe mais e que as coisas serão melhores dali em diante.

Contudo, as tensões da vida cotidiana não conhecem tréguas: irritações, frustrações e fracassos surgem inevitavelmente. Embora o homem possa lidar com elas adequadamente durante uma semana ou um mês, elas começam novamente a deixar os seus nervos tensos. A tensão aumenta. O abuso surge com violência. As desculpas jorram. A calma se instala. A esperança nasce novamente... e surgem novamente as tensões da vida.

É difícil lidar com esse processo de pára-continua do abuso, porque além da dor provocada pelo próprio abuso, há a dor de não saber quando ele explodirá. Todos nós já experienciamos o imenso prazer proporcionado pela expectativa de um evento feliz, como as férias; as mulheres presas no ciclo do abuso sentem a imensa angústia que a expectativa – vamos chamá-la de pressentimento – acrescenta à sua já angustiada vida. Uma mulher descreveu-a como viver à beira de um vulcão. "Eu reconstruía a minha casa depois de ela ter sido danificada pela lava, só para vê-la totalmente destruída pela erupção seguinte. Então, eu a reconstruía novamente."

Freqüentemente, na Vara de Família, vemos mulheres que sofrem abuso de maneira cíclica. Elas nos procuram depois de terem atingido o seu limite, após um período de abusos, pedindo uma ordem de proteção, a qual é recebida em base temporária, naquele mesmo dia, com uma data para retornar ao tribunal em três ou quatro semanas para torná-la permanente. Muitas dessas mulheres não voltam porque o vitimizador recua, permitindo que a esperança surja novamente. Como resultado, a Vara invalida a ordem temporária e as mulheres voltam para onde estavam antes do incidente de abuso que as levou ao tribunal em primeiro lugar. Cerca de alguns meses ou um ano depois, reconhecemos o rosto ou o nome da mulher que está novamente solicitando uma ordem de proteção. Vasculhamos arquivos antigos e perguntamos por que ela não foi até o fim na última vez. "As coisas pareciam ter melhorado", ela explica. "Achei que ele tivesse mudado." Ele não mudou e as coisas só ficaram melhores por pouco tempo. O ciclo continuou e nós, que estamos tentando ajudá-la, rezamos para que, da próxima vez, ela compreenda o padrão global do qual faz parte e vá até o fim.

Do ressentimento ao despotismo

Ernest Andrews, em *The emotionally disturbed family*, descreve o ciclo de abuso de maneira um pouco diferente. Para ele, o abuso começa com o ressentimento, tanto do homem quanto da mulher. Embora não dê detalhes a respeito daquilo que provoca o ressentimento, centenas de mulheres vítimas de abuso podem ter diferentes motivos para o seu ressentimento: o ar de superioridade do homem, a sua falta de comunicação, os seus amigos, a sua disciplina com as crianças, a sua insistência em fazer tudo à sua maneira, a sua recusa em ajudar, a sua desaprovação à comida, as suas exigências sexuais etc. Centenas de homens abusivos também podem dar centenas de diferentes motivos para o seu ressentimento: a estupidez da mulher, as suas discussões, a sua infantilidade, as suas exigências de dinheiro, os seus amigos, a sua desobediência, a sua dependência dos pais, o excesso de telefonemas etc. E cada homem e cada mulher pode dar pelo menos 92 motivos adicionais para o ressentimento.

À medida que aumenta o ressentimento de uma mulher, ele é visível em seu rosto, no tom de voz e na resposta geral a um homem, aumentando o seu ressentimento latente. Isso leva o relacionamento para a segunda fase do ciclo, o qual, nas palavras de Andrews, é o "despotismo"; em nossas palavras, abuso. Cansada de anos de rotações anteriores desse ciclo e tendo aprendido que a reação só piora as coisas, a mulher responde com aquilo que Andrews chama de "aceitação com passividade". Como resultado, ambos deslizam para a quarta e última fase, na qual ela fica frustrada com a sua incapacidade para enfrentar o comportamento abusivo e ele fica frustrado pela crescente impotência dela e com a própria falta de controle.

Agora, com o ciclo completo, os antigos ressentimentos se restabelecem numa escala ainda maior, provocada pelos novos, que se acumularam.

Quando Irene tenta definir o padrão do seu casamento, é no padrão de Andrews que ele se encaixa melhor. Ela lembra que casou-se sem ter nada a não ser amor e crença no "para sempre". O marido ficava cada vez mais ressentido com os seus pedidos de afeto e os seus esforços para ter intimidade, tão estranhos à sua compreensão, que ele os interpretava como infantilidade. Ela, por outro lado, ficava mais ressentida com a dureza, a frieza e a mesquinhez do marido com o dinheiro, que ela interpretava como ódio.

Nele, o "despotismo" assumiu a forma de um afastamento emocional, isolando-a, minando a sua autoconfiança, forçando-a a depender dele economicamente. Ela costumava ter um sonho recorrente, no qual via uma frágil bola de cristal na palma da mão, que se fechava ininterruptamente sobre a bola, esmagando-a lentamente. Então, a mão abria e deixava cair os milhares de pedacinhos de vidro quebrado, sem apresentar nenhum corte ou ferimento. Com o tempo, ela entendeu que a bola de cristal despedaçada pela mão ilesa do marido era ela própria.

Em resposta ao "despotismo" do marido, a sua "aceitação com passividade" assumiu a forma de evitá-lo ao máximo, ocupando-se com os filhos e com o trabalho, não lhe pedindo nada e, eventualmente, dando-lhe pouco. Cada um deles, incapaz de satisfazer as necessidades do outro, ficou mais frustrado e zangado. A sua resposta foi interiorizada, transformando-se em desespero: o que ela poderia fazer para que ele a amasse? A resposta dele exteriorizou-se, transformando-se em raiva: o que ele poderia fazer para controlá-la? Uma vez que as perguntas eram feitas com intensidade crescente e nunca respondidas, o resultado foi um ressentimento mais profundo, um comportamento mais abusivo da parte dele, uma submissão maior da parte dela e uma nova encenação do ciclo... outra vez... e outra... e outra.

A roda do abuso

O Domestic Abuse Intervention Project em Duluth, Minnesota, vê o abuso adquirindo uma forma diferente – uma roda. No centro da roda está a unidade de poder e controle. No aro externo, a violência.

Cada um dos oito raios, que levam do poder e controle à violência extrema, é uma forma diferente de abuso não-físico:

1. *Abuso econômico*, conforme discutido no Capítulo 4.

2. *Coação e ameaças.* Esse abuso era utilizado por um marido quando ameaçava cometer suicídio caso a esposa o deixasse. O marido de Joan o utilizava quando dizia que seqüestraria as crianças. O marido que ameaçava vender a casa e abandonar a esposa o utilizava; assim como o homem que ameaçava denunciar a ajuda ilegal que a esposa recebia do Estado.

3. *Intimidação.* O marido que chutava o cachorro da esposa, o oficial que brincava com a arma na frente da esposa, o marido de Ellie, que doara o seu casaco preferido, os muitos homens que cerram os punhos e derrubam portas, todos eles usando da intimidação. As suas atitudes advertem: "Cuidado. Você pode ser a próxima".

4. *Abuso emocional*, conforme discutido anteriormente. O Domestic Abuse Intervention Project também inclui o abuso psicológico nessa categoria.

5. *Isolamento*, conforme discutido no Capítulo 3, sob o nome de Abuso Social.

6. *Minimizando, negando e culpando.* Os homens que dizem à esposa "Oh! todos os homens fazem isso" utilizam essa forma de abuso. Assim como aqueles que negam suas ações: "Eu nunca a chamei de prostituta". E os que transferem a responsabilidade dizendo: "Foi você quem começou". Um marido utilizou-o na justiça para desculpar-se quando, no processo de estuprar a esposa, mandou-a calar a boca porque as mulheres não deviam sentir prazer no sexo. E, treze anos depois do divórcio, o ex-marido de Joan utilizou-o quando disse ao policial que o prendeu por ter violado uma ordem judicial: "É tudo culpa do pai dela". O pai dela estava morto havia três anos.

7. *Usando os filhos como armas.* Os milhares de homens que perturbam as mulheres das quais estão separados, com a questão das visitas, usam essa forma de abuso – ficando com

as crianças além da hora determinada pelo juiz, deixando-as desapontadas por não comparecerem no dia de visita, levando as mulheres à justiça por terem proibido uma visita quando uma criança estava doente. O homem que tentou levar as crianças para fora do país utilizou-o. O marido de Irene, que telefonava para os filhos diariamente para relatar os erros dela, utilizou-o. O juiz, que acusou um pai de usar as crianças como armas contra a esposa, compreendeu essa forma de abuso.

8. *Usando o privilégio masculino*. Nunca conheci um agressor que não usasse essa forma de abuso – mantendo a mulher descalça e grávida, como dizia o ditado em dias mais inocentes. Ele assiste ao jogo de futebol enquanto ela limpa, cozinha, serve de motorista para os filhos, faz compras, tira o lixo, leva-lhe uma cerveja, faz sexo quando ele quer, pinta a cozinha, corta a grama e encontra o martelo para emprestar ao vizinho. Como um homem ajuda no trabalho de casa?, perguntava uma piada recente. Ele ergue os pés para ela passar o aspirador de pó sob a cadeira. As mulheres riem do privilégio masculino para não chorar. Os homens riem porque dá certo.

Controle coercitivo

Diana Russell, autora de *Rape in marriage* e Ginny NiCarthy, autora de *Getting free*, assim como outras pessoas envolvidas, acreditam que o abuso emocional da mulher, no qual elas incluem também o abuso social e psicológico, assemelha-se às técnicas coercitivas usadas na lavagem cerebral de prisioneiros políticos.

Ao ouvir centenas de mulheres contarem em detalhes o que os maridos lhes fizeram e como elas se sentem a esse respeito, concordo com Russell e NiCarthy. Embora tenha falado rapidamente sobre a lavagem cerebral, no Capítulo 2, acredito que valha a pena examinar com mais atenção o controle coercitivo como outro padrão que o abuso pode assumir.

A Carta de Coerção, de Biderman, publicada pela Anistia Internacional, aponta um padrão de oito ações específicas que um controlador impõe com o objetivo de obter a submissão de outra pessoa:

1. *Isolamento.* De acordo com Ginny NiCarthy, essa é "a maneira mais efetiva de preparar o terreno para a lavagem cerebral, pois elimina o sistema de apoio da mulher, forçando-a a depender do marido".

2. *Monopolização de percepção.* Elimina os estímulos externos, como telefonemas, atividades em clubes e até mesmo programas de televisão, os quais poderiam proporcionar à mulher um teste da realidade, permitindo que ela compare o que acontece no mundo real com aquilo que ocorre em seu mundo.

3. *Fraqueza induzida.* Excesso de trabalho e falta de sono vencem a sua resistência.

4. *Ameaças.* Que fazem a mulher temer constantemente pela sua segurança, bem como a dos filhos, da família e dos amigos. Como diz NiCarthy, "Pessoas emocionalmente abusivas... podem ser tão assustadoras para os seus parceiros quanto aquelas que são fisicamente violentas".

5. *Indulgências ocasionais.* Deixam a mulher com a guarda aberta, brincando com os seus sentimentos de esperança e de desespero como se eles fossem um ioiô e são particularmente eficazes no fortalecimento do controle de um homem, pois a mulher se submete a todas as suas exigências para manter o ioiô subindo.

6. *Demonstrações de onipotência.* Ele não a deixa esquecer-se da própria impotência com atos como: esconder as chaves do carro, trancá-la no quarto, rejeitar a comida que ela prepara etc.

7. *Degradação.* Repetindo que ela é gorda, estúpida, feia, sem talento etc., ele diminui a sua auto-estima a ponto de fazê-la achar que não merece tratamento melhor.

8. *Exigências insignificantes.* Ao fazê-la aceitar exigências relativamente insignificantes, como usar as roupas que ele quer, comer em horários específicos ou assistir aos programas de televisão que ele escolhe, ele a condiciona a obedecer exigências mais rígidas.

No final de seu poema "Patterns", Amy Lowell chora de dor e de raiva pela morte do amante na guerra: "Cristo! Para que servem os padrões?". Embora um vitimizador e sua mulher possam ser incapazes de articular uma resposta para a pergunta, o padrão sistemático seguido por um homem abusivo fala por ele: padrões servem para obter controle. O padrão no jardim de Amy Lowell controlou-lhe a dor; o padrão de um vestido controla o ajuste de uma roupa; o padrão da teia da aranha controla um inseto aprisionado. O padrão de abuso controla a vida de uma mulher.

7

"Por que ele me trata assim?"

PERFIL DE UM PARCEIRO ABUSIVO

Arthur é engenheiro eletrônico em Wilmington, Delaware, trabalha numa das dez maiores corporações do país, é formado em Yale e ganha duzentos mil dólares por ano, mais gratificações. Tom é vendedor de calçados, e ganha 36 mil dólares por ano, mais comissões, e mora numa casa modesta em Kansas City. Jefferson e a mulher com quem vive recebem ajuda do governo e moram num prédio de apartamentos sem elevador, no lado sul de Chicago. Drew é operário da construção civil em Fort Worth; Maurice é dentista em Gainesville, Georgia; Howard é aluno de uma universidade em Nova York e trabalha dois turnos na lanchonete Burger King; Bennet está recebendo o seguro-desemprego em Wisconsin; Charles trabalha numa pequena biblioteca em Newton, Massachusetts; Vince é policial em Seattle. Um grupo nitidamente diferente, apesar de todos cometerem abuso não-físico contra suas mulheres.

Mesmo apresentando diferenças, esses nove homens e centenas de milhares de outros, em geral, são vistos como um estereótipo: ignorante, de classe social inferior, grosseiro, valentão na aparência e nas atitudes – Charles Bronson, não Kevin Costner.

As pessoas ficam chocadas ao descobrir que um bom cidadão é um agressor. Quase todos se lembram das imagens do rosto machucado de Hedda Nussbaum ao tomarmos conhecimento de que Joel Steinberg havia espancado tanto ela quanto sua filha, acabando por matar a última. Como ele pôde fazer isso? Ele era advogado, educado, bem-sucedido. A imagem estereotipada de um homem abusivo só existe na mente daqueles que desejam eliminar a possibilidade de que ele possa ser exatamente como eles.

Não existe um perfil único para os homens que abusam das mulheres. Ele pode ser qualquer um. Portanto, os denominadores comuns que os pesquisadores procuram não são demográficos, mas pessoais, sociais, psicológicos. A famosa psiquiatra Karen Scarf em seu ensaio "The Dread of Woman", citado por Maggie Scarf, em *Unfinished business*, atribuiu o abuso emocional praticado pelos homens às suas "reações psíquicas a determinados fatores biológicos", uma raiz genética.

No entanto, a maioria dos psiquiatras não apóia essa teoria. Alguns dos estudos mais recentes, de acordo com Joan Zorza do National Battered Women's Law Project, indicam que os vitimizadores têm aquilo que os psiquiatras denominam de *psicopatologias* e que nós, leigos, chamamos de *doença mental*. Num esforço para compreender e, eventualmente, eliminar o fenômeno do abuso, os pesquisadores dessa área obtiveram uma variedade de perfis de homens abusivos depois de terem trabalhado com eles durante anos.

Jeffrey Edleson e Richard Tolman, em *Intervention for men who batter: an ecological approach*, descrevem três tipos de homens cujas diferentes psicopatologias podem levar ao abuso:

1. Esse homem, considerado portador de um distúrbio de personalidade *borderline*, é: "anti-social, introvertido, temperamental e hipersensível ao desrespeito interpessoal". Ele reage excessivamente, tem súbitas explosões de raiva e pode ter problemas de alcoolismo.

2. Esse homem, narcisista e anti-social, é autocentrado, tomando dos outros e dando apenas quando lhe convém.

3. Esse homem, uma personalidade compulsivo-dependente é inflexível, tem baixa auto-estima e exige apoio contínuo da mulher ou da namorada.

Zorza também refere-se aos estudos de Renata Vaselle-Augenstein e Annette Ehrlich em "Male Batterers: Evidence of Psychopathology" (publicado em *Intimate violence: interdisciplinary perspectives*, editado por Emilio Viano). Essas pesquisadoras identificam oito grupos característicos. Eles são homens:

1. incapazes de controlar os seus impulsos, que mudam rapidamente seguindo um padrão dr. Jekyl-mr. Hyde;

2. que exigem obediência total às regras e, sem nenhuma emoção, aplicam castigos àqueles que as infringem;

3. rebeldes, hostis, dependentes e com baixa auto-estima;

4. agressivos e anti-sociais;

5. com grandes e inexplicáveis mudanças de humor;

6. externamente agradáveis, mas incapazes de lidar com a rejeição, e agressivos quando sentem que a mulher ou a namorada os decepcionou;

7. são excessivamente dependentes, ansiosos e deprimidos;

8. que só apresentam pequenos sinais das outras sete características e, para as autoras, não têm nenhuma psicopatologia.

Essa última classificação é aquela com a qual a maioria dos profissionais concorda, atribuindo as causas subjacentes do abuso a circunstâncias psicológicas, não sociais. Embora seja verdade que os traumas da infância com freqüência resultem em psicopatologias como a esquizofrenia (quem pode esquecer o inacreditável caso apresentado em *Sybil*?), acredita-se que a atitude da maioria não é provocada por doença mental, mas pelo uso de mecanismos de defesa imaturos ou neuróticos socialmente desenvolvidos para satisfazer – ou para procurar satisfazer – necessidades emocionais que podem não ter sido atendidas na infância.

Mecanismos de defesa inadequados

Os mecanismos de defesa são métodos pelos quais as pessoas lidam com os conflitos em sua vida. Todos nós os utilizamos, mas, dependendo da personalidade e das circunstâncias que moldaram nossa vida, cada um de nós utiliza um mecanismo diferente. Por exemplo, uma pessoa pode lidar com o impacto emocional do fracasso atribuindo-o a outra pessoa; outra ri e segue em frente; outra tem um acesso de raiva; outra nega a sua existência. Cada uma delas encontra a defesa que funciona para ela.

Os mecanismos de defesa utilizados pelas pessoas não são iguais às decisões que elas tomam diariamente, pois essas últimas são escolhas feitas conscientemente e os primeiros são processos inconscientes. Por exemplo, uma pessoa confrontada com um fracasso nos negócios pode optar por qualquer maneira, entre uma ampla variedade de escolhas, para lidar com ele, como pedir falência, buscar assessoria, fazer um curso de administração, procurar um emprego. Ela alinha as suas opções, analisa os prós e os contras e faz uma seleção, totalmente consciente do que está fazendo e por quê.

Por outro lado, a pessoa que utiliza um mecanismo de defesa pode negar o fracasso, beber para fugir dele, considerá-lo como o fracasso de outra pessoa, bater no filho para livrar-se dele ou fazer piada a respeito. Em cada caso, embora consciente *do que* estava fazendo, ela estaria inconsciente do *por que*, sabendo apenas que isso a faz sentir-se melhor.

Em seu livro *Adaptation to life*, George Vaillant relatou, no Estudo Grant, ter acompanhado 38 homens potencialmente bem-sucedidos e ricos durante um período de mais de quarenta anos, com o objetivo de identificar os mecanismos de defesa que utilizavam, relacionando-os aos seus sucessos e fracassos pessoais e profissionais. Ele os classificou em três níveis de maturidade:

Defesas imaturas
Fantasia
Projeção
Agressão passiva
Hipocondria
Atuação (*Acting out*)

Defesas neuróticas
Intelectualização
Repressão
Formação reativa
Deslocamento
Dissociação

Defesas maduras
Altruísmo
Contenção
Humor
Antecipação
Sublimação

Olhando para os homens abusivos – aqueles que conheço pessoalmente, aqueles que estudei ou li a respeito; aqueles cujas mulheres atendo no tribunal – descobri três mecanismos de defesa que a maioria deles utiliza: um deles, considerado neurótico e, os outros dois, considerados imaturos.

Repressão

O primeiro é a defesa neurótica da repressão. Essa é a defesa pela qual os homens proíbem a si mesmos, provavelmente desde a infância, a expressão de sentimentos que representariam um risco à sua vulnerabilidade e que foram profundamente enterrados no cofre do seu inconsciente. Lá, os sentimentos permanecem, não reconhecidos, sob uma pilha de outros sentimentos que eles também não ousam deixar entrar na consciência. Anos depois, incapazes de reprimir por mais tempo o acúmulo de mágoas e raivas não expressas, elas são expelidas como uma erupção vulcânica por meio da violência física e não-física que, finalmente, trazem o alívio. Porém, não durante muito tempo: o vulcão precisa entrar em erupção sistematicamente, mais uma vez e outra e outra.

A psiquiatra alemã Alice Miller atribui a brutalidade dos nazistas à raiva contida dos jovens alemães, incluindo Adolf Hitler, submetidos ao autoritarismo prussiano dos pais. Surrados e menosprezados, ela explica, eles reprimiram a raiva que não ousavam expressar com medo de retaliações piores e cresceram esperando uma oportunidade para desabafá-la. No anti-semitismo nazista, eles a encontraram (*For your own good: hidden cruelty in child-rearing and the roots of violence*).

Alice Miller escreve a respeito daqueles que reprimiram o medo e a raiva:

"Comum a todos eles está a sensação de força, que permite ao adulto enfrentar o medo da criança fraca e indefesa, e oferece a possibilidade de controlar o medo em outra pessoa... *Assim, o desprezo por aqueles que são menores e mais fracos é a melhor defesa contra a investida dos nossos próprios sentimentos de impotência*" (o itálico é meu).

Muito antes das explicações dos psiquiatras, Seneca, o escritor romano de tragédias sangrentas, compreendeu o que Alice Walker explicaria dois mil anos depois: "A crueldade", ele escreveu com objetividade não-técnica, "nasce da fraqueza".

As estatísticas mostram que uma grande porcentagem de homens abusivos foi vítima de abuso quando criança. É uma conseqüência lógica que, como adultos, descarreguem sua raiva nas mulheres, como uma forma de aliviar a raiva acumulada há anos no subconsciente, em nome da sobrevivência. Que pessoa mais fraca eles poderiam encontrar? Quem é mais indefeso do que a mulher, que depende deles para sobreviver, como eles já dependeram dos pais? Obviamente, os filhos da mulher de um vitimizador dependem igualmente dele, embora ele abuse delas com menos freqüência: primeiro, porque a sociedade está mais atenta ao abuso de crianças do que ao abuso de mulheres; e, segundo, porque é vantajoso usar os filhos, não como um objeto de abuso, mas como uma arma de abuso contra a esposa.

Anna Freud, psiquiatra, filha do famoso Sigmund, acrescentou uma faceta interessante à análise da repressão. Em sua opinião, as crianças vítimas de abuso que, em sua impotência, reprimem a mágoa, o medo e a raiva que não ousam sentir, passam por um processo chamado de *identificação* com o agressor. Todas as crianças, ela explicou, agarram-se a uma imagem positiva dos pais, defendendo-os contra o mundo e contra a própria percepção inadmissível dos seus erros. Como os pais são a única base de segurança com a qual as crianças podem contar, elas negam a si mesmas qualquer possibilidade de destruí-la. Mesmo as crianças vítimas de abusos mentirão para defender os pais, negarão o abuso, inventarão desculpas, farão qualquer coisa para manter uma situação segura.

Assim, de acordo com Anna Freud, as crianças se convencem de que merecem o tratamento cruel que lhes é imposto; elas tornam-se vilãs, não os pais. Então, à medida que crescem, identificam-se cada vez mais com os "mocinhos", os pais abusivos que estão justificadamente castigando os "bandidos", elas próprias, chegando finalmente ao ponto de se tornar seus próprios agressores. Portanto, no final, assumem um novo papel e fazem com os outros o que os pais lhes fizeram. Muitos abusam dos filhos; outros abusam da mulher ou da namorada; alguns abusam de ambos. Como diz o antigo ditado, os pais expulsam o demônio do seu jardim só para encontrá-lo novamente no jardim dos seus filhos. O jardim desses pais cultiva o abuso.

Atuação (*Acting out*)

Um segundo mecanismo de defesa evidente no comportamento de vitimizadores de mulheres, é a defesa imatura da *atuação*. Qualquer pessoa que tenha tido um filho ou tenha ensinado no jardim de infância está bem familiarizado com esse mecanismo. O encantador menininho cuja mãe volta do hospital com um novo bebê, de repente, começa a bater, chutar e derrubar os blocos dos colegas de classe. A menininha mimada, que quer um biscoito extra, rouba-o do prato do coleguinha na hora do lanche. A criança que não foi escolhida como líder bate a cabeça contra a parede. Essas crianças estão atuando.

Os homens que gritam com a mulher, rasgam suas roupas, quebram as janelas do seu carro, cospem nela, jogam pratos e comida, também estão atuando. Eles *fazem* isso para não *sentir*. Em outras palavras, eles atuam a sua raiva em vez de senti-la, porque a tensão criada pelos seus sentimentos é demais para ser suportada. Quem nunca chutou uma cadeira ou deu um soco na parede quando não conseguiu suportar nem mais um minuto a raiva ou a frustração?

Diferentes tipos de educação podem resultar no uso de atuações pelo adulto:

Excesso de tolerância. As crianças que nunca tiveram oportunidade de lidar com um "não" dos pais são incapazes de desenvolver habilidades maduras para lidar com adversidades. Quando os pais prometem e proporcionam aos filhos um jardim florido, atravessam o portão que dá acesso ao mundo adulto mal equipados para lidar com ele de forma madura. A mãe de um vitimizador que conheci disse orgulhosamente: "Nunca deixei meu filho pegar um copo de água quando ele era criança". Isso não me surpreende. Ele cresceu como o pequeno príncipe, exigindo da esposa a mesma tolerância que teve da mãe. Quando a esposa não aceitou, ele extravasou a fúria do comportamento abusivo.

Inconsistência. Se um dos pais diz não, mas cede e escolhe o caminho mais fácil diante dos gritos e chutes, a criança recorre aos gritos e aos chutes pelo resto da vida. O homem que abusa não-fisicamente da mulher nunca superou essa criancinha determinada a ter as coisas à sua maneira. Por outro lado, se um dos pais diz não e a criança pede ao outro, que diz sim, essa criança aprende a sutil arte da manipulação. O homem que controla a mulher com ameaças implícitas e outras técnicas semelhantes à lavagem cerebral, continua sendo a criança manipuladora que teve sucesso.

Abuso. Como foi discutido anteriormente, a criança vítima de abuso, que reprime a sua raiva, pode expressá-la violentamente quando adulta, sem conscientemente compreender por quê. Entretanto, uma outra, já na idade adulta, em terapia, pode vir a reconhecer a raiva que temia expressar na infância. Assim, na segurança da vida adulta, ela pode dirigir à mulher a raiva que não ousava dirigir aos pais. O marido que queimou o violão da mulher porque ela era "uma cadela como a minha mãe" estava atuando a raiva da sua infância e sabia disso.

Projeção

Um terceiro mecanismo de defesa comumente utilizado por homens abusivos também é classificado como imaturo: a projeção. Ela permite que a pessoa mantenha uma imagem imaculada de si mesma, atribuindo os seus erros e fracassos aos outros. O romance de Oscar Wilde *O retrato de Dorian Gray* é uma representação concreta da projeção. O protagonista, que tem uma vida libertina, não mostra as marcas do libertino em seu rosto: é sempre jovem e perfeito. Enquanto isso, pendurado no sótão está o seu retrato, com um rosto que já foi tão belo quanto o seu e, agora, ano a ano, pecado a pecado, fica cada vez mais retorcido, gordo e doente.

Freqüentemente, as crianças utilizam a projeção, especialmente aquelas que podem distinguir o certo do errado. Um menino da escola em que eu era diretora é um exemplo clássico de projeção. Ele voltava todos os dias para casa contando para a mãe histórias a respeito de Craig, um menino levado da sua classe, que batia nas crianças, agarrava os seus brinquedos, destruía as casas que elas construíam com blocos. Preocupada que uma criança tão destrutiva como Craig pudesse limitar as experiências de aprendizado do seu filho, ela foi conversar com a professora. A resposta da professora deixou-a atordoada: "Nós não temos nenhum Craig na classe. Detesto dizer isso, mas é o seu filho, Alan, quem faz todas essas coisas".

A projeção adulta não é tão óbvia quanto a de Alan e a de Dorian Gray. O homem abusivo atribui à mulher os próprios sentimentos de fraqueza que ele não reconhece e, portanto, é capaz de agredi-la em vez de agredir a si mesmo. Inadequado, ele fica zangado com a estupidez dela; não amado, ele a acusa de infidelidade; inseguro, ele destrói a sua força; fora de controle, ele a castiga pela desobediência; culpado, cumula-a de culpas.

A projeção funciona como uma auto-validação porque no nível consciente o homem abusivo considera-se o marido perfeito e o mecanismo de defesa serve para eliminar aquilo que fervilha em seu inconsciente. Quando está consciente, a mulher torna-se um fracasso sem solução e a sua responsabilidade é mantê-la na linha e mudá-la e o mecanismo de defesa serve para inocentá-lo. Como resultado, ele sente tanta culpa pela maneira de tratá-la quanto o professor que bate na mão do aluno que atira bolinhas de papel ou senhor de escravos que estupra a empregada.

Certo dia, no fórum, um ex-condenado, acusado de ter abusado da mulher, deu ao juiz a desculpa de que "é sempre ela quem começa". Quando o juiz pediu-lhe detalhes sobre como exatamente ela começava, o homem explicou: "Ela não faz o que eu mando". Ele se tornara a lei que ele mesmo violara: isso é projeção. Acredito que o marido de Irene também tenha usado a projeção, pois ao chamá-la repetidamente de infantil porque ela desejava intimidade no casamento, ele estava livrando-se do próprio desenvolvimento emocional que era incapaz de proporcionar.

O agressor em pessoa

Assim, voltamos à pergunta: "Quem é o agressor?". Reconhecemos os seus mecanismos de defesa, os seus motivos, as raízes sociais e psicológicas do seu comportamento abusivo, mas ainda perguntamos: "Quem é ele? Como ele é?". V. D. Boyd e K. Klingbeil em *Behavioral characteristics of domestic violence* elaboraram uma extensa lista de características que o distinguem, aqui apresentada de forma resumida:

- Fraco controle do impulso.
- Quadros de estresse, geralmente bem dissimulados.
- Dependência emocional.
- Necessidade de satisfação imediata.
- Insaciáveis necessidades do ego.
- Baixa auto-estima.
- Freqüentes promessas de mudança.
- Proximidades apenas com a mulher/namorada e a família.
- Ciúmes.
- Vigilância estreita da mulher/namorada.
- Nenhuma consciência do comportamento controlador.
- Sensação de agir sobre os interesses da mulher.
- Ausência de culpa.
- Histórico de abuso na família quando criança.
- Procura achar um bode expiatório.

- Usa o sexo para castigar.
- Aumento do abuso quando a mulher/namorada está grávida.
- Controla por meio de ameaças de assassinato ou suicídio.

Embora muitos profissionais como Boyd e Klingbeil, que estudam e trabalham com homens abusivos, não mencionem drogas e álcool, há uma ligação. A idéia de que as drogas ou o álcool são responsáveis pelo abuso praticado pelo homem contra a mulher é um mito; mas, como muitos mitos, esse é cômodo, pois transfere a responsabilidade. O apego ao mito permite que a sociedade, a mulher e o próprio homem o considerem uma vítima e não o perpetrador que ele é. O mito oferece à sociedade e ao homem uma desculpa para os abusos, absolvendo-o e proporcionando à mulher um motivo para perdoá-los e continuar convivendo com eles.

No entanto, as drogas e o álcool não são totalmente inocentes. Qualquer pessoa, que se excedeu com a bebida ou que foi vítima de um assaltante, sob o efeito do *crack*, sabe que as drogas e o álcool liberam inibições. Conseqüentemente, o agressor, que não fez nada além de gritar com a mulher, recusar dinheiro ou afastá-la da família, sob influência da bebida ou das drogas, pode atacar mais violentamente. É aí que ele pode fugir com as crianças, quebrar os móveis, atirar uma faca, esconder as chaves do carro e, naturalmente, em muitos casos, atacá-la fisicamente.

Com freqüência, os juízes emitem uma ordem de proteção para a mulher ou para a namorada, estabelecendo que o parceiro abusivo não pode beber ou ingerir drogas dentro de casa, nem beber fora e voltar para casa sob influência da bebida. "Ele já é suficientemente ruim quando está sóbrio", disse-me uma mulher, "mas quando está bebendo eu não consigo agüentar". "Suficientemente ruim" era o habitual ataque de violência não-física, incluindo arrancar o telefone da tomada, esvaziar três pneus do carro e fazer telefonemas ciumentos para o patrão dela; "não consigo agüentar" era um nariz quebrado.

Entretanto, nem a justiça nem os profissionais que lidam com a violência e, certamente, nem as próprias vítimas de abuso deveriam apoiar-se nas drogas ou no álcool como desculpa para qualquer tipo de abuso. Certamente, eles proporcionam uma explicação rápida e fácil para um comportamento abominável, mas, ao fazê-lo, bloqueiam o caminho para a verdadeira compreensão que poderia conduzir à prevenção. As drogas não criam vitimizadores de mulheres – que todos os envolvidos saibam disso.

No final de 1993, um grupo internacional de cientistas sociais reuniu-se para discutir as suas pesquisas a respeito da relação entre o álcool e a agressão, principalmente a agressão verbal, o tipo que vemos na violência não-física. No encerramento da conferência, eles divulgaram a seguinte declaração: "Não há suporte para a idéia de que o álcool provoque a agressão (*The Brown University Child and Adolescent Behavior Letter*, fevereiro de 1994). Vamos procurar explicações mais válidas e úteis.

Resumindo, os diversos pontos de vista e os estudos realizados no sentido de compreender por que um homem abusa da mulher, que ele afirma amar, a mulher com quem ele se casou ou com quem estabeleceu um relacionamento, surgem algumas conclusões:

1. Grande número de homens abusivos foram crianças vítimas de abuso.

2. Os homens abusivos agem baseados nos estereótipos criados e apoiados pela sociedade como um todo, que considera os homens dominantes e as mulheres submissas.

3. Os homens abusivos têm baixa auto-estima.

4. Eles procuram reforçar a auto-imagem por meio de jogos masculinos de poder.

5. São narcisistas, reconhecendo apenas as próprias necessidades e as de mais ninguém.

6. Imaturos, são incapazes de responsabilizar-se pelos seus atos ou de solucionar problemas interpessoais.

Um adolescente de New Jersey, membro de um grupo que rotineiramente perturba garotas, chamando-as com nomes obscenos, agarrando-as e humilhando-as, explicou o seu comportamento: "Se você desrespeita uma garota, você ganha respeito... De certo modo, é a natureza masculina. Se eles [os outros membros do grupo] forem apanhados tratando bem uma garota, eles perdem a aprovação dos amigos" (*The New York Times*, 11 de julho de 1993). Se compararmos o perfil desses jovens ao dos homens abusivos apresentado aqui, no geral, eles se assemelham. Ambos agarram-se a papéis sexuais estereotipados, necessitam reforçar a auto-estima, exibem o poder masculino, são narcisistas, nunca amadureceram. E, talvez, ambos tenham sido vítimas de abuso quando crianças.

O prognóstico é assustador. Será que os rapazes desse grupo e de centenas de outros espalhados pelo país serão os agressores de mulheres do futuro? Será que as garotas que eles molestam hoje serão as mulheres vítimas de abuso de amanhã? Ou, antes que seja tarde demais, aprenderemos a partir das listas e de perfis de estudos psiquiátricos, o segredo que salvará a ambos?

8

"Por que ela simplesmente não vai embora?"

AS RAZÕES QUE FAZEM A MULHER PERMANECER NO RELACIONAMENTO

Valerie pensou em processar o marido e pedir o divórcio depois de dezoito anos de violências não-físicas que a deixaram sentir-se "tão estúpida quanto o meu pai dizia que eu era porque não conseguia entender química". Mas ela desistiu da idéia há dez anos. Laura foi à justiça solicitar uma ordem de proteção contra o homem com quem viveu durante oito anos "porque ele me assusta". Embora ele tenha abusado social e emocionalmente durante todo o relacionamento, o que, finalmente, a fez procurar proteção, foi o fato de ele ameaçar ir embora se ela não deixasse o emprego, além do seu medo de ficar sozinha. Irene, minha boa amiga, ficou com o marido por mais de quarenta anos apesar de ter afirmado que chorava todas as noites antes de dormir durante a metade de todos esses anos. Outra amiga minha ainda está com o marido depois de cinqüenta anos "fazendo o que ele quer para manter a paz". A pergunta mais óbvia para todas elas é: Por quê? Por que elas ficam?.

Quando as pessoas ouvem os detalhes da vida sob abuso, físico ou não-físico, a sua pergunta geralmente é: "Por que ela não vai embora?". Elas ficam horrorizadas com o fato de uma mulher suportar a dor e a degradação do abuso, quando tudo o que ela tem a fazer é pegar o casaco e os filhos e ir embora. Parece tão fácil. "Eu não tenho paciência com toda essa sua preocupação por mulheres vítimas de violências", disse-me o marido de uma amiga. "Elas não precisam ficar. Elas não estão sendo mantidas à força." A sua resposta é típica da falta de conhecimento e do auto-engano de muitos homens e mulheres.

Equívocos comuns

As razões de as mulheres permanecerem num relacionamento abusivo são tão complexas e tão malcompreendidas, que poucas conseguem esclarecê-las para si mesmas. Irene diz que não podia ir embora porque não sabia se deveria. E, agora, ela ainda não tem a certeza de que poderia – ou deveria – ter ido embora. Ela só sabe que ficou. As três explicações apresentadas – e nas quais anteriormente acreditávamos, porque não havia nenhuma outra explicação – provavelmente soarão familiares para muitos leitores porque eles próprios acreditaram nelas.

A mulher quer ser vítima da violência

O masoquismo é uma explicação popular, pois transfere a culpa do agressor para a vítima, o que, de acordo com Brent Staples no *The New York Times* (13 de fevereiro de 1994), "tornou-se uma condição famosa – e uma permissão". A base para determinar que as mulheres são vítimas de abuso porque o desejam está, em grande parte, em Sigmund Freud, que propôs a idéia de que as mulheres tendiam a desejar a dor. Assim, as pessoas estão prontas a considerar o homem abusivo como um instrumento da necessidade de realização de uma mulher, acreditando que, na verdade, ela pode tê-lo escolhido por causa da sua habilidade para fazer justamente isso. Como disse um homem na platéia do programa de Sally Jessy Raphael a respeito do abuso, na linguagem não-psicológica dele e da platéia, "Ninguém pode fazê-lo de capacho a menos que você queira".

Há uma grande diferença entre submeter-se ao abuso e desejá-lo. As centenas de mulheres que entrevistei e as centenas ou mais sobre as quais li, não o pediram, não gostaram dele nem o desejaram. Todas tentaram estagná-lo com esforços constantes, que iam desde a pacificação até o homicídio. E todas desmentem o dr. Freud.

Em *Women, violence and social change*, Emerson e Russell Dobash atacam a abordagem terapêutica ao abuso que rotula as mulheres de masoquistas e as trata como tal. Como essa teoria confere à mulher a responsabilidade pelo relacionamento abusivo, afirmam, ela dá apoio e estímulo para o homem cometer abusos. A peça musical *Carousel*, uma adaptação de *Liliom*, de Molnár, apresenta o anti-herói Billy Bigelow, que bate na mulher em razão do próprio sentimento de inferioridade. "É possível alguém bater em você e não doer?", pergunta a filha de Billy à sua mãe quase no final da peça.

Com a platéia em lágrimas, a mãe responde, lembrando das surras de Billy: "Sim". Esse é um belo drama e uma vida totalmente falsa. Na verdade, *dói* e nenhuma mulher o deseja.

Os terapeutas que atribuem a permanência de uma mulher numa situação abusiva ao masoquismo – a satisfação sexual até atingir o orgasmo – não somente apresentam uma explicação excessivamente simplista como, mais perigosamente, reforçam o direito de um homem, quase o seu dever, de cometer o abuso. "Absurdo", diz Joan Zorza do National Center on Women and Family Law em resposta aos terapeutas e à abordagem que eles utilizam. "A única coisa que determina se uma mulher será vítima de abuso é ela estar num relacionamento com um parceiro abusivo." E a única coisa que determina se ela permanecerá num relacionamento é se ela pode ir embora.

A mulher desenvolveu um padrão de desamparo aprendido

Em 1904, o psicólogo Ivan Pavlov ganhou um Prêmio Nobel pelas descobertas do seu estudo com cães. Tocando uma campainha antes de alimentá-los, ele descobriu que os cães, tendo aprendido que o jantar estava a caminho, começavam a salivar assim que ouviam a campainha. Nesse ponto, Pavlov mudou o procedimento, ainda tocando a campainha, mas não oferecendo alimento e descobriu que os cães continuavam a salivar. Assim nasceu a teoria do reflexo condicionado.

Em 1967, o dr. Martin Seligman, da Universidade da Pensilvânia, levou a teoria do condicionamento de Pavlov um passo à frente. Também trabalhando com cães, prendeu-os em gaiolas, aplicava-lhes choques intermitentes sempre que se lançavam contra as portas, tornando as suas tentativas de fuga dolorosas e frustrantes. Apesar de, no início, os cães tentarem com vontade, após algum tempo, percebendo que não havia como sair sem levar um choque, pararam de tentar e aceitaram o confinamento. Assim como os cães de Pavlov, os cães de Seligman comportavam-se com uma resposta condicionada.

Entretanto, o dr. Seligman não parou por aí. A seguir, ele eliminou os choques elétricos e abriu as portas das gaiolas para que os cães pudessem escapar livremente. Os cães olharam. Eles viam as portas abertas, mas não faziam nenhuma tentativa para sair, permanecendo dentro das gaiolas, resignados como antes. Observando esse comportamento, o dr. Seligman desenvolveu a teoria do desamparo aprendido: que os maus-tratos intermitentes, durante um período de tempo, tornam o indivíduo incapaz de fazer valer a sua vontade e, como resultado, submetem-se à vontade do controlador.

Lenore Walker aplicou a teoria do desamparo aprendido às mulheres vítimas de abusos, com a publicação do seu livro *The battered woman* em 1979. Ela acreditava que a mulher, presa num padrão de abuso, com o tempo, torna-se passiva e, assim como os cães de Seligman, não vendo nenhuma saída, desiste. Embora a princípio ela tenha tentado controlar o abuso do marido, acalmando-o, culpando a si mesma, mudando o seu comportamento e evitando situações explosivas – como os cães tentaram controlar o seu aprisionamento tentando abrir a porta da gaiola – finalmente, ela percebeu que nada do que fizesse alteraria o relacionamento ou a libertaria. Resignada com o seu destino, ela desistiu de tentar e submeteu-se ao seu controle.

Embora o desamparo aprendido parecesse explicar a anteriormente inexplicável razão da permanência de mulheres vítimas de abusos com os seus vitimizadores, as pessoas começaram a perceber que, como a teoria do masoquismo, esta também era muito simplista. Foi fácil incluir todas as mulheres vítimas de abusos nessa idéia e ignorar as causas originais, como os erros de uma sociedade que permitia a ocorrência do abuso. Como me disse Joan Zorza, a impotência é nossa, não das mulheres que sofrem abuso. Edward Gondolf em *Battered women as survivors* concorda. As mulheres vítimas de abuso, ele diz, diferente dos cães de Seligman, realmente tentam fugir; "o seu esforço para sobreviver transcende até mesmo o temível perigo, a depressão ou a culpa, e as repressões econômicas". Até mesmo Lenore Walker mudou radicalmente de idéia, anos depois, chegando a uma conclusão semelhante de seu estudo original relatado em *The battered woman syndrome*. Agora, geralmente se compreende que há muito mais do que apenas a impotência aprendida na submissão de uma mulher vítima de abusos.

A mulher merece a violência

Ouvi a seguinte conversa no fórum, quando o namorado de uma mulher, acusado de abuso, estava diante do juiz:

Juiz: Você a trancou fora da própria casa. Você saiu com o seu carro e o escondeu, ameaçou levar os filhos dela para a Colômbia – e eles nem são seus filhos. Por que você fez tudo isso?

Acusado: Bem, o senhor sabe, Excelência, ela sai muito e eu não sei onde ela está e nem mesmo acredito no que ela me diz. Ela é uma mentirosa. Pergunte-lhe, senhor juiz.

Juiz: Isso não é motivo para atormentá-la e ameaçá-la.

Acusado: O que mais posso fazer para que ela me obedeça? Diga-me, Excelência.

Absolutamente presunçoso, o homem tentou obter apoio do juiz. Sua Excelência não lhe explicou como fazer a mulher obedecer, mas, claramente, o fez obedecer ordenando que deixasse o apartamento da mulher e se afastasse, caso contrário seria preso.

O descaramento desse homem era incomum. Ao tentar justificar insensivelmente os seus atos para o juiz, sem querer, ele falou pelos outros homens que pensam como ele – que um homem comete abuso contra uma mulher porque ela merece e ela sabe que merece. Os donos de cães reconhecem o olhar furtivo de culpa do seu animal de estimação quando ele derrubou a lata de lixo e a resignação justificada com a qual ele aceita o castigo, sem rosnar nem morder. Os pais podem reconhecer a criança consciente, que confessa ter comido os chocolates proibidos ou ter quebrado a boneca da irmã, que aceita, sem lágrimas, o exílio vergonhoso em seu quarto.

Desempenhando papel semelhante, como treinador e professor, um homem abusivo representa a mesma cena, castigando a mulher que merece o castigo. Como dono do cão e pai, ele a castiga quando ela é travessa e o desobedece; como cão e criança, ela reconhece a sua má conduta, aceitando o castigo que há muito a fizeram acreditar que merece. Não vê saída porque só ele, ela acredita, pode controlar a sua "ruindade".

Um dia, ouvi um sermão numa congregação que estava aflita com a agonia do mundo à sua volta – guerras, doenças, terremotos, enchentes, incêndios – e buscava uma explicação. "Por que Deus permite tanto sofrimento?", eles perguntavam.

"Deus é o Chefe da nossa família universal", começou o pastor. "Ele nos traz a dor a partir do amor para nos ensinar a abandonar as nossas atitudes maldosas e viver como Ele deseja." Era quase possível ouvir um suspiro de alívio percorrendo os bancos da igreja, enquanto os homens e as mulheres da congregação concordavam. Como o acusado perante o juiz, aceitavam o fato de que, qualquer que seja o poder que imponha o castigo – Deus ou um ser humano do sexo masculino

– ele o faz com justiça e, qualquer que seja o subordinado que o receba, ele merece. As pessoas que trabalham com mulheres vítimas de violência repudiam esse raciocínio, assim como a maioria dos sacerdotes em seus esforços para compreender o sofrimento humano. Nada que uma mulher possa fazer justifica o abuso. Nada. E nenhuma mulher permanece com um parceiro violento porque merece o abuso. Nenhuma. O homem escolhe cometer o abuso; a mulher que o sofre fica porque não vê saída. O mundo não deve admitir que o abuso às mulheres seja anulado culpando as vítimas, o que é inaceitável e falso, mas, sim, compreender que o abuso se origina da "incapacidade do homem em aceitar a responsabilidade justa por suas... ações" (*Crossing the postmodern divide*, de Albert Borgmann).

A lógica da permanência

A sociedade agarra a explicação mais fácil porque seus membros não podem seguir o seu caminho em meio à confusão dos sentimentos de uma mulher vítima de abuso. Em geral, ela também não pode. Mas há explicações conscientes ou inconscientes que, para ela, justificam sua submissão ao abuso constante.

Permutas

Primeiro, ela pode fazer permutas. Com freqüência, a mulher permanece num relacionamento abusivo porque obtém alguma coisa que deseja, não o prazer masoquista, mas algo muito mais tangível. Apesar de pagar caro – caro demais, as outras pessoas podem achar – ela faz uma escolha consciente, considerando os prós e os contras, como a maioria de nós faz todos os dias, de uma ou de outra maneira. A escolha: comprar ou não aquelas luvas de pelica. O argumento a favor: elas são elegantes e o couro bom dura muito. O argumento contra: elas custam muito mais do que as de lã e não esquentam tanto. Fazemos nossas escolhas determinando aquilo que tem mais valor para nós – o dinheiro, a aparência, a durabilidade ou o conforto.

Uma das permutas feitas pela mulher num relacionamento abusivo está relacionada ao dinheiro e ela passa por um processo semelhante. A sua escolha é ficar ou ir embora. Se ficar, continuará desfrutando de todos os benefícios materiais, mas terá de sofrer a humilhação constante e a dependência. Se for embora ficará livre, com

123

um novo sentimento de orgulho e identidade, mas poderá ficar nas ruas ou num abrigo. A escolha não é fácil porque, tendo sofrido o abuso, ela está muito consciente de que o marido utilizará o dinheiro como arma de vingança. Os advogados dizem que "num processo de divórcio, até os bons sujeitos ficam avarentos quando a questão é dinheiro".

As mulheres mais velhas tendem mais a permanecer com um marido abusivo do que as mais jovens, porque dedicaram mais tempo e esforços ao casamento e porque hesitam mais em aceitar um estilo de vida menos confortável. Contudo, nem sempre esse é o caso. Uma mulher de vinte e poucos anos vai todos os anos à Vara de Família onde trabalho quando expira o prazo de sua ordem de proteção, porque o marido começa a engendrar um novo abuso. "Você já pensou em deixá-lo para não precisar passar por tudo isso novamente?", eu lhe perguntei. "Não, eu não posso", ela respondeu sem hesitar. "Eu não teria nenhum dinheiro para me sustentar."

Por outro lado, conheço uma mulher de meia-idade que, em vez de continuar num casamento abusivo, com uma elevada renda e *status*, partiu sozinha com as três filhas, sem emprego e sem dinheiro. Embora tivesse preferido continuar esquiando nas férias e passeando de bicicleta, ela encontrou um emprego – na verdade, diversos empregos – e reconstruiu sua vida. As estatísticas sobre o aumento dos índices de divórcio entre pessoas de meia-idade ou mais, indicam que a minha amiga não é a única.

Entretanto, muitas mulheres mais velhas não são tão corajosas. As mulheres de sessenta e setenta anos que entrevistei podem descrever os seus casamentos abusivos como intoleráveis, apesar de terem escolhido ficar em vez de ir embora, porque acham que seria pior desistir de uma vida confortável. Como disse uma delas: "Posso não ter um salário, mas, com certeza, não desisto dos benefícios adicionais".

É mais fácil para as mulheres jovens se libertarem porque a juventude lhes proporciona maior flexibilidade; elas ainda não entraram numa rotina. Além disso, talvez não tenham filhos e, portanto, têm menos coisas com o que se preocupar; e, em nossa cultura atual, elas podem nem mesmo ter se casado, não têm vínculos legais para desemaranhar. A minha própria filha, com duas crianças pequenas, deixou um marido abusivo, que ainda está zangado com o seu sucesso profissional e financeiro. "Eu vou deixá-la sem um centavo", ele gritou quando ela foi embora. Ele continua jurando vingança por ela ter escapado daquilo que ele considerava a sua arma mais forte, a pobreza.

A segunda permuta que a mulher pode fazer quando permanece num relacionamento abusivo é evitar a solidão. Nora, uma professora universitária muito respeitada, está lutando há 17 anos para abandonar o marido emocionalmente abusivo. Com uma boa renda e sem filhos pequenos para sustentar, ela sabe que não precisará desistir do estilo de vida elevado que desfruta com o marido. O que ela teme provoca um terror muito pior do que a pobreza: o medo da solidão.

Tão apavorante é o pensamento da vida sem a proximidade de outro corpo, outra voz, que, como a parede de uma fortaleza, para milhares de mulheres ele bloqueia a saída para a realização de uma nova vida. E tão apavorante é a sua realidade, que as mulheres que têm coragem de deixar os seus parceiros para sempre, geralmente desistem diversas vezes antes de ousar realizar o rompimento final. Para algumas, o ato de abandonar o parceiro abusivo é como ficar sobre um trampolim alto olhando para a água abaixo, com medo de pular. Elas recuam, criam coragem e se aventuram a chegar até a borda novamente. Uma vez. Duas vezes. Quantas vezes forem necessárias. Algumas, finalmente pulam. Outras, continuam sobre o trampolim.

Uma das maneiras para avaliar a saúde mental de uma pessoa, diz a psiquiatra Virginia Bird, é verificar a sua capacidade para ficar sozinha – seus recursos internos, o prazer consigo mesma. Muitas mulheres vítimas de abuso foram tão deliberadamente privadas de recursos internos pelos maridos que não lhes restou um "interno". Outras foram tão humilhadas e degradadas sistematicamente, dia após dia, que, caso tenha restado algum *eu*, *ele* só pode ser odiado, não apreciado.

Ao pagar o preço para não ficarem sozinhas, as mulheres toleram indignidades intermináveis para conservar o seu homem. Eu vejo casos de mulheres cujos maridos trazem outras mulheres para casa; que aceitam ter relações sexuais com os amigos dele; ou que não aceitam e são forçadas. Vejo mulheres que imploram ao marido para fazer sexo e, depois que ele recusa, imploram novamente. Essas mulheres não querem o divórcio; elas não querem que ele vá embora com outras mulheres. Elas querem mantê-lo ao seu lado, não por amor, mas pelo medo da alternativa: ser vítima de abuso é melhor do que ficar sozinha.

Uma terceira permuta feita pelas mulheres que permanecem no relacionamento abusivo, geralmente, é realizada pelo bem-estar dos filhos. Nunca esquecerei uma cena que testemunhei na África – uma fêmea de javali correndo de um lado para o outro e em volta de uma árvore, na frente de uma pantera que estava cercando os seus filhotes. Desajeitada e, certamente, em situação perigosa, ela enfrentou com bravura as garras de um caçador mortífero para proteger a sua cria. Nunca saberei se ela teria conseguido porque, para aflição do guia do meu grupo, afugentamos a pantera e aplaudimos quando a família de javalis escapou.

Vi um pássaro bicar um gato que rastejou para muito perto do seu ninho, uma mãe ursa, num zoológico russo, agitar as garras para os espectadores que batiam nas barras da jaula perto do seu filhote; e uma mãe lêmure, amamentando, que me lançou o olhar mais fuzilante que já recebi quando estiquei o braço para lhe oferecer um amendoim. Eu já vi até peixes, num lago, circulando em volta dos ninhos, que haviam escavado na lama, para afastar as tartarugas predadoras, as quais poderiam devorar rapidamente os ovos que se transformariam em alevinos. Lembro-me de minha mãe, quando tive sarampo, na infância dizendo: "Gostaria que fosse eu". Eu não conseguia imaginar por que alguém desejaria ter sarampo. Agora eu sei: porque é isso o que as mães fazem – protegem os seus filhotes.

Há muito tempo, a sociedade instilou a idéia de que se as crianças não forem criadas por ambos os pais (um de cada sexo, por favor) elas crescerão, de certo modo, deformadas; como resultado, as mães geralmente sofrem o abuso prolongado por aquilo que elas explicam como "o bem dos meus filhos". As crianças precisam do pai. É isso o que a justiça diz quando entregam-nas para as visitas ao homem que abusou delas sexualmente. É isso o que o marido diz para assustar a mulher. É isso o que os assistentes sociais dizem quando mantêm crianças assustadas em seus lares ameaçadores. É isso o que as mulheres vítimas de abuso ouvem; e é isso o que elas também dizem. Elas moram com o parceiro abusivo porque, assim como o javali, o pássaro, o urso, o lêmure, o peixe e a mãe de uma criança com sarampo, protegem os seus filhos.

A verdade é que é muito melhor não ter nenhum pai do que ter um pai destrutivo porque, como os psiquiatras já observaram, um dos pais cuidando e protegendo a criança é suficiente para lhe proporcionar um desenvolvimento saudável. Uma criança que cresce ouvindo o pai humilhar constantemente a mãe; que, como por osmose, absorve pelos poros as habilidades manipuladoras do pai; que adquire o modelo do papel dominante masculino do pai e observa a mãe submeter-se por medo – essa criança não pode crescer intacta. Ao contrário, crescerá deformada pelo medo que sentiu, pela culpa de não ter conseguido proteger a mãe e zangada porque, muito pequena e indefesa, não pôde protestar.

A exposição crônica das crianças ao abuso cometido pelo pai é tão prejudicial que, em todo o país, surgiram terapias e programas de aconselhamento para ajudá-las. Um bom exemplo é o programa STEPS, desenvolvido no Harlem e realizado pelas Irmãs de Notre Dame. A coordenadora do programa, a irmã Andrea Dixon explica: "É muito difícil para as crianças fazerem distinção entre o pai que pode amá-las e que, no entanto, abusa da sua mãe" (*Daily News*, 5 de abril de 1994).

Sem perceber a ambivalência estressante da criança, uma mãe zelosa pode esforçar-se muito para manter o relacionamento entre pai e filho, preservando a sua imagem, mesmo diante do abuso – tudo "pelo bem dos filhos". Entretanto, isso nem sempre funciona, como aprendeu a mulher divorciada que deixou as três filhas com o marido abusivo. Durante anos, ela seguiu o conselho de um conselheiro, nunca dizendo às filhas uma palavra negativa a respeito do pai. Apesar de ele atormentá-la com telefonemas obscenos e ameaças, ela continuou calada. O seu pai estava aborrecido, ela explicava. Sejam boas para ele, ele tem problemas fora de casa; na realidade, ele é um bom sujeito etc. Incapazes de identificar no pai quaisquer qualidades de um "bom sujeito", as meninas duvidavam da própria percepção e ficaram mais perturbadas do que nunca. Finalmente, após um incidente particularmente abusivo, a mãe lhes disse calmamente: "Esqueçam. Seu pai é totalmente desprezível e vocês podem parar de fingir que ele não é". Aliviadas, as meninas começaram a sarar.

Todas as mulheres desejam aquilo que afirmam ser "o melhor para os seus filhos", o que pode significar educação superior, um bom lar, saúde e felicidade, conforme definido pelo sonho americano. As mulheres vítimas de abuso não são diferentes e continuarem com os seus parceiros violentos pode ser a única maneira para realizar esse sonho. Ficar, em vez de ir embora, pode significar a diferença entre ir para a universidade de Yale e freqüentar um curso noturno, entre uma mãe disponível e uma mãe que trabalha fora, cansada demais para brincar, entre carne e legumes frescos e uma dieta de pão seco.

Thea DuBow, diretora-assistente do My Sisters Place diz que existem muitas mulheres que procuram abrigo por alguns dias, junto com os filhos, até a situação abusiva esfriar; então, elas voltam para casa porque "acham que o pai das crianças pode lhes dar o que elas precisam". O que as mulheres não estão preparadas para entender é que ele também lhes dá o que elas não precisam – um modelo negativo. O perigoso Gary Gilmore, por exemplo, veio de um lar abusivo. Um exemplo mais recente foi o da mulher morta a tiros por um rapaz de 14 anos, e o de um menino de dez anos, em 15 de maio de 1994, que, de acordo com o *The New York Times*, testemunhou o pai abusando da mãe. Os irmãos Menendez foram absolvidos pelo assassinato dos pais com base no abuso repetido do pai, um julgamento assistido por milhões de pessoas pela televisão. O que não é notícia são as centenas de milhares de homens que aprenderam o abuso emocional, psicológico, social e econômico por meio do modelo dos pais, e que passarão esse modelo às centenas de milhares de futuros agresssores.

Quando as mulheres permanecem num relacionamento abusivo, pelo bem das crianças, elas não somente proporcionam "o melhor para os seus filhos", mas, com freqüência, também os submetem ao abuso. Em geral, o homem que comete atos de abuso não-físico contra a mulher também ataca verbalmente os filhos, mas o *Today's Woman* (Westchester County, Nova York) relatou, em 1992, que metade das mulheres vítimas de abuso, físico e não-físico, na verdade, bate severamente nos filhos três ou quatro vezes por ano.

Falta de recursos para a sobrevivência

O segundo motivo para a mulher permanecer no relacionamento abusivo é que ela pode perceber como está mal preparada para ficar sozinha. Embora algumas mulheres possam ter a opção de desistir de uma vida confortável trocando-a por uma vida difícil para escapar do abuso, outras são menos afortunadas – elas simplesmente não têm opções. Ficam porque precisam. Lembro-me de algumas das mulheres que conheci e que abandonaram relacionamentos abusivos: uma morou com os pais até encontrar um emprego; a mãe de outra foi morar com ela enquanto ela fazia o mestrado; outra foi morar com o novo namorado. Elas se sentiam seguras ao tomar a decisão de ir embora porque *estavam* protegidas. Eu também penso em algumas, que desejavam ir embora e não puderam: uma jovem grávida de 16 anos, cujo namorado abusivo não queria o bebê e cujos pais não falavam com ela; uma mulher casada há quarenta anos que jamais trabalhara e nem mesmo saía de férias sem o marido; uma mulher com seis filhos pequenos; uma asmática. Elas consideravam o abuso como o pagamento pela sobrevivência.

Certo inverno em Murfreesboro, Tennesse, para onde eu fora enviada para observar o trabalho do professor do Ano do estado, caíram cinco centímetros de neve. As escolas fecharam; o comércio trabalhou com metade dos empregados; os ônibus diminuíram o número de viagens; as pessoas ficavam em casa. A cidade estava em situação crítica. Algumas semanas depois, viajei para Minneapolis, no meio de uma tempestade de neve, com o "coração na boca" e uma prece nos lábios. Nada de especial: as escolas estavam abertas; os carros transitavam pelas estradas; as lojas estavam cheias de clientes. A vida continuava como sempre.

A diferença entre Murfreesboro e Minneapolis era uma questão de preparo: enquanto a primeira não tinha equipamentos para lidar com cinco centímetros de neve, Minneapolis, bloqueada pela neve durante mais da metade do ano, estava sempre pronta para usar o limpa-neve, os caminhões e os tratores. O preparo também pode ser um fator decisivo – ficar ou largar – na escolha de uma mulher na tempestade de um relacionamento abusivo. Com o equipamento adequado, ela pode limpar o seu caminho; sem ele, ela fica detida pela neve. O que ela precisa?

Um lugar para onde ir

Primeiro, ela precisa de um lugar para onde ir. Embora possa encontrar refúgio num abrigo seguro, em base temporária, mesmo isso não é certo. Ainda há tanta escassez de abrigos no país que apenas uma entre quatro mulheres consegue encontrar um lugar e, de acordo com Jane Brody (*The New York Times*, 18 de março de 1992), se ela tiver um filho, 95% dos abrigos irão recusá-la. Outro dia, no fórum, precisamos mandar uma mulher e seu bebê para um albergue porque, sem família, amigos e sem nenhum espaço disponível nos abrigos próximos, ela não tinha para onde ir.

Mesmo o local que aceita a mulher não irá abrigá-la por mais de um mês, pois eles não foram criados para servir de residência permanente e, portanto, ela ainda precisará encontrar um lar. O marido que descobre que a mulher foi embora não estará disposto a sair de casa para o seu conforto e conveniência e, em muitos casos, nem a justiça ordenará que ele saia da casa que ambos partilharam até ela conseguir um acordo de divórcio. Poucos amigos e parentes têm condições para convidá-la a ficar com eles como um novo membro da família e ela reluta em voltar a morar com os pais, abrindo mão da sua independência, mesmo que eles tenham espaço e disposição para acolhê-la. Portanto, ela está imobilizada.

Para algumas, ficar sem um lugar para morar é a única e perigosa alternativa, especialmente para uma mãe com filhos. Trabalhei com uma família que morava num quarto de um albergue que já fora um motel; uma semana antes, uma mulher fora assassinada no quarto ao lado; as drogas eram vendidas abertamente nos corredores; os estupros eram quase lugar-comum. Vi mulheres nas ruas de Nova York empurrando carrinhos de bebê e carregando seus poucos pertences em sacos plásticos, morando em vãos de porta, escondendo-se da polícia em vez de irem para esses abrigos. Morar com um parceiro violento pode não parecer uma alternativa tão ruim.

Dinheiro

Segundo, ela precisa ter uma fonte de renda. Muitas mulheres vítimas de abuso não têm emprego, geralmente por imposição do marido, como discutido anteriormente. As que trabalham – como a maioria das mulheres no país – ganham consideravelmente menos do que os homens com quem vivem, embora a situação financeira não determine o abuso. Na verdade, grande número de mulheres vítimas de abuso ganha altos salários como profissionais e executivas. Entretanto, apenas a renda da típica mulher vítima de abuso a deixaria em tal dificuldade financeira que ela tem poucas escolhas, especialmente quando há filhos envolvidos. Assim, limitada pelas opções, ela permanece no relacionamento abusivo ou vai embora com a esperança de conseguir um emprego mal pago ou viver da ajuda do governo – vales-alimentação e cheques da previdência social. Apesar da crença de que os beneficiários da previdência social apreciam o chamado estilo de vida com almoço grátis, a maioria das mulheres com quem eu conversei foge dele. "Eu ficaria muito envergonhada", elas me dizem. Como pelicanos mergulhando sobre suas presas, os homens abusivos – o marido de Joan, por exemplo – podem voltar sua atenção para a ajuda do governo, antecipando um banquete vingativo. "Você e as crianças vão se divertir indo buscar o cheque da previdência toda semana, você não acha?", ouvi um marido dizer com um sorriso irônico.

Para as mulheres que vejo, é importante apegar-se ao orgulho que lhes resta. Uma jovem atraente, constrangida por ficar na frente do juiz com os seus *jeans* surrados, mas impossibilitada de comprar novos, expressou horror à sugestão de ir até a loja de roupas usadas no fim da rua. Outra, num dia de inverno, recusou um par de botas esquecido em nosso escritório com um "Obrigada, de qualquer forma, mas eu ainda não cheguei ao ponto de aceitar caridade".

A mulher que não tem meios para se sustentar precisa ter, pelo menos, habilidades que lhe proporcionem essa possibilidade. Se ela deixou a escola ou não domina o idioma, obviamente, não tem como se sustentar caso abandone o marido. Portanto, acaba ficando. Alguém com o diploma do segundo grau ou universitário tem mais chances de ganhar a vida quando vai embora – a não ser que haja uma recessão e, assim, ela fica. Uma mulher de meia-idade que jamais trabalhou fora de casa só tem experiência e habilidades para cozinhar, limpar e cuidar de crianças, também fica.

Algumas mulheres planejam um futuro independente, baseadas em promessas de treinamento para empregos e educação – tornarem-se enfermeiras, operadoras de computador, técnicas na área de medicina – só para descobrir que não terão dinheiro para concluir o curso ou que não conseguirão emprego quando se formar. Elas estão na estaca inicial, às voltas com o abuso original e sem opções. O que fazem? Elas ficam com o parceiro abusivo.

Cuidados com as crianças

Terceiro, se uma mulher tem filhos, ela precisa de alguém para cuidar deles. Nos Estados Unidos, um dos poucos países desenvolvidos sem muitos serviços de atendimento às crianças – do governo ou privados –, a mulher vítima de abuso precisa enfrentar esse importante problema, além de ter de encontrar um emprego se quiser viver por conta própria. Os "velhos bons tempos" das famílias extensas acabaram – mudaram para os lares de aposentados na Flórida – assim, poucas mães solteiras podem contar com os pais para cuidar dos filhos enquanto elas trabalham. Embora algumas encontrem programas que incluem o atendimento às crianças durante o dia, eles são poucos e raros para atender à demanda. Casas de família, nas quais muitas mães deixam os filhos, correm o risco de incêndios e ameaçam a saúde; e mesmo os locais licenciados – manchetes em casos de abuso sexual – podem ser perigosos.

No mês passado, conversei com um grupo de mulheres que trabalham no mundo financeiro, muitas delas mães solteiras, todas financeiramente seguras. Ao lhes pedir para identificar o seu maior problema, quase todas concordaram que era o cuidado com as crianças. Algumas tinham babás permanentes, outras mandavam as crianças para escolas maternais caras ou usavam o serviço de *baby-sitter* de meio expediente. Entretanto, a grande maioria estava insatisfeita com os cuidados conseguidos. Se as mulheres desse grupo socioeconômico, representando 1 ou 2% de todas as mulheres que trabalham, não conseguiam encontrar cuidados adequados para os filhos, como podemos esperar que as mães financeiramente menos seguras, menos capacitadas e muito mais estressadas deixem o lar, mesmo que lá ocorra o abuso, sem alguém lá fora em quem possam confiar para cuidar dos seus filhos?

Ajuda da sociedade

Quarto, se uma mulher quiser abandonar um relacionamento abusivo, ela precisará de ajuda. Como Thea DuBow, diretora-assistente do My Sister's Place, repete sem parar, para quem quiser ouvir, o desamparo aprendido não é a síndrome da mulher vítima de abuso, é da sociedade. Ela sabe, não apenas por conviver com o desespero das mulheres no abrigo, mas pelo próprio desespero. Sozinha. A sociedade tem o hábito de fechar os olhos para os problemas que a fazem sentir vergonha. Enfrentamos abertamente questões relacionadas a políticos desonestos, crimes nas ruas, drogas etc., com indignação, anualmente renovando a nossa determinação de acabar com eles. Nós nos sentimos seguros para discutir essas questões porque, embora sejam assustadoras, não nos pertencem individualmente. Elas pertencem à sociedade.

Entretanto, nós somos a sociedade. Aprendemos essa lição lenta e apenas intermitentemente, no decorrer da história e parece que nos esquecemos rapidamente daquilo que aprendemos. Quanto tempo foi necessário para percebermos que homens e mulheres negros nascem tão livres quanto os brancos. Quando acabamos com a escravidão, nos esquecemos de oferecer igualmente educação, moradia e justiça. Quanto tempo foi necessário para abrirmos nossos olhos para o fato de que as mulheres americanas eram cidadãs iguais aos homens? Quando permitimos que elas votassem, nos esquecemos de igualar salários e oportunidades de emprego. O resultado foi: a raiva e a revolução contra a estrutura de poder inegavelmente branca e masculina, cuja memória, por escolha, continua curta e fraca, com o propósito de manter o controle.

Finalmente, estamos começando a enfrentar as questões políticas relacionadas às mulheres e às minorias; discutimos a seu respeito em termos de correção política e aprovamos leis para mudanças. Contudo, as questões não-políticas, que atingem pontos sensíveis de culpa, são mantidas trancadas dentro de nós no escuro, e nas mulheres vítimas de abusos não-físicos encontram-se no fundo dos lugares mais escuros. Quem pode encará-las? Não os homens, que temem descobrir as próprias necessidades de controle. Não as mulheres, envergonhadas da sua impotência. Embora atualmente a sociedade veja o sangue do nariz quebrado de uma mulher espancada, as equimoses no seu peito e o seu corpo sem vida atingido por uma arma, faca ou corda, continua cega para as feridas das mulheres vítimas de abuso não-físico porque ela não tem nada para mostrar.

Em sua cegueira protetora, a sociedade oferece pouca ajuda às mulheres vítimas de abuso que, sem lar, sem emprego e sem cuidados para os filhos, não pode escapar. Como escreve Edward Gondolf em *Battered women as survivors*: "Elas precisam de recursos e de apoio social, que lhes permitam serem mais independentes, deixando os parceiros abusivos". Os recursos e o apoio social existentes são muito escassos para ajudar mais do que uma pequena porcentagem de mulheres que necessitam deles. A maioria continua presa numa armadilha: no abuso, se ficarem; na privação, se forem embora.

O que nós, como sociedade, precisamos fazer é reconhecer a nossa responsabilidade para com essas mulheres. Primeiro, precisamos clarear a nossa visão das defesas que nos cegam e reconhecer que centenas de milhares de mulheres – algumas das esposas e namoradas que podemos conhecer – vivem num abuso silencioso. A seguir, determinar os tipos de recursos e de apoio que elas precisam para reconstruir a vida. Finalmente, distribuir verbas para atender a essas necessidades. Como a América paga por aquilo que considera importante – centenas de bilhões para vôos espaciais e armas de guerra – nosso país precisa enfatizar a importância dos serviços sociais. Com certeza, uma boa vida na terra é tão necessária quanto a procura de vida em outros lugares; uma vida tranqüila na terra é mais necessária do que a morte numa guerra no exterior. Da mesma forma que um homem abusivo priva a mulher da liberdade, a sociedade priva essas mulheres da libertação e ambos precisam mudar.

O medo subjacente

Outro motivo de a mulher permanecer num relacionamento abusivo é o medo de que ele aumente caso ela vá embora. Como a mulher vítima de abuso passa a maior parte dos dias antecipando o próximo movimento do marido, ela está alerta aos perigos que terá de enfrentar se for embora. A primeira possibilidade que ela analisa é a de que ele possa prejudicá-la ou aos filhos. Discutiremos esse assunto de forma mais completa no Capítulo 14, mas é importante reconhecer esse medo como uma das principais razões da submissão de uma mulher ao abuso contínuo. As ameaças que pesam sobre sua cabeça enquanto ela morar com o agressor poderão ser mais assustadoras se ela for embora.

Alguns homens lançam suas ameaças de maneira direta, sem rodeios. Eles não podem ser mais diretos quando avisam: "Se você me deixar, vou matá-la". Outros soam ainda mais ameaçadores, como o homem cuja esposa foi à justiça pedir proteção quando ele lhe disse: "Eu a seguirei para onde você for e, algum dia, você estará caminhando pela rua e encontrará uma faca nas costas".

Uma mulher chamada Beryl disse que, apesar de o namorado jamais ter-lhe encostado a mão, ele a "torturava" de outras maneiras, até que ela não conseguisse mais agüentar. Em suas palavras: "Um dia, quando ele estava fora, fiz as malas e fui para a casa de uma amiga. Havia muito tempo que ela tentava me fazer abandoná-lo, porque via o que ele estava fazendo comigo. Bem, para encurtar a história, ele foi à casa dela. Nós não abrimos a porta, mas ele a derrubou e nos encontrou na cozinha. Aquele não era o lugar adequado para estarmos. Ele pegou uma faca grande da gaveta e agitou-a à nossa frente. 'Você vai voltar comigo para casa', ele gritou, 'e se algum dia você tentar fazer isso novamente, está vendo essa faca? Bem, apenas lembre-se de como ela é'. Voltei para casa com ele e também fiquei." Ela ainda está lá, muito assustada para ir embora mas, de vez em quando, telefona para o diretor de uma casa-abrigo e, talvez, possa romper com ele.

Uma ameaça totalmente diferente mantém algumas mulheres acorrentadas aos seus agressores: "Se você me deixar, eu me matarei. Não a você, mas a mim mesmo". Isso funciona com aquelas que estão dominadas pela culpa mas, se o namorado de Beryl tivesse feito tal ameaça, provavelmente, ela lhe teria dado um revólver. Mas ele conhecia a sua mulher e usou uma tática ameaçadora perfeita. Esses homens geralmente são peritos na manipulação do medo. Por exemplo, um marido executivo de uma amiga minha ameaçou não apenas matá-la ou cometer o suicídio, como também ir para o México tornar-se motorista de táxi caso ela o abandonasse. "Eu tinha tanto medo que ele fizesse isso", ela me disse, "que decidi ficar. Coitado do Jim, ele não consegue dirigir nem em Boston." Jim não precisou melhorar o seu espanhol; ele sabia que a havia assustado o suficiente para fazê-la ficar.

Outro tipo de medo nutrido pela mulher e que, geralmente, faz a situação abusiva parecer mais segura do que a alternativa, é o medo de comparecer à justiça. Quer ela esteja preenchendo um pedido de proteção, testemunhando um caso criminal contra ele, quer pedindo o divórcio, ela precisa ficar diante de um juiz, uma situação que pode ser tão assustadora quanto prestar contas no dia do Juízo Final. Um juiz, sentado em seu assento elevado, com uma toga preta, pode fazer o inocente sentir-se culpado e o requerente desejar poder retirar as acusações. Geralmente, antes de ir para a Vara de Família com uma mulher, eu lhe peço para fazer anotações a respeito do que ela já me contou – detalhes do abuso que sofreu e da proteção específica que deseja – para poder consultá-los quando o medo emudecê-la. Já vi mulheres tão intimidadas pelo juiz que nem mesmo ousaram consultar as suas anotações.

O desconhecido é tão assustador quanto o juiz – documentos para preencher, perguntas a responder, detalhes pessoais a contar, segredos a revelar. Muitas mulheres, sem jamais terem entrado num fórum, sentem-se muito inseguras para lidar com a situação e, mesmo após uma audiência, muitas abandonam tudo e voltam para o relacionamento abusivo. Os advogados oferecem pouco apoio. Se forem indicados pela justiça, geralmente nem encontram com a cliente antes da audiência; e mesmo os advogados particulares, excitados como ficam numa sala de tribunal, podem sentir pouca empatia pela mulher insegura que representam.

Para as mulheres que querem fugir do abuso, o maior medo é o de perder os filhos por decisão da justiça. As manchetes sobre casos em que o juiz entregou a custódia dos filhos para os homens, mesmo aqueles sexualmente abusivos, tornaram muitas mulheres inclinadas a tolerar o abuso em casa, onde elas sabem que ficarão com os filhos. Ouvi falar de um caso numa grande cidade do Meio-Oeste, em que uma mulher acusou o marido de abusar sexualmente dos filhos, fazendo-o sair de casa. À medida que o Child Protective Service (CPS) – que investiga e age quando há relato de abusos – examinava as acusações, comprovadas por exames médicos, o marido contra-atacou com acusações infundadas sobre a esposa. Como resultado, ela foi forçada a entregar a custódia das crianças ao juizado e a um lar adotivo. Para essa mulher, o medo transformou-se em realidade.

Mesmo que a justiça não determine a custódia para um pai abusivo, as mulheres podem nutrir o medo persistente de que ele fugirá com elas. Se elas forem levadas para fora do país, a mãe não poderá fazer quase nada para recuperá-las. Tenho visto casos em que o pai levou os filhos ou entregou-os aos avós, geralmente na América Central, e a mídia já divulgou casos de crianças seqüestradas e levadas para o Oriente Médio. Em ambos os casos, a mãe tem poucas chances de recuperá-las e mesmo fazendo tentativas, poderá colocar-se em perigo, conforme relatado por Betty Mahmoody em *Não sem minha filha*.

Um medo menos óbvio e que impede algumas mulheres de abandonar maridos abusivos é o antigo impacto da pergunta, "O que as pessoas vão dizer?". Embora um entre três casamentos na América acabe em divórcio, as estatísticas não apresentam uma imagem nacional global. Elas não separam as religiões que proíbem o divórcio, os grupos étnicos que o desaprovam ou as regiões do país onde o divórcio não é uma opção aceitável. Nesses casos, as mulheres permanecem com os maridos abusivos porque é o esperado e o que os outros vão dizer é que a mulher não cumpriu o seu dever: a mulher deve servir ao marido. Eles vão dizer que ela não conseguiu segurar o seu homem: ela provavelmente mandou-o embora. Eles vão dizer que ela não é boa: a Bíblia considera pecado o divórcio. Eles vão dizer que ela esqueceu-se do seu lugar: a mulher pertence ao marido. Eles vão dizer que ela envergonhou a família e a comunidade e que deveria saber que eles estão certos.

Algumas pessoas podem rir dessa atitude, considerando-a adequada para o mundo do século XVIII de *Orgulho e preconceito* de Jane Austen, em que a sra. Bennet aconselha as filhas a "sorrir e conter a língua", como ela fez enquanto esteve casada com o sr. Bennet. Depois de ouvir a história de Irene, eu não ridicularizo as palavras da sra. Bennet, simplesmente porque ela afirma que a sua mãe martelava a mesma lição: "Não importa o que você sente. Apenas coloque um sorriso no rosto". Foi o que Irene fez, assim como muitas mulheres da sua geração – durante longos quarenta ou cinqüenta anos.

As mulheres têm suportado o abuso não-físico em vez de abandonar as expectativas que, como um cilício, elas vestem em seu sofrimento. Uma jovem contou-me que o marido começou a menosprezá-la quando eles ainda estavam em lua-de-mel, o que não é incomum, depois de a armadilha estar preparada. "Eu deveria tê-lo deixado naquela ocasião e pensei seriamente a respeito", ela disse, "mas eu ainda não tinha nem escrito todos os cartões de agradecimento pelos presentes. Como poderia fazer isso?"

Uma senhora explicou-me que os filhos adultos ameaçaram cortar qualquer contato caso ela abandonasse o marido. "Meus filhos sabiam como ele me tratava, mas não se importavam desde que, exteriomente, ele parecesse bom", ela disse-me com hesitação.

Outros fatores emocionais

O quinto motivo que impede a mulher de fugir do abuso é uma série de fatores emocionais. Se há uma verdade, que descobri durante uma vida de aconselhamento e de educação, é a de que as pessoas só aprendem quando acreditam que podem aprender. Infelizmente, a maioria das crianças é submetida a um sistema de ensino baseado na crença contrária, a de que as notas baixas e a disciplina as assustarão e humilharão, fazendo-as aprender. As estatísticas relativas à educação comprovaram, há muito, que essa teoria não é correta: a auto-estima – não o fracasso – é a base da aprendizagem.

Num relacionamento abusivo, a mulher se parece muito com uma criança na escola. O seu controlador, assim como o sistema de ensino, utiliza o medo do castigo e da humilhação para forçá-la à submissão; e, como o aluno, ela vê a si mesma como aquilo que eu ouvi uma criança e uma mulher chamarem de "uma pessoa ruim". Ela, como a criança, aceita que o problema é seu – não do marido abusivo, não do professor. Como resultado, tanto a criança quanto a mulher, privadas de auto-estima, perpetuam as situações de fracasso.

Em *Unfinished business: pressure points in the lives of women*, Maggie Scarf fala da sede de uma mulher quando secam o apoio e o amor em sua vida emocional. Ela fica "muito mais crítica nas avaliações de si mesma, no seu sentimento de inutilidade, impotente com relação às situações pessoais, impotente com respeito à sua capacidade para modificá-las". Com certeza, essa é a mulher vítima de abuso, lutando todos os dias em meio à seca, sedenta pelas gotas de afeto que jamais caem.

A mulher vítima de abuso, que permanece no relacionamento, não o faz porque deseja, mas porque sente-se incapaz de ir embora. Ao olhar-se no espelho que o parceiro abusivo segura à sua frente, ela não consegue se ver; tudo o que ela pode ver é a "pessoa ruim" que ele pintou lá. O dr. Lois Veronen, psicólogo entrevistado na televisão no programa de Sally Jessy Raphael, em 27 de janeiro de 1994, explicou que um marido violento pinta aquela imagem dizendo repetidamente o que ela deve pensar e sentir, até não restar nada dos seus próprios pensamentos e sentimentos. Embora desejando escapar – para construir a vida que ela começou, talvez há muitos anos, antes de ingressar no relacionamento, para ser independente, ter amigos, encontrar um homem que a ame – ela sabe que não é suficientemente boa ou inteligente para fazê-lo. Assim, ela fica.

Em "The Battered Woman Syndrome" (*Domestic violence on trial,* editado por Daniel Jay Sonkin), Mary Ann Douglas mostra como a baixa auto-estima detém a mulher. A mulher vítima de abuso, ela escreve, acredita que a sua aceitação do abuso "prova que ela é imprestável como mulher e mãe, não sendo merecedora nem do tempo nem da atenção exigida por outras pessoas para ajudá-la a criar um ambiente seguro". O marido deixou-a sem saída, nem tanto pelo medo nem pela vergonha, quanto pela convicção da própria inutilidade.

Três outros fatores emocionais também podem desempenhar um papel. Um deles é a culpa. Se o homem foi bem-sucedido, ele a manipulou e a fez aceitar a responsabilidade pelo abuso cometido: ela deve ser estúpida ou ele não diria que ela é; deve ser louca ou lembraria onde deixou as chaves; seus amigos ou sua família devem ser tão ruins quanto ela ou ele a deixaria vê-los; ela deve ser incapaz de administrar o dinheiro ou ele lhe daria algum. Conseqüentemente, culpada pelo comportamento que provoca o abuso justificável, ela deve merecê-lo e não tem motivos para ir embora. Uma mulher aceitou tão completamente a sua culpa, que inventou desculpas para o marido dizendo: "Você sabe, ele não quer me tratar assim, mas o que mais ele poderia fazer comigo?".

A esperança é um segundo fator emocional importante. O padrão de abuso liga e desliga – discutido no Capítulo 6 – dizem-me as mulheres, mantém a esperança sempre nascendo e, assim, elas não conseguem formar uma opinião que as convença de que a vida é intolerável e permanecerão assim até irem embora. A vida delas realmente muda, algumas vezes dia a dia. Embora na segunda-feira o homem possa chamar a mulher de cadela e trancá-la no quarto porque o jantar estava frio, na quarta-feira ele pode pedir desculpas com um ramalhete de flores na mão. Na quinta, pode levá-la para jantar e sussurrar palavras de amor à luz de velas e, na sexta-feira, quebrar a janela do seu carro porque ela ousou visitar um amigo. Se conseguisse afastar-se do cenário e observá-lo objetivamente, de longe, o enxergaria como o abuso, cíclico, que ele é. Contudo, ela não pode fazer isso, porque acredita na mágica da esperança, a qual, na realidade, é apenas o faz-de-conta do auto-engano.

O oposto da esperança, o entorpecimento emocional, também pode manter a mulher presa ao *status quo* do abuso: "Já não dói tanto". A gazela que eu vi ser agarrada por um jaguar na África lutou por um momento e então deitou-se imóvel nas suas garras enquanto a sua força vital era drenada. O desamparo – pois a gazela não tinha nenhuma chance de escapar – a fez parar de lutar e aceitar o seu destino. É isso o que muitas mulheres fazem, resignando-se àquilo que consideram uma vida inevitável de abuso, em vez de lutarem para se libertar.

Recentemente, uma jovem levou uma amiga à justiça para pedir proteção. Enquanto a amiga observava, pálida e sem expressão, como um zumbi, ela explicou que a amiga precisava de proteção para um casamento torturante. "Ela quer ir embora?", perguntei-lhe. E a jovem explicou: "Ela afirma que qualquer coisa que ele faça já não a magoa mais, mas ela tem medo de que ele possa matá-la". No processo de desistir de lutar, seja uma gazela ou uma mulher, os sentimentos de dor se acalmam. A maioria das mulheres que deram à luz nos últimos vinte anos sentiu isso no parto natural. O que costumava ser um enorme sofrimento para o corpo, a ponto de nos fazer procurar o alívio da anestesia na mesa de parto, transformou-se numa dor controlável pelo acompanhamento das ondulações do trabalho de parto. Deixando de lutar contra a contração, à medida que ela aumenta e diminui, relaxando e acompanhando-a, a mulher controla a dor.

Essa é a chave para diminuir a dor – o controle. Um médico explicou-me que, embora determinados ferimentos e doenças provoquem dor, o que a faz aumentar é não saber quanto mais ela vai doer num minuto, numa hora ou num dia. O que ele disse soou como um instrumento de tortura que podemos suportar no nível atual, mas que não podemos controlar se houver um aumento da dor. Atualmente, para diminuir a dor e a ansiedade, muitos hospitais não fazem mais os pacientes depender de uma enfermeira, entregando-lhes o controle, deixando-os regular a própria dosagem de analgésicos nos tubos intravenosos. Como resultado, os hospitais descobriram que, ao assumir o controle, os pacientes precisam de menor quantidade de medicamentos do que com o método tradicional. Sem necessidade de lutar contra a dor, eles sentem menos dor.

Na peça *Three hotels*, a mulher num relacionamento doloroso observa que "determinado tipo de crueldade deixa de doer". Acredito que uma maneira mais precisa de colocar a questão seria dizer que determinado tipo de resignação faz a crueldade deixar de doer. A mulher vítima de abuso que renuncia à esperança, renuncia a uma parcela maior de dor. Como a gazela, ela pára de lutar; como a mulher em trabalho de parto, ela relaxa a cada pontada de dor; como o paciente do hospital, ela dosa o seu analgésico – resignação: "Já não dói tanto". Assim, ela fica.

PARTE III

Reações à violência não-física

9

"Apenas outra briga doméstica."

A RESPOSTA DA POLÍCIA À VIOLÊNCIA

"Ted era o meu herói", disse Carol quando começou a contar a história de seu casamento, que fora manchete dos jornais locais e assistida na televisão em rede nacional, não porque fosse pior do que muitas histórias de abuso, mas porque o marido era um oficial da polícia. Durante dez anos, ele utilizara todos os meios não-físicos para abusar dela. Socialmente, isolou-a dos familiares, apesar de morarem na casa ao lado, e forçou-a a conviver com a sua família. Emocionalmente, ela diz, "Eu pisava em ovos" para evitar confrontos. Psicologicamente, após o abuso, ele a fazia ajoelhar-se ao seu lado e rezar o terço, até ela não saber mais se estava rezando para Deus ou participando de um ritual satânico. Economicamente, ele insistia em manter um elevado padrão de vida – dois barcos, carros, férias, mansões – tudo com o dinheiro que ela ganhava como gerente regional de uma grande empresa.

"Eu estava tão ocupada sendo supermãe", ela explicou, "que não tinha tempo para perceber o abuso. Eu precisava fazer tudo, bem-feito e na hora – cozinhar, limpar, cuidar de quatro crianças – e o tempo todo eu precisava viajar muito devido ao meu cargo. A vida era uma correria tão louca que ele estipulava o horário para jantar e para fazer amor." Como resultado, Carol teve um esgotamento nervoso e entrou numa depressão tão profunda que o seu terapeuta achou melhor hospitalizá-la. Ted não aceitou, insistindo: "Eu preciso dela em casa".

Carol teve de abandonar o emprego por causa da saúde debilitada e, sem o seu elevado cheque de pagamento entrando todos os meses,

Ted ficou mais abusivo e ela mais deprimida. "Eu gostaria de estar morta", ela suspirou certo dia.

"Você gostaria?", gritou Ted. "Eu vou lhe mostrar o que é a morte", e começou a bater nela, subindo e descendo as escadas, durante trinta minutos ou mais. Quando ela correu para o telefone, ele ameaçou matá-la. Ouvindo os seus gritos de socorro, a família entrou na casa e o impediu, deixando claro que eles o fizeram não para salvá-la, mas para evitar que ele arrumasse problemas. Em seu décimo aniversário de casamento, com uma grande festa programada e Carol preparando a comida, Ted encurralou-a na cozinha gritando: "Sabe, eu realmente odeio você, odeio você, odeio você".

Aturdida e enraivecida, Carol ousou gritar de volta: "Dane-se", e Ted agrediu-a, arrancando punhados do seu cabelo e torcendo o seu polegar; então, ele agarrou a arma e saiu correndo. Nesse momento, com o filho de nove anos chorando, "Mamãe, posso ajudá-la?" ela decidiu ir embora.

"Algumas mulheres ficam por causa dos filhos", ela disse, concluindo a sua história. "Eu fui embora por causa do meu. Eu só gostaria de ter feito isso antes de ele ter começado a me agredir fisicamente." O tipo de abuso que Carol sofreu, durante anos, quando estava muito ocupada e era muito ingênua para reconhecê-lo, foi um precursor natural dos espancamentos.

Apesar de o abuso sofrido por Carol ter sido traumático, como todo abuso, a reação da polícia na qual ela buscou proteção foi ainda pior. Ela não recebeu nenhuma ajuda da polícia durante os dez anos abusivos em que viveu com Ted, nem nos quatro anos em que está afastada dele. A polícia jamais o prendeu, jamais o retirou de casa, jamais escreveu um relatório juntamente com um número de arquivo para ser enviado para a junta de examinadores de vítimas de crimes. Carol não podia fazer uma acusação por terem apagado o arquivo, porque ele nunca existiu. O que a polícia fez foi pior – agiu como se nada tivesse acontecido.

Ultrajada, ela persistiu, insistindo numa investigação policial sobre o comportamento de Ted e embora o chefe de polícia negasse repetidamente, numa decisão final para acalmá-la, concordou. A investigação foi superficial, acabando com a descoberta, já esperada, de que não havia comprovação para as suas acusações. Assim, ela ficou com apenas duas saídas: uma investigação particular e a mídia. O chefe de polícia recusou a primeira e, então, ela encarregou-se da segunda.

Quando a sua história virou notícia, ela começou a receber telefonemas das mulheres de outros policiais, que contaram histórias de horror semelhantes sobre abusos cometidos por maridos policiais e sobre o sistema policial. Nancy Moshe escreveu no *Women's News* em junho de 1992: "Eram muitas histórias de tratamento injusto e impotência; de mulheres sendo tratadas com condescendência, encaminhadas para aconselhamento e até mesmo sendo ignoradas, enquanto os policiais continuavam levando uma vida normal, trabalhando e tendo enorme poder. Os policiais em questão podem até mesmo manter as suas armas, conforme relatado". Não estando mais sozinha com a dor e a frustração, Carol formou um grupo chamado Partners of Police Officers cuja missão, ela afirma, era melhorar a qualidade de vida nos lares de policiais. Apesar de o grupo de Carol não estar mais em atividade, existem outros, semelhantes, espalhados por todo o país.

As pessoas perguntam: por que as mulheres de policiais precisam se unir para obter ajuda? Por que não as mulheres de banqueiros, médicos ou contadores? As estatísticas respondem com a comprovação de que há violência em 64% das famílias de policiais. Uma policial cujo nome não mencionarei para evitar represálias dos colegas do sexo masculino, concorda. "É natural", ela diz. "Muitos deles entram na polícia para obter poder."

Carol nos dá a sua explicação: "Qualquer homem que tenha poder sobre a vida e a morte espera o controle total". Com certeza, o abuso é uma questão de controle, mas também existem outros fatores.

Um deles pode ser aquilo que, originalmente, atraiu o homem para o trabalho policial: ele é perigoso e potencialmente violento; reforça uma forte imagem masculina; e, até recentemente, criava um mundo masculino que, orgulhosamente, excluía as mulheres; ele exigia respeito por meio de um uniforme, de poder e de uma arma. Apesar de não existirem estudos relacionando as características do trabalho policial com aquelas dos homens que fazem parte dele, parece lógico que ele atraia uma proporção maior de homens agressivos do que a maioria das outras profissões, com exceção do exército.

Há alguns anos, realizei um estudo sobre os fuzileiros navais para descobrir se existiam características comuns significativas. Elas existiam – autoritarismo, antifeminismo e prepotência. Como um aparte, é interessante observar que o marido de Carol queria ser fuzileiro naval como o pai, mas foi recusado em razão de um problema nas costas. Carol concluiu que a polícia foi o mais próximo que ele conseguiu chegar. Assim, os vários componentes de violência e de prepotência talvez sejam necessidades pessoais, que muitos policiais procuram satisfazer por sublimação, com o trabalho diário. Como a violência e a prepotência também são as necessidades pessoais que os homens psicologicamente abusivos satisfazem no casamento, a ligação entre os dois parece plausível.

Um outro fator sugerido e que desempenha um papel numa elevada porcentagem de policiais que são abusivos, pode ser o excesso de estresse sob o qual eles trabalham. Apesar de poderem determinar a morte de alguém a qualquer momento do dia, igualmente, alguém pode determinar a sua morte na próxima esquina, no teto da próxima casa, na próxima rua, na próxima janela. Quando param um carro para verificar documentos, o motorista pode atirar neles; ao interrogar um garoto com drogas, ele pode esfaqueá-los. Desamparados e culpando os policiais podem ver seus companheiros serem mortos diante dos seus olhos.

O estresse faz um policial reagir rapidamente na rua, enxergando uma arma onde não há nenhuma, atirando com muita rapidez, reprimindo com violência excessiva. Gritar com a esposa, humilhá-la, exigir a sua obediência, ameaçá-la e até mesmo matá-la pode ser o seu método para aliviar o excesso de estresse. É difícil evitar a conclusão de que o uso da violência como válvula de escape para aliviar o estresse, geralmente, é dirigido àqueles que têm menos poder, àqueles sobre os quais ele teme perder o controle – o prisioneiro, o adolescente rebelde, a esposa.

Os policiais apresentam suas próprias explicações para a sua opinião indiferente a respeito do abuso. Muitos deles salientam que mais policiais são feridos respondendo a chamados sobre violência doméstica do que em qualquer outra situação. O marido e a mulher estão "se pegando", eles dizem, e ela pede ajuda. Quando eles chegam para separá-los, o casal volta-se contra os policiais e eles vão embora com o nariz sangrando. Outros acham que não há motivos para prender um homem, mesmo quando a mulher deseja, porque o sistema judicial não continua acompanhando o caso. Embora eles possam manter o marido preso por uma noite, na manhã seguinte o juiz manda-o embora com uma advertência, ou a mulher retira as queixas e eles voltam juntos para casa, até a próxima vez. Ao que parece, esses policiais simplesmente não querem acreditar que a mulher que sofre abuso e chama a polícia pode estar correndo o perigo de ser ferida seriamente ou morrer. Se, mais tarde, ela diz que está tudo bem é porque tem medo de dizer que está tudo mal. Quaisquer que sejam os fatores em jogo, é um fato que os policiais tendem mais a cometer abusos contra a esposa do que os outros homens – certamente, não todos eles, nem mesmo uma maioria, mas um número suficientemente elevado para justificar interesse e ação. Talvez a sua percepção individual dos papéis sexuais masculino e feminino e o abuso dela resultante afetem a sua resposta às mulheres vítimas de abusos quando eles são chamados. Se isso é possível, também é possível que mudem as suas atitudes e seu comportamento à medida que aprendem mais sobre o abuso. É aí que se encontra a esperança para as suas mulheres e para as mulheres vítimas de abuso em todo o país.

O que parece ser uma porcentagem maior é o número de sistemas policiais que, como o de Ted, ignoram a mulher cujo marido é um deles. Jeanine Pirro, procuradora do município de Westchester (Nova York), que alguns anos antes de sua eleição criou a unidade de violência doméstica em seu município, lembra-se de um incidente que explica a surdez e a cegueira da polícia diante do abuso. Ela estava explicando a um grupo de 43 chefes de polícia a séria realidade do espancamento de mulheres e a necessidade desesperada da nova unidade. Quando terminou, um dos chefes de polícia não exitou em afirmar: "Não há um sujeito nesta sala que não ache certo bater em sua mulher" (*Scarsdale Inquirer*, 23 de novembro de 1993).

Nesse raciocínio, é típica a atitude de um tenente diante do caso de um policial cuja mulher foi à Vara de família solicitar uma ordem de proteção. Depois de anos de ameaças, privações, degradação e, finalmente, agressão, ela procurou o tenente com acusações que, se tivessem sido apresentadas por uma pessoa totalmente estranha, garantiriam uma investigação imediata. Mas as acusações eram contra um dos policiais do seu distrito, portanto, sem nem mesmo questionar o policial acusado, quanto mais fazer uma investigação mais profunda, o tenente dispensou as acusações dizendo: "É a sua palavra contra a dele. Esqueça".

Em outro caso, uma mulher vítima de abuso emocional e econômico, a ponto de tornar-se totalmente dependente, chamou a polícia porque o marido, um policial, não lhe dava dinheiro para comprar remédio para as crianças. Antes que a polícia chegasse, temendo pela sua segurança diante das suas ameaças, ela trancou-se no quarto. Enquanto isso, o marido esperou na porta para receber os colegas e apresentar a sua versão da história. Sem maiores perguntas, os policiais invadiram o quarto e ordenaram que ela saísse da casa, ameaçando prendê-la caso não obedecesse.

Uma mulher que chamou a polícia em três ocasiões de espancamento, pedindo que prendessem o marido contou-me: "Tudo o que meu marido precisou fazer foi mostrar o seu distintivo da polícia e eles fizeram vista grossa, me passaram uma descompostura e foram embora fazendo-me uma advertência, não para ele".

Para muitos policiais, o código de fraternidade sob o qual atuam inclui todos os companheiros do sexo masculino. A juíza Adrienne Scancarelli, da Vara de Família, espera que a polícia aprenda a levar mais a sério a violência familiar. "Eles respondem a um chamado e vêem uma mulher histérica e, com freqüência, um homem calmo que os manipula, levando-os a pensar que a esposa imaginou ou exagerou a coisa toda", ela explica. Então, os policiais dizem à mulher: "Vá para a casa da sua mãe e acalme-se". Eles vão embora e o homem continua abusando dela.

Se as mulheres são o sexo frágil, como o estereótipo afirma, seria de se esperar que as policiais reagissem com mais empatia do que os colegas do sexo oposto, às mulheres vítimas de abuso. Entretanto, de acordo com Lisa Frisch do New York State Office for the Prevention of Domestic Violence, nem sempre esse é o caso. "As policiais podem ser piores do que os homens", ela diz. "Elas podem tentar se distanciar do estereótipo submisso para não se sentirem impotentes." Ela acrescenta que a maioria das mulheres, provavelmente, passou por experiências negativas durante o treinamento – perseguição e exclusão social – e, como resultado, decidem "ser homens" como forma de autodefesa.

Independentemente do sexo, a polícia em geral não oferece proteção para a mulher vítima de abuso que pede a sua ajuda. Uma mulher de meia-idade foi muitas vezes à justiça para relatar as violações de uma ordem de proteção ignorada pelo marido; a ordem estipula que ele não deve molestá-la, agredi-la ou ameaçá-la. Embora jamais tenha lhe encostado um dedo, ele a agride regularmente, chamando-a de estúpida, negando-lhe dinheiro, recusando-se a atender os seus telefonemas, ameaçando jogá-la na rua – desumanizando-a. Nas diversas vezes em que chamou a polícia, o marido os convenceu de que ela era louca e, abanando a cabeça, solidários com a carga que ele precisava suportar, foram embora. Um dia, essa mulher nos procurou no fórum com um nariz quebrado e os braços e o torso com diversas equimoses. A polícia, tendo imediatamente se identificado com o marido, nunca abandonou sua posição para avaliar a situação de espancamento a partir do ponto de vista dela.

Em outro caso, quando o ex-marido de uma mulher vítima de severos abusos não-físicos, durante seis anos, estava gritando e tentando derrubar a porta do seu apartamento, chegando a urinar nela, ela chamou a polícia para levá-lo embora. "Eu só quero vê-la", ele choramingou para os policiais. "Coitado, deixem-no entrar", eles disseram. Como apontou a juíza Scancarelli, baseada em diversas experiências semelhantes, esse homem usou a manobra favorita de um agressor e conseguiu manipular os policiais, fazendo-os considerá-lo não um homem abusivo, mas um marido amoroso que, simplesmente, queria melhorar as coisas com a ex-mulher. Em vez de levá-lo embora ou prendê-lo por violar a ordem de proteção ou, pelo menos, por conduta ilegal, os policiais juntaram-se a ele e insistiram: "Abra a porta e deixe-o entrar. Ele só quer conversar com você". Ela se recusou, porque da última vez que o deixara entrar "para conversar", ele quebrara duas cadeiras e ameaçara espancá-la.

Outra mulher, cujo marido a mantivera à beira de um colapso nervoso por causa dos intensos abusos não-físicos, finalmente, chamou a polícia para tirá-lo de casa. A última gota fora um acesso de raiva durante o qual ele destruíra a casa, atirara caixas de comida congelada sobre o sofá, esvaziara a caixa de necessidades do gato dentro do seu armário e quebrara as suas bijuterias favoritas. A polícia admitiu que o homem fizera uma bagunça, mas recusou-se a preencher um relatório porque "é apenas uma discussão familiar". A ironia em todos esses casos é que, se a situação envolvesse qualquer outro homem que não fosse o marido, eles o teriam prendido imediatamente.

No fórum ouvimos histórias piores, relatadas depois de a polícia ter ignorado e quase encorajado o abuso não-físico. Por exemplo, como o marido estava batendo nela, uma mulher fugiu para o quarto e chamou a polícia pela segunda vez naquela semana. Quando eles chegaram, apesar dos visíveis ferimentos e sangramentos, eles a cumprimentaram com "Oh! é você outra vez". Embora o marido tivesse sido preso três vezes por estupro, drogas e agressão, a polícia não o prendeu nem ordenou que ele deixasse a casa. Ao contrário, eles sugeriram que ela saísse até o marido se acalmar. Algumas vezes, naturalmente, eles têm mais consideração e dizem ao homem para dar uma volta no quarteirão até a mulher se acalmar!

Uma jovem que foi ao fórum sentia tantas dores que mal conseguia mover o braço e o ombro. Na noite anterior, o marido batera nela, jogara-a contra a parede e, sabendo do seu problema de cálculos renais, batera na parte inferior das suas costas. Então, ele a segurou enquanto a namorada batia nela. Num débil esforço para se libertar, ela o agarrou, arranhou-o e, finalmente, conseguiu chamar a polícia. Quando eles chegaram e analisaram a situação, disseram ao marido para ir ao hospital tratar dos arranhões e a deixaram lá, sozinha, com dores físicas e emocionais.

Esses não são incidentes isolados. O *The Ohio report on domestic violence* (Ohio Attorney General, 1980) afirma que a polícia preenche poucos relatórios sobre violência e raramente realiza prisões. Dos quinze mil telefonemas em uma cidade, eles preencheram relatórios apenas sobre setecentos homens e prenderam apenas 460. Embora o abuso não-físico seja um crime punível na maioria dos estados, quase não há relatórios preenchidos ou prisões até que o abuso seja não apenas físico, mas também grave. Mesmo assim, os policiais tendem a olhar para o outro lado.

Algumas vezes, a prisão não acontece porque a mulher retira as queixas quando a polícia ameaça prendê-la ou ao marido. Por exemplo, ela pode ter agarrado uma faca na cozinha e esfaqueado o marido em autodefesa enquanto ele batia nela. Quando a polícia chega, apesar de ver o seu olho roxo, o nariz sangrando e os ferimentos no braço e no pescoço, eles também vêem o corte que ela fez na mão do marido enquanto tentava afastá-lo. A situação não é hipotética. Outro dia, uma mulher retirou a queixa quando o policial lhe disse: "Vou colocar os dois na cadeia porque eu não vou resolver isso".

A prisão também não é efetuada porque quando eles atendem ao pedido de ajuda da mulher, não há ninguém para prender. Um homem não foge se tiver aprendido, de experiências anteriores, que a polícia não irá prendê-lo, se a sua raiva estiver tão fora de controle que ele não se importa ou se ele tiver arrancado o telefone da parede para a mulher não conseguir pedir ajuda. Do contrário, ele tem suficiente bom senso para desaparecer antes de a polícia chegar. Infelizmente, nem sempre ele precisa ter muito bom senso, como o agressor cuja mulher chamou a polícia às 6h40 em meio a uma cena abusiva e ficou esperando até as 9h10 pela sua chegada.

Para garantir mais justiça, muitas comunidades instituíram programas de detenção. O mais efetivo deles é o de detenção obrigatória, que exige a prisão em todos os chamados de violência familiar; outro programa semelhante é o da pré-detenção que, apesar de não exigir prisão automática, insiste nela na maioria dos casos. Entretanto, os regulamentos que determinam a prisão, em geral, excluem essa possibilidade em ambos os casos. Por exemplo: embora o abuso não-físico possa enfraquecer totalmente uma mulher, a menos que ele inclua ameaças de danos corporais, não existem dados para efetuar a prisão. Além disso, enquanto em algumas comunidades a polícia pode prender diante da evidência de espancamento, em outras os policiais precisam testemunhá-lo. Uma vez que poucos homens agredirão a esposa a socos enquanto o policial toma notas, há ainda menos prisões, mas, com as estatísticas mostrando que a prisão diminui abusos posteriores em até 41% durante determinado período de tempo e com qualquer freqüência, muitas comunidades estão fazendo um esforço para instalar programas que assegurem a prisão.

Apesar do desinteresse com o qual muitos policiais consideram a violência contra as esposas, a mulher tem recursos para combatê-lo. Um deles é o Citizens Complaint Board ao qual ela pode solicitar uma ação disciplinar contra a polícia caso tenha sido tratada de forma injusta. Infelizmente, muitas comunidades não têm conselhos de queixas. Nova York, por exemplo, há alguns anos, abandonou os conselhos em todo o Estado. Um outro recurso é o direito de a mulher processar a municipalidade, responsabilizando-a legalmente quando um policial não a protege do seu agressor.

Essa é a esperança de Carol; porém, ela e muitas outras mulheres descobrem a inutilidade dessa ação sem aquilo que a justiça chama de evidência sólida; e, quando a audiência é marcada, a evidência sólida já se curou há muito tempo, sob talas e ataduras. Embora a justiça admita a evidência fotográfica dos ferimentos provocados pelo espancamento, muitas mulheres não têm uma máquina fotográfica disponível ou estão muito traumatizadas para utilizá-la e é impossível posar para uma foto com ferimentos latejantes da violência não-física.

A maior esperança de mudança na atitude dos policiais com relação à violência familiar é a educação, que está sendo instituída nas academias de polícia em todo o país e que, em muitos locais, se constitui exigência já para os policiais da ativa. Lisa Frisch, do New York Office for the Prevention of Family Violence, ministra cursos para policiais porque eles não podem apenas ignorar a violência familiar. Anne Fitz-Simmons, sargento de White Plains, Nova York, afirma que, apesar de se preocupar com o abuso de mulheres antes de fazer o curso, depois dele ela começou a considerá-lo sob um ponto de vista totalmente diferente. "Eu costumava ver o abuso e pensar: 'Por que ela não vai embora?'. 'O curso me fez compreender por quê.'"

Ainda não sabemos se a maioria dos policiais reage tão positivamente quanto FitzSimmons. Alguns dos que fazem o curso tornam-se conscientes da própria responsabilidade, percebendo que se deixarem de agir numa acusação de espancamento e, mais tarde, a mulher for ferida ou morta – como freqüentemente acontece – eles serão pessoalmente responsabilizados. "Não é preciso ser muito inteligente para saber o que fazer depois de ouvir isso", disse-me um policial. No que se refere a essa questão, a educação funciona no interesse das mulheres espancadas, modificando, se não as atitudes dos policiais, pelo menos as suas respostas.

Ainda não sabemos se um seminário ou um curso de um ou dois dias pode mudar atitudes sexistas. O machismo que faz os homens aceitarem, ou pelo menos olharem para o outro lado diante da violência contra mulheres está profundamente enraizado no preconceito que reforça os estereótipos da sociedade do macho dominante e da fêmea submissa. De acordo com Theodor Adorno *et al.*, no livro *The authoritarian personality*, um trabalho decisivo sobre o preconceito: "Os indivíduos são mais receptivos às ideologias mais compatíveis com as suas estruturas gerais de personalidade". Esses indivíduos, continua Adorno, "estão prontos e dispostos a obedecer a uma autoridade forte, acima deles, e a liberar a hostilidade acumulada contra membros de um grupo mais fraco, dos quais eles não temem represálias".

Embora o preconceito seja absorvido, no início da infância, por meio dos ensinamentos dos pais e da modelagem de papéis, ele é reforçado pela interação com membros de nosso próprio grupo. Os homens o chamam de *união*, a qual reúne os homens de um distrito policial sob a autoridade do seu capitão, da mesma maneira como o treinamento básico do exército reúne soldados rasos num pelotão, sob as ordens do seu sargento. Mesmo com a exigência de cursos para policiais, não sabemos se eles serão capazes de eliminar as atitudes preconceituosas com relação ao abuso, porque uma das principais características do preconceito é a resistência a mudanças. Qualquer programa bem-sucedido precisa mergulhar nas raízes da atitude dos policiais, pois ela nasce no ambiente e na própria personalidade individual. Para isso, seriam necessários anos de terapia e não apenas alguns dias de discursos e filmes.

Um pequeno grupo de policiais que eu estava entrevistando sobre "abuso da mulher" referia-se constantemente ao "abuso da própria mulher". Eu lhes perguntei por quê. "Você precisa ser justa", um deles respondeu. "As mulheres também batem nos homens, você sabe." Sim, eu sei. E sei que, em menos de 5% dos casos de abuso físico, as mulheres são as agressoras e, a maioria, em autodefesa. Também sei que, nos casos de abuso não-físico, em que as mulheres podem aborrecer ou menosprezar o marido e dar apenas centavos do seu salário, a sociedade não fecha os olhos nem reforça o seu comportamento. Com certeza, a polícia não.

Abuso do cônjuge é um eufemismo para contornar a verdade de que os homens abusam das mulheres. Até que os policiais possam incluir *abuso da mulher* em seu vocabulário e em sua consciência, eles continuarão a encorajá-lo na própria vida e na dos cidadãos – mesmo daqueles do sexo feminino – aos quais juraram proteger. A mídia poderia mostrar o caminho, mencionando também o abuso pelo que ele é.

Contudo, uma luz fraca está começando a iluminar os sombrios equívocos cometidos pela polícia, cuja origem é a insistência das autoridades públicas e de órgãos governamentais. O Capítulo 15 discutirá em detalhes duas cidades que criaram programas-modelo para lidar com a "violência doméstica" e que estão sendo adaptados por outras cidades e Estados de todo o país. Entretanto, mesmo as que ainda não estão preparadas para criar programas abrangentes como esses, estão suficientemente alarmadas com o aumento da incidência da violência para criar os próprios programas para combatê-lo. Por exemplo, em abril de 1994, o prefeito de Nova York, Rudolph Giuliani nomeou um policial e um detetive em cada distrito policial para acompanhar os casos de abuso e também criou um curso para tornar os policiais mais agressivos com relação à prisão de homens abusivos. A reação de uma mulher, impedida de falar pela polícia após ter pedido a prisão do amante abusivo, foi dizer com amargura: "Nunca imaginei que a polícia precisasse de lições de agressividade".

Quaisquer que sejam as providências tomadas pelas comunidades para fazer a polícia ultrapassar as barreiras dos seus estereótipos, levando-a a compreender e a agir, com certeza, salvarão a vida de algumas milhares de mulheres que, a cada ano, morrem por espancamento na América. Porém, o que essas providências farão, em número muito maior, será fortalecer centenas de milhares de mulheres que fugiram do medo e da humilhação do abuso não-físico. Uma vez que as mulheres votam em quem cuidará dos seus problemas, as providências talvez sejam rápidas. Como escreveu o *The New York Times* em 26 de abril de 1996: "A Câmara e o prefeito parecem estar competindo para demonstrar qual deles é mais sério com relação a enfrentar o problema da violência contra as mulheres". A competição encerra uma promessa.

10

"Voltem para casa e comportem-se."

A RESPOSTA DO TRIBUNAL À VIOLÊNCIA

O mestre da linguagem, H. L. Mencken resumiu a maluquice de uma audiência com a seguinte observação: "O castigo para quem ri numa sala de tribunal são seis meses de prisão; não fosse por isso, o júri nunca conseguiria ouvir as evidências".

As mulheres que se apresentam diante de um juiz buscando proteção contra seus agressores não-físicos poderiam concordar com Mencken de que aquilo que ocorre na justiça geralmente é tão ilógico que chega a ser absurdo. Elas poderiam rir se não estivessem chorando. Como disse Lucy, que passou pelos tribunais durante dez anos: "O sistema judicial é uma piada: totalmente sistema e nenhuma justiça". A história dela não é atípica.

Quando Lucy e Joe se casaram, eles escreveram no bolo de casamento, "Enquanto for possível". Instintivamente, eles sabiam que "para sempre" não era para eles. Joe, que fizera um bom trabalho convencendo Lucy da sua incompetência durante os dois anos em que viveram juntos, considerava o abuso um esporte masculino, assim como o futebol. E Lucy deixou-o jogar.

No entanto, pouco depois do casamento o jogo ficou duro: num ataque de volta à natureza, Joe pediu demissão do emprego, alugou uma fazenda no meio de lugar nenhum, na Virgínia, e ficava sentado, enquanto Lucy alimentava e cuidava de duas vacas, quatro porcos e uma dúzia de galinhas, plantava legumes, fazia conservas e repintava os seis cômodos da casa. Ele proibiu as visitas da sua família e, quando a mãe dela visitou-os após o nascimento da filha Cassie, ele afugentou-a com um machado. Lucy protestou e ele fez uma bagunça na casa e saiu de carro com o bebê.

À medida que o abuso aumentava, Lucy começava a planejar maneiras para fugir, mas, com Joe sempre vigilante e ameaçador, foram necessários dois anos para ela conseguir. Certo dia, enquanto ele tirava uma soneca, Lucy pegou o bebê e foi para a casa dos pais em Nova Jersey. No dia seguinte, ela contratou um advogado para obter o divórcio e conseguiu uma ordem temporária de proteção. Assim começaram os dez anos durante os quais ela transitou no labirinto do sistema judicial num esforço para encontrar o caminho da perseguição para a paz, deparando-se com becos sem saída que bloqueavam o seu caminho. Sentindo-se como um jogador num jogo de tabuleiro, ela repetidamente voltava ao início:

- Como Joe a seguia, ela e Cassie registraram-se sob nome falso num hotel em Trenton. Quando ele as encontrou, elas passaram três semanas indo de um motel para outro, com Joe atrás delas.
- Ela alugou um apartamento e Joe derrubou a porta da frente quando ela recusou-se a falar com ele. De volta à Vara de Família, o juiz disse para ele se comportar.
- Joe telefonava gritando obscenidades, vinte ou trinta vezes por dia e, quando ela tirou o número do seu telefone da lista, ele começou a telefonar para os pais dela, que o levaram à justiça. O juiz disse: chega de telefonemas. Naquele dia ele lhes telefonara 134 vezes.
- Quando Joe trouxe Cassie, agora com quase quatro anos, de volta de uma das visitas de final de semana determinadas pelo juiz, Lucy notou que os genitais da menina estavam avermelhados e inchados e chamou o Serviço de Proteção à Criança. Eles verificaram que havia ocorrido abuso sexual e, assim, Lucy voltou novamente à justiça. Joe disse: "Eles não podem provar que eu fiz alguma coisa. Talvez a sua mãe não esteja cuidando bem dela". E o juiz deu-lhe outra chance.
- Quando Lucy, arrasada com aquilo que ela sabia que estava acontecendo com a filha, recusou-se a deixá-lo visitar a menina, Joe tirou a criança da babá num dia em que elas estavam no parque. O juiz repreendeu Joe e limitou as visitas aos domingos.
- Joe mandava cartões postais obscenos para Lucy, ensinou Cassie a dar beijos de língua e levava-a de volta das visitas com horas de atraso. O juiz ordenou visitas supervisionadas.

- Joe escapou dos supervisores.
- Quando Lucy e Cassie mudaram-se para o subúrbio, ele alugou um quarto na casa ao lado e pendurou enormes cartazes nos postes telefônicos que ficavam no caminho do ônibus escolar, em que estava escrito: "Cassie, eu estou aqui". A criança chorava e não queria ir para a escola. O juiz obrigou-o a retirar os cartazes.
- Quando Cassie jogava *softball* na Pequena Liga, Joe ficava atrás dela, na terceira base, falando: "Cassie desistiu da Pequena Liga".
- Nas apresentações escolares ou nos programas musicais, ele sentava-se na primeira fila, chamando Cassie para ter certeza de que ela o vira. O juiz não ordenou que ele se afastasse – "direitos do pai" – e, conseqüentemente, Cassie tinha dor de estômago nos dias de apresentações escolares e ficava em casa.
- Joe parou de pagar a pensão de trinta dólares semanais ordenada pelo juiz para o sustento da filha mas, mesmo assim, o juiz permitiu as visitas.
- Cassie escondia-se quando o pai chegava para levá-la e depois das visitas tinha pesadelos. O juiz permitiu que as visitas continuassem.
- Joe atormentava Lucy telefonando para o seu emprego e nas visitas de Cassie falava dela com ódio. Ele a espionava pelo lado de fora da casa e, certa vez, esperou na garagem para arrancá-la do carro quando ela entrou (uma má idéia: o cachorro mordeu o seu nariz).

Durante todos esses anos de abuso, ninguém prestou muita atenção aos pedidos de proteção de Lucy – nem Joe, nem a polícia, nem a Vara de Família e, finalmente, nem mesmo a própria Lucy. E, juiz após juiz, nenhum deles prestou atenção à violação do pagamento da pensão para a criança, para a perseguição incessante, até mesmo para a possibilidade de abuso sexual. Somente agora, depois de dez anos, um juiz finalmente proibiu visitas, telefonemas e aparições na escola. Desobedecendo à ordem da justiça, Joe ainda telefona várias vezes ao dia; nem Cassie nem Lucy falam com ele. Ele ainda entra sorrateiramente nas festas escolares; uma vez ele apareceu vestido de mulher, mas o diretor o levou para fora. Ele ainda dá um jeito de não pagar a pensão para a filha, trabalhando sem registro.

Lucy entrou no labirinto do tribunal ingênua e confiante no sistema instituído para proteger os inocentes. Na época, era nisso que acreditava. Contudo, após uma década de bloqueios e de placas indicadoras falsas, ela agora duvidava que chegaria ao seu destino, porque os tribunais são tão abusivos quanto Joe. Sob muitos aspectos, eles refletem o abuso não-físico do qual ela fugiu.

Como a maioria das famílias americanas, as Varas de Família são controladas pelos homens, um fato que os torna predispostos contra as mulheres e, nas palavras de Daniel J. Sonkin (*Domestic violence on trial*), "impede que as mulheres recebam o mesmo tratamento que os homens".

Uma mulher que sofreu abusos não-físicos e que recorreu à justiça não tem mais controle sobre sua vida, assim como aquela que continua num relacionamento abusivo. Embora ela implore pela sua sanidade e por segurança na Vara de Família, o juiz pesa a questão dos direitos – dos direitos do agressor – geralmente chegando a decisões tão sem objetivo, que ela só pode concordar com o sr. Bumble, de Dickens: "a lei é burra". Em uma audiência, quando Lucy pediu que as visitas fossem limitadas a três horas, pelo bem de Cassie, Joe exigiu oito e o juiz determinou cinco... até que, contra todas as regras, ele permitiu que Joe se aproximasse da bancada sozinho. Depois de ter sussurrado algumas palavras ao juiz, Joe conseguiu oito horas de visitas e Lucy ficou sem a possibilidade de um recurso.

O abuso na justiça iguala-se aos quatro tipos de abuso não-violento sofridos pelas mulheres em seus relacionamentos e que foram discutidos nos quatro primeiros capítulos.

Abuso emocional

A Vara de Família rebaixa ainda mais a mulher que o procura já bastante diminuída. Eu ouço juízes – como maridos abusivos – repreenderem as mulheres, rirem-se delas e, em alguns casos, chamá-las de estúpidas. Eu vejo mulheres lutando para conter as lágrimas de humilhação e saírem do fórum cambaleantes, incrédulas, após serem dispensadas laconicamente. Para dar aos juízes o benefício da dúvida, a maioria, suponho, não está consciente da degradação que reforçam nas mulheres à sua frente; eles também são homens e mulheres condicionados pela história e pelos costumes da sociedade. Se o abuso de mulheres é sistemático, o abuso da justiça geralmente é inconsciente.

Mas nem sempre. Num dos casos, uma mulher teve uma audiência, não com um juiz, mas com um advogado agindo na qualidade de juiz para acelerar o calendário da justiça. A mulher, sua advogada e o ex-marido, encontraram-se no gabinete dele, que tinha um banheiro contíguo. Desde o início, ele demonstrou tanta hostilidade contra a mulher e a advogada, que elas acharam que ele deveria estar relembrando algum relacionamento pessoal difícil. Ele sorria contínua e compreensivamente para o agressor como se fosse um código de uma sociedade secreta. Ao mesmo tempo, interrompia a advogada a cada acusação e evidência que ela tentava apresentar. Em determinado momento, ele saiu do gabinete e entrou no banheiro onde, sem fechar a porta e bem à vista das mulheres, abriu o zíper das calças e urinou. A mulher ficou mortificada; a advogada ficou furiosa, mas nenhuma delas ousou falar ou ir embora porque os riscos eram muito grandes. Numa carta, escrita posteriormente para o juiz, a mulher queixou-se que o magistrado a fizera sentir-se como se ela estivesse de volta ao casamento abusivo.

Abuso psicológico

Como Kafka sarcasticamente dramatizou em seu romance *O julgamento*, a Vara de Família distorce tanto a realidade, que aquilo que é certo transforma-se em errado, a verdade em mentira e a lógica em absurdo. Por exemplo, Judy Kissell, que trabalhou durante seis anos no Shelter for Victims of Domestic Violence em Northern Westchester, Nova York, conta o caso de uma mulher que, com o filho, abandonou um casamento abusivo buscando a segurança do abrigo. Embora ela fosse uma mãe carinhosa e cuidadosa, que colocava o filho acima de todas as outras preocupações, o marido pediu a sua custódia. Na audiência, o defensor da lei argumentou que se a mulher aprendesse a viver com o marido de maneira mais tranqüila – o marido que a espancara na frente da criança – ela seria uma mãe melhor para o filho. O juiz, baseando-se nesse raciocínio distorcido, concedeu a custódia ao pai. A mulher ficou sem nenhuma escolha a não ser voltar para o marido abusivo para não perder o filho.

O juiz utilizou um raciocínio diametralmente oposto com outras mães, decretando que tendo ficado com homens que abusavam delas diante dos filhos – fisicamente ou não – elas demonstraram ser mães inadequadas. Essas mulheres permanecem no relacionamento ou perdem os filhos ou, diferente do caso anterior, são forçadas a ir embora antes de estarem emocional ou financeiramente preparadas para mantê-los. Como diz Camille Murphy, diretora do Office for Women em Westchester County, Nova York: "Tais ações não proporcionam necessariamente segurança para as crianças ou para a mãe". O que elas oferecem para a mulher é mais uma evidência de que a justiça faz jogos mentais com ela.

A decisão de um juiz, em qualquer um dos lados do tabuleiro do jogo, não é a única no livro de registro de decisões, nem Lucy foi a única mulher maltratada na justiça. A mídia relata dezenas de casos de crianças sexualmente molestadas que retornam aos seus pais agressores; de esposas espancadas às quais foi negada a proteção e que acabam na prisão para se proteger; e de mulheres amedrontadas cujos pedidos de ajuda só são atendidos quando já é muito tarde, quando elas são encontradas mortas.

A justiça lança a mulher vítima de abuso na insanidade de uma situação sem saída, assim descrita por uma mulher para o *Scarsdale Inquirer*: "Tudo o que eu dizia era perigoso. Se eu afirmasse que estava me desintegrando e continuasse voltando para ele, como poderia cuidar das crianças? Se eu era forte, era descrita como uma esposa zangada, perversa, ciumenta e me perguntavam por que eu deixava aquilo acontecer". O que ela estava tentando dizer, seu sofrimento, era que se usasse a fraqueza como uma explicação para ter voltado para o marido, a justiça a condenaria por ser uma mãe inadequada; se, por outro lado, ela se apresentasse adequadamente forte para criar os filhos, seria rotulada de agressiva e culpada por provocar o abuso em primeiro lugar. A mulher vítima de abuso não pode vencer: a justiça usa cartas marcadas.

Abuso social

Antes de entrar na sala de audiências da Vara de Família, a mulher vítima de abuso fica sentada durante horas, em bancos de madeira, num ambiente com muita gente, algumas vezes com réus do sexo masculino, que precisam ser acalmados ou retirados pela polícia, sempre com crianças e bebês choramingando. Quando, finalmente, o seu caso é chamado e é conduzida por um policial para a sala de audiências, ela fica sozinha. À sua frente, sentado atrás de uma grande mesa, sobre uma plataforma elevada, está o juiz, com sua toga preta, examinando a petição; à esquerda do juiz está o escrivão, olhando para o espaço enquanto seus dedos se movimentam; à sua direita está o funcionário do tribunal ocupado com seus papéis; e, em algum lugar, perto da parede, está um policial de rosto sério, com a arma bem visível. Ninguém olha para ela. Em geral, ninguém lhe diz para sentar-se, portanto, ela continua em pé durante toda a audiência. Em alguns locais permite-se que uma assistente social sente-se atrás da mulher para lhe dar apoio moral – não para falar, só para ficar lá – embora a sua presença dependa da vontade do juiz. Já vi uma assistente social ser barrada numa audiência, simplesmente porque o marido da vítima não a queria lá.

Da mesma forma que o parceiro abusivo transformou a mulher numa não-pessoa, a justiça continua tratando-a assim. Embora diga o seu nome para o estenógrafo do tribunal, ela continua sendo o número de um processo e, nem sempre, o número certo. Mais de uma vez eu vi juízes lerem as acusações na petição à sua frente, só para serem informados pelo funcionário de que eles estão com a pessoa errada. Geralmente, o juiz recita a sua decisão rotineiramente e dispensa a mulher tão depressa, que ela sai como um sonâmbulo, sem ter certeza do que aconteceu. "Eu acho que ele nem me viu", disse uma mulher, olhando para a porta da sala fechada atrás de si.

Vejo essa situação quando estou no local em que trabalho. Em outras Varas de Família, o requerente pode nem ver um juiz, fazendo a solicitação para um funcionário e tendo uma audiência com um magistrado. Os juízes podem assinar as decisões sem terem visto a mulher ou mesmo sem terem lido os documentos por ela preenchidos. Um juiz evitava audiências, automaticamente, dando à mulher que havia solicitado proteção uma ordem de rotina bastante suave, na qual afirmava que o homem abusivo não poderia perseguir, agredir ou ameaçar a mulher. Entretanto, como lhe foi negada a oportunidade de apresentar o caso diante do juiz, ela poderá ficar em perigo, porque ele não considerou a necessidade de uma ordem mais severa, que tiraria o homem de casa afastando-o dos filhos.

Nas audiências para apurar os fatos, o juiz pode nomear um advogado indicado pela justiça para defender a mulher, caso sua renda não ultrapasse quantia específica, geralmente por volta de $ 20.000. Alguns advogados entram em contato com suas clientes pelo telefone, porém, muitos, com uma agenda sobrecarregada, falam com elas pela primeira vez no dia da audiência, quando também estão representando outros clientes. Sem participar da escolha, mesmo que a requerente não confie, ela não pode trocá-lo.

Os defensores da lei e os assistentes sociais do Serviço de Proteção à Criança também podem ser designados para o caso de uma mulher quando há um filho envolvido em custódia ou abuso. Mas, eles também, sobrecarregados com muitos casos, só podem investir poucos cuidados pessoais ou atenção individualizada. Um dia, uma mulher cujas visitas do filho ao pai abusivo dependiam daquilo que os assistentes sociais decidissem, não conseguiu entrar em contato com a assistente social para que ela comparecesse ao tribunal. Outra vez, ouvi uma assistente social dizer a um advogado: "Se o caso dela não for o próximo a ser chamado, eu vou embora", e foi. Ainda que o interesse pelos outros possa tê-los atraído para a profissão, a natureza do seu trabalho depende mais do seu tempo do que do seu coração.

Os advogados dizem-me que os profissionais que menos comparecem para defender seus clientes são os psiquiatras ou psicólogos nomeados pelo tribunal para verificar acusações de abuso. Infelizmente, o seu testemunho poderia decidir um caso a favor da mulher. "Mas eles não vão ficar esperando algumas horas pela audiência", um advogado queixou-se para mim, "e o juiz não aceitará o seu relatório por escrito". Como a testemunha especializada precisa estar presente e, como na maioria dos casos, ela não pode, novamente a mulher vítima de abusos fica sozinha.

Abuso econômico

A maioria das mulheres não tem um centavo enquanto está num relacionamento abusivo, quando procura o sistema judicial e quando vai embora. Se a mulher não tem posses, ela consegue um advogado, que tem pouco tempo para ela; se ela tem aquilo que o juiz considera uma renda adequada (geralmente, não levando em consideração quantas crianças ela precisa sustentar e quão pouca ajuda financeira recebe do pai), ela contrata o próprio advogado. Uma vez que o advogado é pago por hora, ela quer gastar o mínimo possível de tempo com ele, especialmente sentada esperando ser chamada, o que pode aumentar suas despesas.

Se a mulher tiver de pagar um advogado, poderá ficar sem dinheiro rapidamente e, em conseqüência, precisará de um advogado nomeado pelo tribunal. Contudo, como alguns Estados não permitem advogados nomeados pelo tribunal na Vara de Família, a mulher pode ter de apresentar-se *pro se* – representando a si mesma. Isso, de acordo com o juiz Owen S. Allbriton de Clearwater, Flórida, "é uma verdadeira bagunça". Enquanto a lei permitir que um homem faça acusações, apele e solicite uma nova audiência com a freqüência que quiser – como acontece agora – e enquanto ele puder violar ordens que obriguem a mulher a apresentar queixas, o advogado rapidamente acabará com o seu dinheiro. Essa eventualidade é o objetivo de muitos maridos e ex-maridos abusivos. Joe, o marido de Lucy, por exemplo, disse-lhe, e ao seu pai, que a ajudava com as despesas: "Eu providenciarei para que você gaste até o último centavo das suas economias. E, então, o que você vai fazer?" O "o quê" que ele imaginava era Lucy rastejando de volta, pobre e impotente, o perfeito cenário para o abuso.

Quando Jawaharlal Nehru acusou os tribunais de serem "muito impessoais, distantes e pouco conscientes das conseqüências de suas sentenças", a sabedoria dessas palavras foi muito além da Índia. As mulheres americanas que buscam o sistema judicial por causa do isolamento e da degradação dos seus relacionamentos abusivos, com freqüência são manipuladas e derrotadas. Os juízes não são deliberadamente insensíveis, simplesmente "muito pouco conscientes" do impacto da sua decisão. Para eles, o caso está encerrado. Enquanto o juiz examina os papéis do próximo processo, o número do último processo que, na realidade, é uma pessoa, uma mulher, deixa o tribunal rumo ao temível desconhecido.

As leis para ajudar mulheres vítimas de abusos parecem muito melhores nos livros do que em seu cumprimento legal. Todos os Estados de Washington, D.C., têm leis que visam protegê-las, 43 das quais, de acordo com a *State Legislation on Domestic Violence*" de Lerman e Livingston (*Civil Protection Orders* por Peter Finn e Sarah Colson para o National Institute of Justice, março de 1990), permitem que as mulheres obtenham ordens de proteção sem entrar num processo de divórcio ou num processo civil mais abrangente. Trinta e três estados permitem que a polícia efetue prisões em incidentes de abuso, alguns municípios e/ou cidades dentro dos estados têm leis de prisão obrigatória, outras apóiam a polícia com programas a favor da prisão. Embora a maioria dos estados não tenha leis que considerem o abuso de mulheres como um crime separado, onze estados aprovaram tais leis. O governo federal não tem uma legislação que inclua o abuso, embora uma Lei para a Violência Contra Mulheres, aprovada na Câmara, ainda esteja encalhada no Senado.

Os adultos parecem preocupar mais os legisladores do que as crianças: os cinqüenta estados emitem ordens de proteção para o abuso de adultos, embora apenas 33 para o de crianças. Não nos surpreende o fato de os legisladores reagirem mais prontamente ao abuso físico do que ao não-físico: todos os estados emitem ordens de proteção para o abuso físico e apenas 43 deles para a *ameaça* de abuso físico, e a ameaça constitui abuso não-físico. Três estados a menos, apenas quarenta, consideram a tentativa de abuso físico suficientemente perigosa para emitir uma ordem de proteção.

A essência do abuso não-físico, como sabe muito bem a mulher que foi alvo dela, vai muito mais longe e atinge mais profundamente e com garras mais afiadas do que as ameaças. A explosão do "eu vou matar você" gera medo, mas a erosão constante da pessoa, a vergonha da inutilidade e a desorientação são muito piores, dizem as mulheres. "Eu vivia desejando que ele me matasse", disse Danielle. Mas a justiça dá pouco crédito aos tipos de abuso não-físico que tornam a vida de uma mulher um verdadeiro inferno. E, com freqüência, um inferno de morte também, pois todo abuso violento começa com os atos controladores do abuso não-físico que o mundo aceita cegamente.

Em muitos Estados as leis não têm cláusulas para o abuso não-físico, apenas para ameaças de ato físico. O Estado de Nova York, onde moro e trabalho, entre outros, relaciona os seguintes atos sob a jurisdição da Vara de Família ou a Criminal: perturbação da ordem, molestamento, ameaça em terceiro grau, exposição irresponsável ao perigo, agressão em primeiro ou segundo graus ou tentativa de agressão. De acordo com o artigo 8 do estatuto da Vara de Família, "perturbação da ordem inclui a perturbação da ordem em local não público", em outras palavras, em casa, onde acontece a maior parte do abuso.

Enquanto a agressão em ambos os graus e a tentativa de agressão são nitidamente comportamentos fisicamente abusivos e sempre considerados como tal pelos juízes, os outros quatro comportamentos são claramente atos não-fisicamente abusivos e nem sempre considerados como tal. "Depende do juiz e do dia", diz Danielle, na sabedoria da sua experiência. Contudo, se qualquer um, com exceção de um marido abusivo, cometesse esses quatro atos e, qualquer um, com exceção de uma mulher vítima de abuso os relatasse, com certeza, receberia uma multa ou seria preso. Esses são os atos cometidos pelo homem abusivo contra a mulher:

- *Perturbação da ordem*: gritar, pronunciar obscenidades e xingamentos, quebrar janelas, derrubar portas.
- *Molestamento:* segui-la, esconder chaves, esvaziar os pneus do seu carro, não permitir visitas à família ou a amigos, fazer te-

lefonemas repetidos, quebrar as suas coisas favoritas, humilhá-la, fazer exigências irracionais.

- *Ameaça em terceiro grau*: trancá-la num armário, trancá-la fora de casa, agitar uma arma à sua frente, bater em seu animal de estimação, rasgar as suas roupas, fingir que vai esmurrá-la.
- *Exposição irresponsável ao perigo*: levar as crianças no carro sem o cinto de segurança, forçá-la a sair de casa à noite, não deixá-la tomar remédios, forçá-la a beber ou ingerir drogas.

Todos esses são atos do abuso não-físico, dos quais a mulher merece proteção. Ela nunca consegue essa proteção nos Estados que os classificam simplesmente como brigas familiares e, algumas vezes, também não a consegue nos Estados que não os classificam assim. Como diz Danielle, depende do juiz – alguns têm a própria agenda; e depende do dia: talvez o café não lhe tenha caído bem naquela manhã.

A Vara Criminal também pode emitir ordens de proteção, embora os atos abusivos precisem ser mais prejudiciais para que se instaure um inquérito. O abuso físico é o mais comum. Entretanto, a Vara criminal pode processar alguém por abuso não-físico de acordo com três acusações:

- Molestamento em segundo grau: um ato cometido com a intenção de perturbar, molestar, assustar uma pessoa ou uma série de atos que assustam e perturbam seriamente e não tem outro objetivo. Se considerado culpado, o homem pode ser preso por quinze dias e encaminhado para orientação.
- Molestamento em primeiro grau: o ato de perseguir uma pessoa ou fazê-la temer por sua vida. Se culpado, o homem pode pegar noventa dias de prisão e um ano em *sursis*.
- Molestamento agravado: atos de molestamento pelo telefone ou pelo correio. Se culpado, o agressor pode ficar um ano na prisão e três em *sursis*.

Em White Plains, Nova York, a chefe dos promotores, que lida com a violência doméstica, Mary Ann Martriano, diz que raramente os juízes prendem um réu primário e podem ou não prender os reincidentes e aqueles que infringem ordens de proteção. A maioria das mulheres com quem conversei considera os juízes muito tolerantes, o que dá carta branca aos agressores para continuarem o abuso.

Tanto as leis do Tribunal da Família quanto as do Tribunal Criminal resumidas aqui aplicam-se apenas ao Estado de Nova York. Em alguns estados são semelhantes e, em muitos outros diferem. Joan Zorza, do National Center on Women and Family Law, que controla as leis relativas ao abuso na família em todo o país, diz que a maioria dos estados não considera o molestamento como base para a ocorrência de abuso e que a maioria dos estados exige mais evidências prejudiciais de perseguição do que Nova York. Além disso, ela acha que, em prejuízo das ex-esposas e namoradas vítimas de abusos, apesar de o molestamento por telefone ser considerado ilegal na maior parte dos Estados, muitos juízes dão de ombros e o ignoram, dizendo: "Qual é o dano!".

Oliver Wendell Holmes foi mencionado como o autor da frase "os juízes tendem a ser homens ingênuos, simplórios". Como um dos juizes mais ilustres da América, ele ecoou as vozes das muitas mulheres que saem das audiências atordoadas por uma decisão. "Como ele pode fazer isso?", elas com freqüência me perguntam e eu não tenho resposta. Como o Chapeleiro Maluco podia mergulhar o relógio de bolso no chá para dizer as horas? Eu também não tenho resposta para isso.

Os juízes não têm treinamento especial em violência doméstica, mas trazem consigo os mesmos mitos e equívocos de todos nós; o resto eles aprendem no trabalho. Muitos juízes, tendo pouco conhecimento de psicologia, compreendem mal as reações de uma mulher ao abuso. Se ela retira as queixas contra o parceiro, em vez de seguir em frente, o juiz pode condená-la e castigá-la como a uma criança levada, sem entender a culpa e o medo que a paralisam. Se ela continua num relacionamento abusivo por mais tempo do que aquele considerado sensato pelo juiz, ele pode acusá-la de estupidez, jamais reconhecendo a esperança desesperada que a mantém lá. Se ela implora para que o marido seja afastado, o juiz pode ordenar um aconselhamento familiar para solucionar o problema, sem perceber que o problema não é dela, mas do marido que abusa dela e do juiz que não reconhece isso.

Mais do que ingênuos e simplórios, alguns juízes parecem tão condicionados pelo raciocínio histórico e social, que os requerentes do sexo masculino sempre têm uma vantagem sobre os do sexo feminino. A evidência mais predominante disso é a relutância dos juízes em ordenar que os homens saiam das casas que dividem com a mulher que eles maltratam. Em muitas ocasiões, de acordo com minhas observações pessoais e com relatórios do *Scarsdale Inquirer*, em novembro de 1993, se o juiz não concordar com o pedido de afastamento do marido abusivo, a mulher geralmente vai embora, possivelmente com algumas crianças e sem nenhum dos seus pertences, porque ela teme pela sua segurança. Em outras palavras, quando o juiz não a protege com a justiça, ela aceita a injustiça e tenta se proteger.

Harriet é um exemplo. O marido literalmente forçou-a a sair de casa, que estava em seu nome, não no dele, ficando também com o seu dinheiro e outra propriedade, ameaçando matá-la caso ela voltasse. Quando ela foi ao tribunal apresentar o seu caso e pedir que o marido fosse tirado da casa, o juiz negou o seu pedido, explicando que os dois tinham direitos. Embora o juiz tivesse insistido para que ela voltasse para casa com o marido, temendo pela sua vida, ela recusou. Agora, ela não tem casa, mora com amigos que a aconselham a mudar e esquecer todo o incidente. Quando solicitou uma ordem de proteção, o juiz recusou porque não havia um incidente para justificá-la.

Audrey é um outro exemplo. Quando fomos apresentadas, ela disse-me: "Fiquei casada durante quarenta anos, trinta dos quais vivi num inferno". Ela é uma mulher culta e tinha um emprego que lhe rendia quase cinqüenta mil dólares por ano e que o marido depositava na própria conta bancária, dando-lhe vinte dólares por semana para administrar a casa. Ele exibe as namoradas na sua frente, mora parte do tempo com outra mulher e ameaça bater nela se ela ousar deixá-lo. O juiz a quem Audrey solicitou que o marido fosse tirado de casa para que ela pudesse continuar vivendo relativamente tranqüila, recusou-se a fazê-lo dizendo que o marido ainda não batera nela. Com esse *ainda* o seu futuro ficou bem claro: quando ele finalmente derramasse sangue, ela poderia tê-lo fora de casa... a não ser, é claro, que ele a matasse.

Os jornais de Westchester County, Nova York, apresentaram uma série de artigos sobre Anne Scripps Douglas, uma rica herdeira que fora espancada até a morte em sua casa, na véspera de Ano-Novo. O assassino aparentemente era o marido, que fugiu e cometeu suicídio pulando de uma ponte. Dois dias antes, a vítima fora ao tribunal pedir uma ordem de proteção e uma ordem para o marido deixar o local, mas o juiz estava de férias e ninguém aconselhou-a a procurar outro tribunal próximo. No início de dezembro, ela também fora ao tribunal e, apesar de a juíza estar lá, não deu nenhum sinal de ter percebido que a sra. Douglas estava vivendo à beira do perigo: o marido continuou em casa, apesar de anteriormente ter tentado empurrá-la de um carro em movimento. Como o tribunal repetidamente falhou em protegê-la, recusando os pedidos de remoção do marido, ela confiou em seu julgamento e não conseguiu proteger-se. "O juiz não levou o caso a sério e não o examinou cuidadosamente", foi a frase atribuída ao primeiro marido da sra. Douglas.

Com toda a justiça, temos de admitir que os juízes em casos de violência familiar passam por momentos difíceis. Primeiro, os tribunais são desumanamente superlotados. Geralmente, ficar sentado numa sala antes da audiência é inadequado para a quantidade de pessoas que lá se encontra e os calendários dos juízes estão completamente lotados, dando-lhes pouco tempo para rever um caso antes de receberem um requerente.

Segundo, embora muitos requerentes falem pouco ou nenhum inglês, com freqüência, não há nenhum intérprete para ajudar o juiz a entender. Eu, com minhas poucas frases de espanhol, aprendidas na Berlitz, já tentei traduzir as palavras de um requerente hispânico quando o juiz e as outras pessoas no tribunal sabiam ainda menos espanhol do que eu. Terceiro a própria lei atola os juízes. Até recentemente, em muitos estados, a mulher que estivesse preenchendo o relatório de violação de uma ordem de proteção não encontraria o juiz, mas preencheria os papéis com o funcionário do tribunal. Apesar de economizar tempo, esse processo geralmente resultava em problemas, pelos quais o juiz tinha de assumir a responsabilidade.

Além disso, a lei que permite a um requerente preencher uma ordem de proteção também permite ao réu tornar-se um requerente, preenchendo uma outra ordem. Em termos mais simples, quando uma mulher solicita uma ordem de proteção contra o parceiro, o homem pode, legalmente, preencher outra contra ela. Não é raro ver um homem no tribunal no dia seguinte, determinado a "acertar as contas" com a mulher que ousou chamá-lo de agressor. Como resultado, o caso fica confuso e o tempo dos juízes mais sobrecarregado.

Uma vez que os juízes ocupam uma posição de poder tão importante, esperamos deles a sabedoria de Salomão e a justiça de Deus. Não obtemos nenhuma delas, porque eles são humanos e, como o restante de nós, cometem erros. Os nossos erros custam dinheiro, amizades e empregos. Os deles, com muita freqüência, custam vidas.

II

"O casamento é isso."

A OPINIÃO DAS MULHERES SOBRE O ABUSO

Quando comecei a trabalhar como assistente na Vara de Família, eu me comovia mais com o desespero das mulheres vítimas de abuso do que com qualquer outro grupo que trabalhava anteriormente, incluindo prisioneiros, pais e professores de crianças em risco e as próprias crianças. A dor e o medo das mulheres eram tão palpáveis quando elas iam ao tribunal solicitar ordens de proteção contra os seus homens – maridos, ex-maridos, amantes, namorados abandonados e talvez substituídos – que eu achava que somente com o aconselhamento e o apoio do nosso programa elas poderiam ir até o fim do processo e conseguir aquilo que esperávamos que fosse a segurança.

Como o programa de assistência do tribunal estava com falta de pessoal, insisti com uma amiga para que ela considerasse a idéia de realizar um trabalho semelhante. Ela ouviu com simpatia enquanto eu lhe relatava o medo e a dor das mulheres que encontrava todos os dias, até eu dizer: "O pior é que, como muitas delas jamais foram machucadas fisicamente, ninguém se importa". Ela ficou horrorizada, não com o fato de ninguém se importar, mas com o fato de considerarmos uma mulher, cujo marido não a machucara nem lhe tirara sangue, uma vítima de abuso. O fato de os homens usarem sistematicamente as armas do abuso não-físico para mantê-las prisioneiras dentro das paredes do medo, da degradação e da privação não a comoveu de maneira alguma.

"Pelo amor de Deus", ela exclamou, "nenhum marido é perfeito. Por que todo esse estardalhaço?" Rapidamente, mudei de assunto, sugerindo que ela procurasse outra linha de trabalho. Felizmente, foi o que ela fez.

Apesar de algumas mulheres, presas em relacionamentos abusivos, terem lutado como Lorena Bobbitt, outras fogem, como as que estão nas casas-abrigo, e as que tentam proteger-se por meio dos tribunais e outras, ainda, como discutimos no Capítulo 8, terem se adaptado conscientemente, dando de ombros, como fez minha amiga, acreditando que "é isso que o casamento é". Elas não ficam indignadas com o fato de precisar amar, honrar e obedecer a um homem que exige controle sobre sua mente, seu corpo e sua alma, reduzindo-as à condição de empregadas ou escravas... não sentem vergonha de submeter a sua vontade para poderem sobreviver... não sentem mágoa por serem usadas em vez de amadas. Os homens são assim, dizem para si mesmas; elas sabiam no que estavam se metendo. Como o mundo gravou a sua lição de maneira indelével na tábua das suas expectativas, elas fazem aquilo que até mesmo as esposas reais fizeram por anos – caminham de boa vontade atrás do seu rei.

As mulheres do lado de fora do abuso consideram-no de maneira diferente. Algumas tornam-se inimigas dos homens, de todos os homens, incapazes de distinguir uns dos outros. Um exemplo é uma mulher que conheci há quinze anos e que estivera durante dez anos naquilo que ela chamava de um casamento passável: nem abusivo, nem particularmente feliz. Entretanto, os casos de espancamentos, estupros e assassinatos apresentados pela mídia, juntamente com os discursos inflamados das amigas sobre os seus maridos abusivos começaram a fazê-la pensar, como ela disse, que "os homens nascem brutos". Assim, com o filho de oito anos, ela abandonou o marido e assumiu um novo parceiro, uma mulher.

Isso aconteceu há quinze anos. Nos anos seguintes, tornou-se comum as mulheres, casadas e solteiras, rejeitarem relacionamentos com homens para encontrar companheirismo e amor em outras mulheres. "Há mais troca quando duas mulheres vivem juntas", explicou uma assistente social. "Em vez de competir pelo controle, elas tendem mais a satisfazer as necessidades mútuas em bases iguais."

Outras mulheres, do lado de fora do abuso, como Sabine Reichel escreveu no *Los Angeles Times*, reagem ao fenômeno do abuso com uma diferença de 180 graus. Elas também são hostis, mas não contra os homens; elas desabafam a raiva nas mulheres, em razão do que Reichel chama de "os contos de fadas das vítimas femininas". As mulheres não têm motivo para se queixar, ela vocifera, porque são responsáveis por terem se casado com quem casaram. Elas podem "escolher quem quiserem, ser aquilo que quiserem, fazer o que desejarem, quando e como desejarem". Se acabam com um parceiro abusivo, ela continua, "é porque é isso que elas escolheram; é culpa delas". Com tal vitupério, Reichel maltrata as mulheres tão violentamente quanto os homens com quem elas vivem.

Ela não está sozinha. Multidões de mulheres, em todo o país, em vez de lutar como exércitos para dar apoio às suas irmãs menos afortunadas, juntam-se às forças masculinas para atacá-las. E com tal desinformação ilógica!

As mulheres podem realmente "escolher quem elas quiserem"? Primeiro, a escolha de uma mulher está limitada pelas fronteiras do seu mundo, o qual pode estar cheio de papéis sexuais estereotipados. Por acaso, ela nasce lá, participa daquela comunidade, escolhe um parceiro. Segundo, ela está limitada pelas suas expectativas, baseada nos modelos disponíveis – o casamento dos pais, os valores dos seus pares, os heróis do cinema e da televisão que ela admira. Ela não escolhe o homem que deseja; ela escolhe o homem que o destino lhe arrumou.

As mulheres podem realmente "ser aquilo que quiserem"? É difícil acreditar que qualquer um possa fazer tal afirmação hoje, com milhões de americanas vivendo na pobreza, muitas à beira dela, centenas de milhares sem casa, um número incontável em tal desespero, que abandonam a escola, vivem num estupor de drogas e, com freqüência, morrem nelas. Sem educação, sem oportunidades, sem esperança, essas não são mulheres que podem ser aquilo que quiserem; o seu objetivo é apenas ser.

As mulheres podem realmente "fazer aquilo que desejarem, quando e onde desejarem"? Mesmo para a mais afortunada das mulheres é impossível ignorar as exigências da sociedade e agir como um indivíduo em separado. Elas têm filhos a considerar, pais que podem tornar-se sua responsabilidade; deveres para com as comunidades que as adotaram. As mulheres menos afortunadas são relegadas a fazer aquilo que *não* querem, quando e como *não* querem, porque não foram as suas exigências, que há muito tempo deixaram de fazer, que a sociedade ignorou, mas as suas necessidades. Na verdade, poucas mulheres que não sofrem abusos fazem aquilo que realmente desejam; todas as mulheres vítimas de abuso fazem aquilo que precisam.

O abuso é realmente "aquilo que elas escolheram"? O homem com quem uma mulher se casou nem sempre é aquele com quem ela vive nos anos seguintes. Os psicólogos dizem que, apesar de um homem – mesmo aquele com problemas emocionais – parecer maduro antes de se casar, em muitos casos, após o casamento, ele volta a ser o menininho carente que era. Só que agora é a sua esposa, não a sua mãe, quem deve atender às suas exigências. Essas exigências podem transformar-se em abuso. Mesmo nos casamentos não-abusivos, os jovens noivos de vinte e poucos anos podem amadurecer e se desenvolver por caminhos tão diferentes, a ponto de se tornarem irreconhecíveis aos trinta ou quarenta anos ou mais – não somente para os outros como também para si mesmos.

Quando Sabine Reichel escreve que o abuso "é culpa delas", ela está desfraldando a bandeira gasta pelo tempo, que os homens agitaram no rosto de mulheres vítimas de abuso durante anos – culpa da vítima. Só que agora quem está agitando essa bandeira é uma mulher, unindo-se às legiões masculinas, sendo um dos rapazes, o que tem suas nítidas vantagens, como descobrem muitas outras que agitam a mesma bandeira. Como parte do círculo interno, ela assume os sentimentos masculinos de superioridade e, arrogantemente, junta-se aos homens desprezando e zombando das mulheres que "proclamam o abuso".

Elas são livres para ir embora, esbraveja: "Essas esposas são as mulheres mentalmente preguiçosas, desinteressadas, presas numa armadilha, aborrecidas e zangadas, não porque sejam vítimas, mas porque preferem ter um homem por perto do que viver à própria custa". Quão pouco ela compreende a psicologia humana! Quão pouco ela reconhece os defeitos da sociedade! E que danos ela provoca com acusações contra mulheres presas em situações diferentes da sua. Qual *é* a sua situação?, ficamos imaginando. Casada? Solteira? Divorciada? Seja qual for, a sua voz grita com presunção: "Eu fiz a escolha certa. Fui suficientemente esperta para casar-me com o homem certo... ou suficientemente forte para deixar o homem errado... ou suficientemente cuidadosa para não me casar".

Diante dos fatos, essa é uma atitude agressiva. A verdade é que a maioria das mulheres que permanece em relacionamentos abusivos o faz por motivos válidos, tomando essas decisões conscientemente, como discutimos no Capítulo 8. Então, a questão não é saber por que as mulheres vítimas de abuso permanecem com seus parceiros, mas, sim, por que outras mulheres juntam-se aos homens para atacá-las.

Um dos motivos é a ignorância total: elas simplesmente não sabem o que está por trás da decisão da mulher que permanece num relacionamento abusivo. Elas não têm fatos nem procuraram obter algum, mas, ao contrário, continuam repetindo a frase sem sentido: "Ela poderia ir embora se quisesse". Sem saber, e pouco inclinadas a descobrir, interpretam os motivos que levam a mulher a aceitar a continuação do abuso, baseadas naquilo que elas próprias fariam caso estivessem em situação semelhante, motivos apresentados por Sabine Reichel com auto-satisfação desinformada.

É sempre arriscado e quase sempre errado projetar o nosso raciocínio na decisão de outra pessoa, pois isso pode provocar muitos dos principais conflitos interpessoais que complicam a nossa vida diária. Por exemplo, os pais que acusam uma criança de ser preguiçosa porque ela não faz a lição de casa podem compreender a própria preguiça quando evitam alguma tarefa, mas não o medo do fracasso que paralisa o seu filho. Igualmente, a mulher que se queixa que o marido não a ama porque ele não é afetuoso atribui o significado que ela dá à falta de afeto a um homem que, talvez, seja simplesmente retraído.

As mulheres que nunca estiveram numa situação abusiva não têm meios de saber como ela é ou como elas reagiriam, nem de sentir o medo, o desespero e a esperança dessas mulheres. Elas não podem saber se não lhes disserem. Elas não têm como julgar. Um dia, um grupo de mulheres que conheço estava discutindo o caso de Hedda Nussbaum, depois de ver o seu rosto machucado estampado no jornal. Os seus comentários soaram como os de Sabine Reichel: "Como ela pode?... Por que ela não pegou o filho e foi embora?... Ela deve estar muito perturbada para ficar".

Uma das mulheres, para ilustrar o seu ponto de vista, fez uma analogia. "Se eu estivesse numa sala com um leão furioso, sairia de lá o mais rápido possível. Vocês não?", ela perguntou. Todas concordaram. Eu também. Entretanto, salientei, a mulher vítima de abuso não está escolhendo entre deixar um leão despedaçá-la e fugir para um lugar seguro. Não há nenhuma escolha, apenas a sobrevivência instintiva. Uma mulher espancada precisa lidar com sentimentos ambivalentes, com as necessidades dos filhos, com o medo de represálias do marido e com as alternativas que a esperam lá fora, expliquei detalhadamente.

Enquanto eu falava, elas só me ouviam e, quando terminei, ficaram em silêncio. "Eu nunca pensei nisso", disse-me uma delas após algum tempo. Acreditei nela e nas outras, que concordaram, porque há pouca coisa escrita sobre o assunto para esclarecê-las e porque elas não são mulheres de má vontade. Eu também acredito que não culparão as vítimas novamente.

Um segundo motivo pelo qual uma mulher pode ofender verbalmente as mulheres vítimas de abuso é o seu esforço para fugir da discriminação. Indignada com as diferenças sociais entre homens e mulheres, uma mulher pode vislumbrar uma forma de se libertar delas, identificando-se com a estrutura de poder masculina, um padrão de comportamento que a dra. Joanna Landau, diretora de treinamento e pesquisa do Four Winds Hospital em Cross River, Nova York, chama de Síndrome da Abelha-Rainha. A indústria da moda adaptou-se a essa tendência e reforçou-a com a popularização de modelos intermediários como terninhos, *smokings*, chapéus de feltro, camisas e gravatas. Embora os *designers* falem de moda unissex, esses modelos, na verdade, são roupas masculinas adaptadas aos tamanhos femininos, pois os homens não estão dispostos a usar modelos femininos tradicionais.

Ao assumir atitudes e modelos masculinos, as mulheres podem se identificar ainda mais com a instituição masculina, adquirindo assim um pouco do seu poder e prestígio como se fossem delas. Tendo experimentado a discriminação no mundo controlado pelos homens – abertamente, em oportunidades de trabalho ou, mais sutilmente, por meio de insinuações sexuais –, a mulher encontra uma forma de se libertar difamando outras mulheres, especialmente aquelas que são vítimas de abusos, que podem ser mais facilmente utilizadas como bodes expiatórios. Como Alice Miller afirma em *O drama da criança bem dotada*,* "O desprezo é a arma dos fracos e uma defesa contra os nossos próprios sentimentos desprezados e indesejáveis", e é com esse desprezo que uma mulher pode eliminar o caminho para a igualdade: se você não consegue vencê-los, junte-se a eles. Contudo, o que ela não admitirá é que uma mulher realmente se junta a eles, mas apenas contorna as bordas do círculo interno. Apesar de poder vencer a curto prazo, apresentando as mesmas opiniões patriarcais dos homens sobre as mulheres, trabalhando em seus empregos e até mesmo vestindo os seus ternos e gravatas, ela nunca consegue entrar em sua rede, que continua restrita aos "rapazes".

Um terceiro motivo pelo qual uma mulher ataca as suas irmãs vítimas de abusos pode ser a dissociação de si mesma das caraterísticas atribuídas às mulheres. Uma vez que o mundo masculino considera

---

* Publicado no Brasil pela Summus Editorial, em 1997.

fracas as mulheres em geral, e as que sofrem abuso em particular, ela provará que é forte; como ele as considera submissas, ela provará que é assertiva. Não é raro os membros de um grupo minoritário buscarem a aceitação da maioria dessa maneira, recriminando sua própria gente por características com as quais não desejam estar associados: os judeus que se tornam anti-semitas, o congressista que condena o Congresso. Ao se alinharem com as forças que atacam as mulheres vítimas de abuso, as outras mulheres seguem um padrão semelhante, lutando para livrar-se dos estereótipos femininos que as afastam dos estereótipos masculinos, que as libertarão.

De acordo com os psiquiatras, essas mulheres estão usando os mecanismos de defesa da projeção. Uma vez que é doloroso receber um papel inferior na sociedade, elas descarregam a sua impotência nas mulheres vítimas de abuso, evitando a própria impotência. Quase todos nós já utilizamos a projeção alguma vez – ou muitas vezes – para eliminar sentimentos perturbadores: condenamos os outros por cometerem os mesmos erros que cometemos e odiamos os outros por características que detestamos em nós mesmos.

Um quarto motivo, que leva as mulheres a depreciar aquelas que sofrem abuso pode ser a necessidade de encontrar um bode expiatório. As desigualdades e injustiças enfrentadas pela mulher, no decorrer da sua vida dominada pelos homens, pode facilmente provocar rancor. Algumas mulheres reconhecem a injustiça, recusam-se a lutar contra ela e continuam sua vida. As feministas veementes atacam os homens abertamente com invectivas que incitam os xingamentos e a revolta feminina. Outras, porém, embora tão zangadas e ressentidas quanto as feministas, reprimem os sentimentos para evitar a confrontação.

Embora calmas e satisfeitas externamente, essas mulheres alimentam um vulcão interior. A menos que queiram que o vulcão entre em erupção publicamente, elas precisam encontrar uma válvula de escape para a sua raiva acumulada, e que válvula mais segura do que o vulnerável grupo das mulheres vítimas de abuso? Nelas, elas despejam o ressentimento que sentem contra os homens, não somente sem a recriminação do mundo masculino, mas, na verdade, com o seu reforço.

Embora a raiva e o desprezo de mulheres como Sabine Reichel tenham a sua origem naquilo que elas percebem como a fraqueza da mulher vítima de abuso, as acusações de outras mulheres surgem da tentativa de serem fortes. De acordo com elas, a mulher vítima de abuso deveria ser menos como o jaguar predatório e mais como a gazela submissa. "Se ela apenas fizesse as coisas como ele quer, ela teria uma vida decente", sussurrou-me a mãe de uma jovem de dezoito anos, certo dia no tribunal. Anteriormente, a filha me contara em detalhes os horrores do abuso não-físico crescente durante os dezoito meses de casamento e, agora, ela se recusava a tolerá-lo por mais tempo. A mãe não entendia; não podia, porque há muito tempo aprendera a fazer as coisas como o marido queria – conseqüentemente, tinha aquilo que considerava como uma "vida decente". A garota não concordava.

Muitas mulheres como ela aceitam a submissão não com resignação amarga, mas como o preço a ser pago pelos privilégios que ela traz. A mulher que conta com a sua impotência feminina não precisa tomar decisões, ganhar dinheiro ou resolver problemas; tudo o que ela precisa fazer é concordar. Embora isso possa criar o tipo de casamento que determinadas mulheres e seus maridos desejam, é algo que não funciona com um parceiro violento, porque a mulher nunca consegue concordar o suficiente. Ela nunca consegue "fazer as coisas à sua maneira" porque ele muda a sua maneira para apertar o laço do controle. Consciente de que o casamento atingira um estado de paz por causa da sua submissão, a mãe da jovem não percebia que o casamento abusivo da filha nunca alcançaria um estado semelhante. É isso, também, o que não percebem todas as mulheres que colocam a culpa do abuso não no homem, por abusar, mas na mulher, por resistir.

As mulheres que nunca foram vítimas de abuso parecem dividir-se em dois grupos: aquelas que esbravejam contra os agressores e aquelas que esbravejam contra a vítima. O primeiro grupo escreve livros, artigos e programas de televisão para educar o público; tornam-se assistentes sociais que aconselham vítimas; pressionam os legisladores para decretar leis de proteção; escrevem cartas aos jornais e carregam cartazes protestando contra juízes indulgentes com agressores; e gritam: "Eu avisei", quando o marido mata a mulher.

O segundo grupo mostra sua raiva das mulheres vítimas de abuso em círculos menos visíveis: nenhum livro ou programa de televisão, apesar de um ou dois cartazes apoiando O. J. Simpson, Mike Tyson ou Daryl Strawberry; um sussurro politicamente incorreto de "Ela pediu isso" ou "Ela mereceu isso"; a presunção de achar que isso nunca teria acontecido com elas. Então, quando *realmente* acontece com elas, com a sua irmã ou com a sua melhor amiga, o que elas podem dizer? Essa disparidade, naturalmente, é exatamente aquilo com o que convive a mulher vítima de abuso e esse anátema é exatamente o que um amplo segmento de mulheres não pode admitir na própria vida.

Dorothy Dinnerstein diz, em *The mermaid and the minotaur*, que as mulheres temem o poder feminino tanto quanto os homens, o qual se origina do seu poder para criar a vida e moldá-la na infância. "O fato psicológico crucial é que todos nós, homens e mulheres, tememos a determinação da mulher... A determinação feminina está enraizada no poder feminino, que, nas atuais condições, é o protótipo mais antigo e profundo do poder absoluto." Os homens, ela explica, subjugam as mulheres pelo medo de retornar ao estado de impotência no qual começaram a vida, sob o domínio absoluto das suas mães. As mulheres aceitam a submissão por medo de retornar a esse poder divino, sem freios, que elas, no papel das suas mães, teriam de controlar.

"A maioria dos homens", escreve Dinnerstein – "até mesmo a maioria daqueles que, a princípio, acreditam que esse direito é infundado – agarra-se fortemente ao seu direito de controlar o mundo. E a maioria das mulheres – incluindo muitas que sentem vergonha desse sentimento –, no fundo, sente uma certa disposição para deixá-los continuar controlando o mundo. As pessoas rejeitam, descarada ou timidamente, sinceramente ou com racionalizações tendenciosas qualquer providência concreta para acabar com o monopólio do poder masculino formal, óbvio."

Se Dinnerstein estiver certa – e como escreveu o livro definitivo sobre relacionamentos entre homens e mulheres, concluímos que está – ela soluciona o quebra-cabeças do abuso: porque os homens cometem abusos e, mais enigmaticamente, porque as mulheres permitem.

PARTE IV

Você pode fazê-lo parar?

12

"Tentarei, mas não é fácil."

A DOR DA MULHER AO RECONHECER O ABUSO

O poeta Goethe escreveu: "Ninguém é escravizado de maneira mais completa do que aqueles que, falsamente, acreditam ser livres". Apesar de estar se referindo ao dr. Faustus em sua escravidão ao demônio, suas palavras aplicam-se igualmente às muitas mulheres escravas dos seus parceiros abusivos. Enquanto Faustus vive de forma plena e feliz, esquecido do preço da barganha que será cobrado quando ele morrer, as mulheres vítimas de abuso vivem confinadas, racionalizando a dor todos os dias de sua vida.

As salas de emergência dos hospitais estão habituadas a atender mulheres que afirmam ter-se machucado acidentalmente e não em decorrência do espancamento: os cortes sangrando foram provocados por vidro quebrado, as equimoses no corpo provocadas por quedas em escadas, o nariz quebrado por causa de choques contra portas. Eu costumava ver uma mulher no meu bairro, a qual regularmente aparecia com um olho roxo, que atribuía a chutes do filho de dois anos de idade enquanto ela trocava as suas roupas. Ela repetiu essa história até o marido ser preso pelo assassinato de uma jovem durante uma negociação relacionada ao tráfico de drogas, quando, então, admitiu para a polícia que sofrera anos de abusos.

Se é preciso uma catástrofe para que uma mulher com olhos roxos ou cortes e equimoses enfrente o fato do abuso, imaginem a dificuldade das mulheres com feridas invisíveis para admitir o abuso, até mesmo para si mesmas. Não há ninguém para confirmar o abuso não-físico ao qual elas são submetidas na forma de palavras, manipulação e ações dissimuladas, e ninguém para lhe dizer, "Oh! coitada! Por que você agüenta isso?".

A mulher vítima do abuso não-físico, em geral, não coloca um rótulo naquilo que o homem lhe faz. Ela sabe o quanto ele a faz sentir-se estúpida, impotente e desesperançada, mas ao invés de reconhecer os maus-tratos como abuso, questiona a si mesma, não a ele. Como diz a dra. Joanna Landau, "Se o homem não bebe, não bate nela, não sai com outras mulheres e sustenta a casa, ela imagina que ele deva ser um bom negócio". Assim, a mulher chega a uma dessas duas conclusões.

Por um lado, pode convencer-se de que as suas expectativas não são razoáveis, achando que ele deveria tratá-la com mais respeito, dar-lhe direitos iguais, compartilhar o dinheiro ou deixá-la conviver mais com os amigos e a família. Ela chega à conclusão de que está querendo demais, que não entende o casamento. Acha que vai aprender. Por outro lado, pode simplesmente recusar-se a ver o que o marido faz com ela. A maioria de nós está acostumada a utilizar a negação em situações dolorosas – para não aceitar um prognóstico negativo quando uma pessoa amada fica gravemente doente, para não acreditar que um filho está tomando drogas, para pôr de lado o medo quando uma tarefa não pode ser evitada. Assim, a mulher acha mais fácil negar o abuso do que reconhecê-lo e lidar com ele.

Fugindo da verdade

Diversos fatores são cúmplices na recusa da mulher para enfrentar o abuso.

O papel da mulher como pacificadora

Em primeiro lugar, o instinto básico da mulher é fazer a coisa certa. Por trás do estereótipo da submissão que tem sido atribuído às mulheres, encontra-se a natureza do seu papel como aquela que cuida. Como ela só pode oferecer o melhor cuidado num ambiente tranqüilo, há muito tempo se afastou dos conflitos. Até a leoa que caçou para proporcionar uma refeição à sua família não desafia o macho quando ele avança para agarrar os primeiros pedaços, mantendo-se afastada e esperando até que esteja satisfeito. Os homens são lutadores; as mulheres, pacificadoras. Com freqüência, ouvimos as pessoas dizerem, "Se as mulheres governassem o mundo, não haveria mais guerras". Talvez seja verdade que as mulheres não mandariam os seus filhos e maridos para a morte, como fizeram Churchill e Roosevelt e talvez seja verdade que elas, como Neville Chamberlain, depreciativamente chamada de "a velha senhora", concordariam em manter a paz.

Assim, em razão de sua natureza pacífica, a mulher vítima de abuso gasta muita energia para cumprir o seu papel. Ela pode fazê-lo esforçando-se para evitar confrontos, aceitando as exigências do marido ou com racionalizações inconscientes, desviando o problema dele para si mesma ou pelo mecanismo da negação, inconscientemente olhando para o outro lado. Para uma mulher isso pode dar certo durante dezoito meses; para outra, quinze anos; para Irene deu certo durante 42 anos; e para uma amiga minha ainda está dando certo depois de 51 anos.

A opinião das outras pessoas

Um segundo fator na dificuldade para enfrentar o abuso é a opinião das outras pessoas.

Como o parceiro abusivo é mestre na arte da manipulação e da trapaça, é bem capaz de convencer o mundo exterior de que ele é aquilo que um juiz, suficientemente sábio para enxergar seus atos, num caso de divórcio, de forma sarcástica chamou de o "sr. Perfeito". Apesar de bater na esposa em casa, ele elogia as outras mulheres e usa todo o seu charme, podendo ofuscar os outros homens com a sua inteligência e consideração. O sr. Perfeito cria uma *persona* que engana a todos.

Portanto, outros homens e mulheres, em vez de validar os sentimentos da mulher vítima de abuso, ajudam-na a negá-los. Ao ouvir repetidamente o homem maravilhoso que é o seu marido e como é divertido e atencioso, ela começa a duvidar de si mesma, imaginando se não está inventando suas mágoas e seus temores. Finalmente, apaga a imagem que havia pintado do marido como um agressor, substituindo-a por aquela que todos lhe dizem existir. Afinal, ele deve ser um ótimo marido, é a sua conclusão.

Uma mulher ainda não atingira esse ponto quando, desesperada, disse à amiga: "Sabe, vocês são todos loucos. Andy é um completo filho da mãe. Ele pode não me bater, mas controla todos os meus movimentos e me trata como sua escrava, como sua escrava estúpida, ainda por cima". A amiga estava atordoada quando ela concluiu: "Eu sou infeliz e não sei o que fazer".

"Você quer saber o que fazer?", respondeu-lhe a amiga, tentando esconder a impaciência. "Esqueça. Ele é um bom sujeito e você tem sorte de estar com ele. Vá para casa e deixe de ser louca." A mulher realmente foi para casa e, durante três anos, convenceu-se de que ela não era louca... até ficar.

Irene viveu o mesmo tipo de situação com Sam. As secretárias dele, ela diz, desmanchavam-se em elogios nas festas do escritório, porque ele nunca mandava, mas lhes pedia para fazer as coisas; os executivos do escalão inferior que eram seus subordinados e os outros colegas tratavam-no como um pai; e, mais de uma vez, disseram-lhe que Sam era o homem mais inteligente da empresa e o mais honesto, porque ele não trapaceava nos relatórios de despesas. Como uma pessoa tão exemplar poderia estar me maltratando?, Irene imaginava. Sam é um grande sujeito. Todos afirmam isso. Em meio a esse *feedback* positivo, Irene chegou à conclusão de que ela estava imaginando o comportamento opressivo de Sam, que ela não poderia estar certa porque, na ocasião, não sabia aquilo que descobriu depois: que é possível um homem como Sam, gentil e atencioso no mundo dos negócios, ter problemas e necessidades que o tornam um controlador tirânico no mundo familiar. Robert Louis Stevenson não criou dr. Jekyll e mr. Hyde a partir do nada.

Agora, quando Irene e eu discutimos a respeito de Sam e do seu casamento, depois de tê-lo revivido para mim durante semanas, enquanto eu escutava e gravava as suas palavras, ela com freqüência chora. "Acho que nunca deixarei de sentir tristeza por ter aprendido essa lição tarde demais para ajudá-lo, e a mim mesma, e a nós dois", ela suspira.

A necessidade da negação

Um terceiro fator que contribui para a dificuldade de enfrentar o abuso é provavelmente o mais comum de todos: a mulher não quer enfrentá-lo. Uma pessoa que decide negar a realidade pode encontrar diversas maneiras para fazê-lo, a maioria das quais nós vemos e usamos todos os dias. Por exemplo, mesmo com evidências conclusivas de que fumar provoca doenças, os fumantes negam as estatísticas e continuam acendendo cigarros; apesar do fato de nenhum mortal escapar das rugas e dos cabelos brancos da velhice, homens e mulheres gastam milhões em cosméticos, cirurgias plásticas e tinturas de cabelo para se convencer do contrário; apesar das advertências de que a poluição será a ruína do nosso mundo, dizemos, "Isso não se refere a mim" e continuamos descarregando resíduos tóxicos.

Todas as mulheres desejam um bom casamento. Aquelas que o têm sentem-se seguras para brigar por questões insignificantes, porque o relacionamento básico é suficientemente sólido para resistir a elas. Contudo, a mulher cujo casamento é abusivo pode considerar muito arriscado sofrer as dores e os problemas de um confronto, sentindo que o relacionamento explodiria como uma bomba num carro, deixando-a sem nada, a não ser ferimentos para tratar. Essas mulheres querem um bom casamento e, mudando a sua percepção da realidade, podem colocar-se no casamento que desejam. Muitas vezes, a mente humana é uma varinha de condão.

Uma mulher, passando pelo segundo divórcio depois de ter ficado sete anos casada com um homem não-fisicamente abusivo atribuía a sua recusa em reconhecer o abuso, à esperança de evitar a devastação que ela sentira após o primeiro divórcio. "Uma vez foi um fracasso, mas, dois divórcios! Então, eu realmente seria uma fracassada", ela exclamava, e sofreu mais cinco anos de abusos.

Mesmo um casamento fracassado apresenta questões que abalam a autoconfiança de uma mulher a respeito do seu julgamento e das suas qualidades como mulher e, especialmente durante o abuso, ela culpa a si mesma e não ao parceiro. Conseqüentemente, para manter a autoconfiança e livrar-se da culpa, olha para o seu casamento por meio de lentes, que não apenas são cor-de-rosa, como também encontram-se tão embaçadas a ponto de turvar completamente o seu contorno.

A maneira mais segura para clarear a sua visão é fornecer-lhe informações que abram caminho pelo nevoeiro do seu pensamento mágico e iluminem o seu relacionamento com o brilho da realidade. Embora os livros, os filmes e as manchetes dos jornais estejam tornando cada vez mais difícil ignorar o abuso físico, com os seus ferimentos fotogênicos, o abuso não-físico tende a continuar tão invisível quanto os ferimentos que inflige. Mesmo as mulheres presas em relacionamentos abusivos durante anos – dez, trinta ou cinqüenta – não conseguem identificá-los como abusivos.

Na introdução deste livro reproduzi uma lista de dezenove comportamentos empregados por homens abusivos, compilada pela Battered Women's Task Force da The New York State Coalition Against Domestic Violence. Acredito que valha a pena apresentar a lista novamente para que as mulheres e os homens vejam quais ações, especificamente, são abusivas e saber que elas são crimes, não apenas contra mulheres, mas também contra a lei, justificando uma ordem de proteção do tribunal. Novamente, observe que apenas uma delas é física. Outro dia, vi uma juíza inclinada na sua mesa no tribunal, olhando nos olhos de um homem que ameaçara e molestara a esposa até fazê-la sentir medo de entrar em casa e perguntar: "Você está consciente de que posso mandá-lo para a prisão se você fizer isso outra vez?". "Sim, Excelência", respondeu-lhe o homem um tanto envergonhado. "Não esqueça disso", advertiu a juíza.

Apesar de me sentir animada com a seriedade com que essa juíza e outros juízes que conheci consideram alguns casos de abuso, não me sinto nada animada com a sua falta de cumprimento: desde que eu trabalho na Vara de Família, nunca vi um juiz mandar um homem para a prisão por ter abusado não-fisicamente de uma mulher.

O comportamento dos homens pode ser considerado não-fisicamente abusivo quando eles praticam uma ou mais das seguintes ações:

1. Bate, esmurra, esbofeteia, empurra, ou morde você.

2. Ameaça feri-la ou aos seus filhos.

3. Ameaça ferir amigos ou membros da família.

4. Tem súbitos acessos de raiva ou fúria.

5. Comporta-se de maneira superprotetora.

6. Fica com ciúme sem motivo.

7. Não a deixa ver a sua família ou os seus amigos.

8. Não a deixa ir aonde você quer, quando quer, sem represálias.

9. Não a deixa trabalhar ou estudar.

10. Destrói sua propriedade pessoal ou objetos de valor sentimental.

11. Não a deixa ter acesso aos bens da família, como contas bancárias, cartões de crédito ou o carro.

12. Controla todas as finanças e obriga-a a prestar contas daquilo que você gasta.

13. Obriga-a a fazer sexo contra a sua vontade.

14. Força-a a participar de atos sexuais que você não aprecia.

15. Insulta-a ou chama-a por nomes pejorativos.

16. Usa a intimidação ou a manipulação para controlá-la ou a seus filhos.

17. Humilha-a diante dos filhos.

18. Transforma incidentes insignificantes em grandes discussões.

19. Abusa ou ameaça abusar de animais de estimação.

Existe mais uma característica do comportamento não-fisicamente abusivo que é incluído na maior parte das outras listas e que causa grande sofrimento às mulheres:

20. Nega contato emocional, verbal ou sexual.

Regularmente, converso com mulheres que contam em detalhes os horrores do seu casamento, num estado de incerteza, imaginando se são tolas por terem ido à justiça e se não deveriam esquecer o assunto e ir para casa. A maior reafirmação que posso oferecer é a lista anterior, que diz mais claramente mais do que qualquer palavra: "O que ele está fazendo é errado". Ao identificar as ações do abuso não-físico, as mulheres confirmam a si mesmas, podendo acreditar, sem nenhuma dúvida: "O que estou fazendo é certo".

Entretanto, até conseguirem olhar o abuso nos olhos, as mulheres desculpam a violência das ações de um homem, quando não culpando a si mesmas, atribuindo o fato ao temperamento ruim do agressor. "Ele não consegue se controlar quando está frustrado", dizem as mulheres repetidamente. Mas os estudos indicam que a grande maioria de homens abusivos controla-se muito bem quando lhes convém – com os amigos, por exemplo, ou no trabalho, na frente do patrão – e seletivamente explodem apenas quando lhes convém. Em outras palavras, embora uma explosão abusiva possa parecer ter sido provocada pela falta de controle, mais certamente ela é utilizada de forma seletiva para exercer controle.

Enfrentando os fatos e seguindo em frente

Assim, determinar o que é um comportamento não-fisicamente abusivo é o primeiro passo para enfrentá-lo. Três outras informações ajudarão a mulher a seguir em frente a partir daí.

1. Chamá-lo pelo que ele é

O mundo atenua o abuso de mulheres com eufemismos, como *violência doméstica* e *abuso do cônjuge*, negando a desigualdade dos sexos. Não é violência doméstica; é a violência de um homem contra uma mulher. Não é abuso do cônjuge; é o abuso de um homem contra a mulher. É a desigualdade que prende as mulheres em situações abusivas em primeiro lugar e os eufemismos não somente permitem que a sociedade evite reconhecê-lo como uma tragédia exclusivamente feminina, como também reforçam a sua apatia com relação às mulheres vítimas de abuso, sugerindo que os homens também sofrem abusos. Eles não sofrem. O *Social Work* afirma inequivocamente em sua publicação de setembro de 1991: "Mulheres e homens não sofrem igualmente quando agredidos pelos parceiros", 95% do "abuso do cônjuge" é de homens contra mulheres.

Quando a mulher vítima de abuso compreender isso, poderá enfrentar a realidade mais rapidamente, não a realidade de ser uma participante da "violência doméstica", mas a de ser uma mulher vítima de abuso. E poderá fazer alguma coisa a respeito.

2. Reconhecendo o perfil do abuso

Certo dia, uma mulher foi à justiça pedir uma ordem de proteção contra o marido, mas mudou de idéia e retirou as acusações. Ela me disse que, afinal de contas, ele quebrara as janelas do seu carro apenas uma vez e geralmente só gritava e ameaçava fazê-lo. Eu lhe perguntei, "Você não acha que ele fará isso novamente?". "Espero que não", ela respondeu debilmente.

A esperança não é suficiente para manter segura a mulher vítima de abuso. O padrão assumido pelo abuso, inevitavelmente, ocasiona desde ações mais brandas até as mais cruéis, com tréguas e reconciliações. Entretanto, antes de atingir o ponto do reconhecimento, as mulheres geralmente consideram o abuso incidentes isolados que acontecem irregularmente, de vez em quando. O *The New York Times* publicou em 4 de abril de 1994 a história de um homem que atirou e matou a mulher com quem anteriormente rompera o relacionamento. Mesmo depois de ter-lhe telefonado, ele a perturbou no trabalho e entrou à força em seu apartamento, com falsos pretextos. Ela não procurou justiça pedindo uma ordem de proteção, achando (provavelmente como a maioria das mulheres) que molestamento não é abuso. O equívoco dessa mulher custou-lhe a vida. Outras mulheres podem evitar o abuso constante e, talvez, um destino semelhante, reconhecendo não apenas os comportamentos específicos do abuso, mas também o padrão cíclico no qual ele aumenta, como explicado no Capítulo 6.

3. Admitindo que ela não pode modificá-lo

Apesar de o antigo provérbio afirmar que o amor tudo conquista, está além dos poderes, até mesmo da mulher mais amorosa, modificar o homem que abusa dela. Da mesma maneira, assim como o amor não consegue fazer um alcoolista deixar de beber ou um viciado deixar de usar drogas, ele também não pode evitar que um homem utilize a mulher como objeto de controle. As necessidades de poder dos parceiros abusivos encontram-se tão arraigadas, que mesmo os seus terapeutas apresentam um prognóstico sombrio para a cura.

O que a mulher realmente deseja, ao apegar-se à crença de que ela pode modificar o parceiro abusivo, é conservar a parte boa e livrar-se da ruim. Ela lembra-se afetuosamente do homem que a cortejou e, embora ele tenha desaparecido totalmente, faz reaparições cíclicas, raras, que estimulam a sua determinação de expulsar para sempre o agressor que tomou o seu lugar. Assim como a psique masculina harmoniza os componentes da santa-prostituta da feminilidade, dividindo-a em dois seres separados, a mulher espera realizar a mudança expulsando a parte ruim do marido e mantendo aquela que ela ama.

Isso não funciona. Ele é o homem que ela não pode mudar e, até aceitar essa verdade, continuará se sujeitando ao abuso crescente. Contudo, a mudança que é incapaz de provocar nele pode ser alcançada com sucesso, em si mesma, quando for capaz de enfrentar o fato do abuso.

Dando o primeiro passo

O primeiro passo que a mulher pode dar nessa direção é olhar para si mesma e ver o que está lhe acontecendo. Presa a um parceiro abusivo, a mulher está sujeita ao trauma, o que, de acordo com elas mesmas, é muito mais intenso quando infligido pelo abuso não-físico do que pelo físico (ver o Capítulo 1). Judith Herman em *Trauma and recovery* cita a definição psiquiátrica de trauma como: "intenso medo, impotência, perda de controle e ameaça de destruição", uma afirmação com a qual a mulher vítima de abuso está bastante familiarizada. Se ela for capaz de reconhecer esses sintomas em si mesma poderá enfrentar melhor a realidade do seu relacionamento – admitindo que o marido não fica zangado apenas ocasionalmente, mas que ele é um agressor – e procurará formas de acabar com o abuso.

Se, entretanto, as suas camadas de defesas forem muito espessas, impedindo a penetração até mesmo de um lampejo de realidade, acrescentará um segundo abuso ao do marido – o abuso cometido por ela mesma. Uma vez que a intensidade de um trauma depende da intensidade das situações que o provocam, a mulher precisa perceber que quanto mais permitir o aumento do abuso mais debilitada ficará. Como conseqüência, ela se tornará menos capaz de lidar com a situação e mais predisposta a ser sua vítima porque, como escreve Judith Herman: "O trauma rompe um complexo sistema de autoproteção, que normalmente funciona de forma integrada".

Lewis Puller, ganhador do Prêmio Pulitzer, ex-fuzileiro naval no Vietnã onde perdeu as pernas, cometeu suicídio em 11 de maio de 1994. A guerra traumatizou-o de tal modo que, anos após o seu término, ele era incapaz de lidar com isso, fugindo para as trevas do alcoolismo e da depressão. Apesar de ter conseguido controlar o alcoolismo, continuou a ter acessos de desespero e, finalmente, decidiu-se pela única libertação que conseguiu enxergar – a morte. A loucura do abuso aplica na mulher o mesmo golpe que a loucura da guerra aplicou em Lewis Puller e sobre a qual ele disse: "Nenhuma das lições que aprendi quando criança me parecia adequada" (de uma entrevista anterior de *MacNeil/Lehrer, News Hour*, em 12 de maio de 1994).

A guerra na selva do Vietnã não oferecia nenhuma saída aos soldados; um casamento abusivo não oferece nenhuma saída, a não ser que a mulher consiga vê-lo pelo que ele é. Embora nem toda mulher possa deixar um relacionamento abusivo, mesmo aquela que é forçada a permanecer nele por fatores sociais, pode ajudar a si mesma enfrentando o que está lhe acontecendo. Como o alcoolista que precisa se ouvir dizendo, "Eu sou um alcoolista", a mulher vítima de abuso também precisa livrar-se da negação e da racionalização e vestir a armadura protetora da coragem, da força e do auto-respeito, necessária para sua defesa. Só então ela será capaz de pressionar a polícia, a justiça, a mídia e e quaisquer outros serviços sociais existentes para manter o controle da sua mente e, finalmente, recuperar o controle do seu corpo.

Os homens que abusam da mulher também submetem os filhos ao abuso. Uma grande porcentagem deles realmente maltrata os filhos, fisicamente ou não, mas uma quantidade ainda maior de homens os submete ao abuso indireto de ver a mãe sofrer abuso. Seguindo o curso natural da infância diante da tragédia, as crianças assumem a culpa. Se eu não fosse ruim, isso não aconteceria, é o que elas pensam. As crianças que vêem a mãe sofrer abusos vivem com medo, não tanto de que aquilo também possa acontecer com elas, mas de que ele destrua a única base de suas vidas, que são os pais. E as crianças que vêem a mãe sofrer abusos absorvem esse modelo em sua vida – em geral tornando-se a figura do pai agressor.

As mulheres que se enganam negando o abuso estão prejudicando os filhos emocionalmente. Quando, ao contrário, elas enfrentam o fato do abuso, mesmo não sendo capazes de proteger os filhos até irem embora, elas podem ajudá-los a lidar com ele. Estimulando as crianças a compartilhar os seus sentimentos de culpa e esclarecendo que a responsabilidade não é delas; acalmando o seu medo com afirmações sobre a sua capacidade como mãe para mantê-las a salvo, ela ajudará a manter o seu equilíbrio emocional. Acima de tudo, mostrando-se como um modelo que, em vez de fingir, tem coragem de enfrentar a horrível verdade e lidar com ela dentro das possibilidades existentes, oferecendo aos filhos um futuro mais saudável. O perigo fica maior quando espreita no escuro. Assim, a mulher minimiza as perturbações emocionais que perseguem os filhos no seu relacionamento abusivo, levando-os para a luz.

Embora possa ser verdade que o pouco conhecimento é perigoso, como muitos sábios nos advertiram, parece-me que nenhum conhecimento pode ser igualmente perigoso. Ignorante do abuso, a mulher continua vítima do parceiro abusivo, colocando em risco a si mesma e aos filhos; mesmo com pouca compreensão, ela descobre possibilidades para proteger-se, para lidar com o problema e, finalmente, para cair fora.

13

"Acho que tenho uma escolha."

As opções da mulher

Comentando sobre a ocupação comunista de Berlim Oriental, o *Berliner Illustrirte* referiu-se à última liberdade violentamente arrancada de milhões de alemães presos atrás do vergonhoso muro, como "a liberdade de fugir". Eu vi algumas daquelas pessoas, há alguns anos, antes de o muro ser derrubado, e nunca me esquecerei de seus rostos, enquanto ficavam paradas ao lado do posto de controle tentando enxergar, através do muro, a vida como elas a tinham conhecido. Lembro-me muito bem de uma jovem pálida, levantando um menininho acima da cabeça para poder lhe mostrar o único lampejo de um mundo livre que ele talvez viesse a conhecer.

Muitas mulheres sentem-se igualmente presas atrás do muro de um relacionamento abusivo, privadas da liberdade de retornar a uma vida sem medo, degradação e sujeição. Os seus rostos, manchados de lágrimas e sem esperança, também povoam as minhas lembranças. "Por que vocês ficam?", alguém lhes pergunta. "Não tenho escolha", elas respondem.

Apesar da falta de apoio da sociedade, elas estão erradas. Toda mulher vítima de abuso tem opções; o próprio ato de permanecer no relacionamento indica a escolha que ela fez entre uma das suas opções, sem dúvida influenciada pelas circunstâncias e, ainda assim, basicamente sua. Embora não tenha controle sobre o comportamento do seu parceiro – e isso precisa admitir antes de poder dar o próximo passo – ela tem um certo grau de controle sobre o próprio comportamento. O exercício desse controle começa com uma análise das suas

190

opções e a decisão de escolher aquela que encerra a maior promessa de dar certo.

A principal escolha que precisa fazer é entre ficar e ir embora e ela talvez não seja capaz de chegar a essa decisão até saber que existem opções em cada escolha.

Se ela fica

Se a mulher fica num relacionamento abusivo, pode resignar-se ao domínio inevitável do seu parceiro, como um cãozinho que deita submisso na frente de um cão maior para impedir outro ataque, ou pode tentar modificar o seu comportamento na esperança de minimizar o dele. Em ambos os casos, ela talvez tenha de buscar proteção no sistema judicial, um processo que será discutido em detalhes no Capítulo 14. Como os seres humanos operam dentro de um código ético menos ritualizado do que o dos cães e de outros animais, a mulher não tem nenhuma garantia de que a sua rendição submissa ou a mudança do seu comportamento irão diminuir o abuso do parceiro.

Ela pode começar decidindo atender a cada exigência dele, na esperança de evitar os seus ataques físicos ou não, só para descobrir que as exigências vêm cada vez mais rápido e com mais fúria. Pode tentar evitar ao máximo o contato com ele, mudando os horários do seu trabalho, caso tenha um emprego, ou planejando outros motivos para ficar fora de casa com mais freqüência, embora ele possa responder com regras mais rígidas para mantê-la em casa. Há mulheres que saem do quarto que dividem com o marido e vão para outro, para onde podem ir e trancar a porta para encontrar a paz; mas mesmo isso não funciona, pois ele não sentirá nenhum remorso ao arrombar a porta num ataque de raiva pior do que antes.

Para os parceiros violentos, como mostramos em todo o livro, não pode haver nenhuma conciliação porque, violentos como são, eles precisam da sensação do poder, assim como um viciado precisa das drogas para sentir-se bem. Portanto, a mulher que decide ficar com o seu parceiro só encontrará decepções e mais mágoas caso a sua esperança de modificá-lo esteja baseada em sua própria mudança. Ela precisa procurar outra coisa para facilitar a sua situação.

Uma das possibilidades é o aconselhamento – não para ele, o que discutiremos no Capítulo 16, mas para ela. Existem centros de aconselhamento para vítimas de abuso na maior parte do país, alguns ligados a hospitais, associados a abrigos e outros atuando de maneira independente. Uma olhada nas páginas amarelas pode ajudar a mulher a encontrar esses locais. Ou um telefonema para a unidade de violência doméstica em seu estado ou cidade ou para a Organização Nacional para Mulheres, ela poderá ser encaminhada para um centro de aconselhamento. Apesar de Nova York ser o único estado com um *Office for the Prevention of Domestic Violence* de alto nível, criado pela legislatura, muitos estados têm uma comissão governamental para a violência doméstica ou uma unidade dentro dos serviços sociais ou do departamento de justiça. Embora eles tenham menos influência do que o gabinete de Nova York, todos têm a informação e o apoio necessários para a mulher vítima de abuso.

O aconselhamento oferece à mulher vítima de abuso aquela que pode ser a primeira pessoa na qual ela ousa confiar. Como a maioria das mulheres, ela manteve silêncio sobre o assunto, não compartilhando com a família para poupá-la de aborrecimentos, nem com as amigas para poupar a si mesma do constrangimento. Finalmente, com a atenção empática de cunho profissional, ela encontrará alívio, apoio e orientação. Terá oportunidade de identificar os recursos pessoais que não enxergara e descobrirá maneiras para utilizá-los na busca de uma solução para aquilo que anteriormente parecia insolúvel. A partir das sessões de aconselhamento, começará a reconstruir sua autoestima, finalmente reconhecendo a pessoa que já foi e que um dia voltará a ser.

Além do aconselhamento individual, as sessões em grupo são uma opção viável e os dois podem ser realizados simultaneamente. Enquanto o aconselhamento individual vai mais longe no que se refere à recuperação do valor pessoal, no grupo a mulher sai do isolamento criado por seu parceiro, levando-a para um mundo de mulheres como ela. Assim, não se sentirá mais envergonhada, culpada, "estúpida" por ter permitido o abuso; finalmente percebe que não provocou o abuso, mas que, é uma vítima. Uma mulher disse-me que nas duas primeiras sessões de grupo ela só fez chorar incontrolavelmente, sentindo como se um furúnculo supurado tivesse sido lanceado para deixar sair o veneno. Outra disse-me que se sentiu como o Patinho Feio, que acabara de descobrir que não era um pato, mas um lindo cisne. Ambas expressaram o alívio proporcionado pela sessão em grupo ao purgar a culpa que durante tanto tempo dissera "Há alguma coisa errada comigo", substituindo-a por "Eu sou igual a todo mundo".

Algumas das mulheres que se submetem ao atendimento individual e em grupo descobrem forças perdidas dentro de si mesmas, que lhes permitem retornar aos parceiros abusivos com novas habilidades para lidar com a situação. Muitas, que estavam à beira do suicídio, relatam uma determinação renovada para vencer as dificuldades. Uma mulher confidenciou-me que, sem o aconselhamento, acha que teria matado o marido. Devemos salientar que as mulheres a quem o abuso levou a uma verdadeira depressão clínica, precisam de ajuda mais intensiva do que o aconselhamento pode proporcionar; a esperança é que o proficional tenha consciência disso e recomende a terapia.

Lisa Frisch do *Office for the Prevention of Domestic Violence* de Nova York destaca quatro objetivos específicos recomendados aos profissionais que orientam essas mulheres:

1. *Identificação do abuso.* Muitas mulheres, sem saber o que constitui abuso, acham que se o homem não bateu nela, não cometeu abuso. O esclarecimento desse equívoco comum é um importante primeiro passo.

2. *Validação da experiência da mulher.* Para isso, é necessário escutá-la, reconhecendo o comportamento abusivo relatado e dando apoio aos sentimentos que ele provocou. O conselheiro permite que a mulher mude a frase "Isso *não podia* estar acontecendo comigo" para "Isso *está* acontecendo comigo", um passo muito importante para lidar com o abuso.

3. *Apoio para a sua segurança e mais opções.* Os conselheiros procuram maneiras para garantir a segurança da mulher e trabalham constantemente por meio da pressão legislativa e do levantamento de fundos para garantir a oferta de um número maior de opções.

4. *Acompanhamento contínuo.* O centro de aconselhamento está disponível para a mulher pelo tempo que ela necessitar, nunca julgando-a pela decisão de ficar no relacionamento abusivo e nunca insistindo para que ela vá embora.

Muitas mulheres utilizam as forças recém-descobertas com a ajuda do conselheiro de outra maneira: por conta própria, encontram uma maneira de ir embora.

Se ela vai embora

Se – e eu preferiria dizer *quando* – a mulher finalmente é capaz de desligar-se de um parceiro abusivo, ela tem ainda mais opções. Se for casada, pode conseguir o divórcio com base na crueldade, mas deveria primeiramente fazer planos de curto prazo e não de longo prazo. A pergunta imediata é: para onde ela irá? Para a casa dos pais? De amigos? De uma irmã ou irmão? Um abrigo? Um lugar só para ela?

A sua decisão deve ser tomada levando em consideração a questão vital da segurança. As estatísticas, os estudos e as experiências de mulheres com quem trabalho, todos confirmam que o pior abuso ocorre quando a mulher deixa o seu parceiro. Se anteriormente ele só gritava com ela, agora ameaça espancá-la; se anteriormente ele destruía sua propriedade, agora ameaça matá-la; se anteriormente ameaçava matá-la, agora bem pode tentar e, em muitos casos, conseguir. Mais de 50% das mulheres assassinadas nos Estados Unidos, a cada ano, foram mortas pelos maridos ou pelos ex-maridos.

As mulheres que abandonaram maridos abusivos podem solicitar proteção policial para retornar à sua casa e pegar suas roupas e seus objetos pessoais. Uma mulher contou-me que pensara não precisar da polícia, uma vez que decidira voltar ao apartamento enquanto o marido estava trabalhando. O que ela não levou em consideração era que, antecipando os seus movimentos, ele esperou no apartamento, agarrou-a quando ela entrou, tapou a sua boca para que não pudesse gritar e bateu nela até deixá-la quase inconsciente. O que salvou sua vida, ela acha, foi o som do seu corpo batendo contra a parede, que levou um vizinho a chamar a polícia.

Se a mulher informar ao marido antes do tempo sobre a sua intenção de deixá-lo, embora ele possa não recorrer ao abuso físico, intensificará o abuso não-físico. Uma vez que ela provavelmente fez ameaças semelhantes antes, ele aprendeu que apavorando-a ainda mais conseguiria assustá-la o suficiente para fazê-la mudar de idéia. "Eu vou matá-la se você me deixar" é a ameaça mais comum, mas também existem outras:

"Se você tentar me deixar, levarei as crianças embora e você jamais as verá novamente.

"Não tente ir para a casa da sua mãe, porque você a encontrará morta se fizer isso.

"Você é tão louca, você ficará na rua se tentar ir embora".

Em muitos casos, as ameaças mantêm a mulher prisioneira para sempre, mas, à medida que alternativas seguras são reveladas, mais e mais mulheres arriscam e fogem. Algumas vão embora apenas com a roupa do corpo, fugindo sozinhas ou com os filhos para qualquer lugar seguro que possam encontrar, tomando as precauções necessárias. Elas mantêm o novo endereço em segredo; mudam de emprego; colocam os filhos em outra escola; avisam os amigos para manter silêncio. Mesmo assim, um homem contrariado e determinado a recuperar o seu poder pode recorrer a incríveis recursos internos.

Um homem telefonou para dez escolas primárias da cidade pedindo permissão para buscar a filha, dando a desculpa de que a esposa sofrera um sério acidente, até encontrar a escola em que a filha fora matriculada. Ele foi encontrá-la na escola, descobriu o seu novo endereço e estava esperando com ela na porta quando a mulher voltou do trabalho. Mesmo tentando chamar a polícia para prender o marido por seqüestro, ela não tinha motivos, pois ele era o pai da criança e tinha direitos iguais de custódia até que ela procurasse a justiça.

Uma mulher chamada Mildred Coe achou que realmente havia encontrado uma maneira de esconder-se. Pediu para ser transferida para outra filial – numa cidade vizinha – do banco em que trabalhava como caixa. Mas o marido, que não ia deixá-la levar a melhor, ao saber que ela não trabalhava mais naquele lugar, imaginou que o antigo chefe poderia saber o seu destino. Ele telefonou para o chefe e disse – aparentemente de maneira convincente – que era da Receita Federal e precisava esclarecer um assunto com a sra. Coe. Será que o chefe saberia dizer onde encontrá-la? Naturalmente, ele sabia e, depois de telefonar para a nova filial e a recepcionista lhe fornecer o endereço do banco e até mesmo instruções sobre como chegar até lá, o sr. Coe encaminhou-se para o caixa da sra. Coe e, diante dos funcionários e de clientes paralisados gritou: "Sua prostituta, trapaceira, sua cadela. Eu vou matá-la".

Em muitos casos, se a mulher não é casada com o parceiro abusivo, a casa ou o apartamento no qual eles moram lhe pertence; é ela quem paga o aluguel ou os impostos. Assim, quando decide dar um fim ao abuso, uma vez que por lei ela pode permanecer no local, a sua tarefa é colocá-lo para fora. Quando ele não vai embora, ela pode fazer o que uma mulher me contou ter feito, outro dia no tribunal – atirou as roupas dele na rua e trocou as fechaduras da porta enquanto ele estava fora, bebendo com os amigos. Infelizmente, ele derrubou a porta quando voltou bêbado para casa e, num acesso de raiva, também a teria chutado escadas abaixo se ela não tivesse fugido para a casa de uma amiga. No dia seguinte, no tribunal, o juiz ordenou que ele saísse imediatamente da casa.

Um dos casos mais tristes dos quais me recordo é o de uma mulher mais velha, que conseguiu comprar com o dinheiro ganho com muito esforço, trabalhando como faxineira em dois empregos, a casa na qual ela e o marido viviam e que ela colocara em nome dos dois. À medida que envelheciam, ele tornou-se cada vez mais abusivo e, após mais ou menos quarenta anos, ela o queria fora da sua vida. Como ela não tinha a intenção de agradá-lo, saindo da casa na qual colocara todo o seu dinheiro, e como ele não estava disposto a desistir da moradia grátis ou do serviço escravo, ela ficou presa numa armadilha até ouvir falar de uma Vara de Família, que tinha autoridade para exigir a sua saída. A esperança de conseguir a paz e livrar-se do abuso com o qual ela entrara no tribunal, rapidamente desapareceu quando o juiz emitiu uma ordem proibindo o marido de molestá-la, agredi-la ou ameaçá-la, porém sem colocá-lo para fora. Embora tivesse comprado e pago pela casa – que estava em nome de ambos apenas por um senso de igualdade – o juiz ignorou as suas súplicas, insistindo impacientemente que a ordem iria protegê-la. Naturalmente, a ordem não a protegeu e, a não ser que ela vá embora – sem emprego agora e sem lugar para ir –, está condenada a viver com o marido até que um dos dois venha a falecer.

O que realmente ameaça um parceiro abusivo não é apenas o fato de a mulher escapar do seu controle, mas também o de ela encontrar um outro homem. "Andy não me deixaria continuar a minha vida", foi o que Rebeca, uma jovem atraente, com três filhos, disse outro dia. Divorciada há três anos, ela permitira que Andy, o ex-marido, visse os filhos quando desejasse, ignorara as suas manobras legais para retardar o divórcio e não estava nem mesmo muito preocupada com os telefonemas perturbadores e as coisas negativas que ele dizia a seu respeito. Conheceu outro homem, com o qual começou uma relação, e resolveu construir uma nova vida.

Mas quando Andy ouviu as crianças falarem de "Tom" e encontrou-o na casa dela uma ou duas vezes, ao trazer as crianças de volta de uma visita, seu comportamento tornou-se mais radical, chegando a assustar Rebecca. Um dia, ele ficou na frente da sua casa, batendo na porta e gritando; uma outra vez, mandou sua namorada gritar obscenidades para Rebeca quando ela abriu a porta. O seu comportamento abusivo continuava a aumentar. Quando, não mais contente em gritar da rua, ele começou a socar as janelas e a praguejar, as crianças ficaram histéricas, subiram as escadas correndo e foram contar à mãe que ele queria matar Tom. Nesse momento, ela procurou o tribunal para solicitar uma ordem de proteção.

Alguns homens usam os filhos para vigiar a mãe, fazendo-os contar quem ela está vendo e o que está fazendo; outros usam os filhos como emissários para implorar à mãe: "Por favor, deixe o papai voltar para nós". Quase todos fazem os filhos sentirem pena deles porque a mãe cruel lhes conta mentiras e não quer que eles vejam o papai. Não é raro as crianças ficarem tão perturbadas ao serem emocionalmente afastadas da mãe, como se estivessem num cabo-de-guerra, a ponto de começarem a ter pesadelos, explosões de choro e notas baixas na escola; muitas delas precisam até fazer terapia. Em minha experiência, um número maior de mães demonstra a sua preocupação com os filhos, guardando para si mesmas os sentimentos hostis, do que os pais afastados.

Os abrigos e casas-abrigo existem para proteger as mulheres quando as ordens de proteção não conseguem fazê-lo. Embora não sejam em número suficiente para abrigar milhares de mulheres em perigo – apenas cerca de quinhentas atualmente – os hospitais, serviços sociais e grupos de mulheres continuam abrindo novas casas quando conseguem financiamento. Apesar de ambas oferecerem proteção, apresentam algumas diferenças: as casa-abrigo são lares onde as mulheres podem encontrar refúgio temporário sob os cuidados de pessoas interessadas, não profissionais: os abrigos também oferecem serviços profissionais de orientação. Uma vez que muitas das orientadoras já foram mulheres vítimas de abusos, elas podem oferecer uma ajuda incomparável para atender às necessidades únicas das mulheres que as procuram.

Uma das coisas sensatas que a mulher vítima de abuso pode fazer é avaliar suas opções e elaborar um plano de fuga. Sem isso, se ela, sofrer algum tipo de agressão e sentir que não pode mais agüentar e fugir pela porta afora, o perigo é ainda maior.

Primeiro, ela enfurecerá ainda mais o agressor. Ao ver o seu controle sobre ela diminuir enquanto tenta sair, ele tomará medidas ainda mais severas para contê-la. Entre essas medidas já ocorreram espancamentos tão graves a ponto de aleijar permanentemente a mulher, deixá-la inconsciente ou causar-lhe a morte. Nesse ponto, as ameaças, mesmo as mais chocantes, geralmente tornam-se realidade: de vez em quando os jornais publicam histórias a respeito de homens que seguiram a mulher fugitiva até a casa dos pais e mataram toda a família.

Segundo, se a mulher tem filhos, a fuga espontânea provavelmente os incluirá, mas de que maneira? Ela vai arrancá-los da cama, do berço ou da frente da televisão? Ela pedirá que venham com ela? Ambas poderão traumatizar os filhos e aumentar a fúria do marido. Como os filhos são a sua arma mais forte, o homem a empunhará com eficácia, mesmo contra eles, atingindo o local em que dói mais: "Tentem ir com a sua mãe e eu mato vocês também". Assim, a mulher geralmente concede a vitória ao marido e fica, ou vai embora sem os filhos. Muitas mulheres que escolheram a última alternativa, arrependeram-se mais tarde quando, num processo de custódia, o juiz as condenou por abandono.

Terceiro, a mulher que foge do seu parceiro violento no calor de um incidente e sem ter um plano precisa decidir-se para onde ir e como chegar lá, quando sua mente está num estado caótico. Incapaz de pensar claramente, ela age em pânico, tornando-se ainda mais vulnerável ao controle do marido. "Eu não sabia o que fazer", disse-me uma mulher depois de ter fugido de casa e o marido ter trancado a porta. "Eu apenas me sentei nos degraus da escada e chorei a noite inteira."

Planejando antecipadamente

Quando a mulher planeja com antecedência, nos momentos tranqüilos em que está sozinha em casa, tem mais chances de escapar em segurança do que fugindo num momento de impulso.

Pedindo conselhos

Ela pode começar telefonando para uma linha direta de violência doméstica, onde um voluntário treinado a ajudará a esclarecer as suas preocupações e necessidades, orientando-a sobre como obter ajuda. Se estiver em situação de perigo imediato, os voluntários chamarão a polícia. Se tiver algum ferimento, chamarão uma ambulância. Se demonstrar que está confusa e perturbada, eles a encaminharão para orientação. Se quiser ir embora, eles a ajudarão a fazer os preparativos. A cada pergunta que eles fazem para esclarecer as suas necessidades, tanto para ela quanto para eles, eles lhe deixam tomar a própria decisão, repetindo: "Como posso ajudá-la?".

Esse tipo de orientação permite que a mulher avalie as suas necessidades e opções para poder tomar decisões viáveis, tanto para ela quanto para os filhos. Se tentar pegar o telefone no meio de uma briga, pelo que eu escuto no tribunal, o marido provavelmente o arrancará da tomada e poderá até mesmo atirá-lo nela ou pela janela. No dia seguinte, quando estiver mais calma, ela poderá não apenas falar com a pessoa da linha direta em segurança, mas também receber sugestões com a mente mais clara. Na maior parte dos estados, o número da linha direta está sob o título "Violência Doméstica" na seção de "Serviços Comunitários" no início da maioria das listas telefônicas.

Encontrando um lugar para onde ir

Quer ela obtenha ajuda de uma linha direta ou elabore um plano sozinha, a primeira necessidade da mulher é ter um lugar para onde ir. Se a família e os amigos não forem uma possibilidade, ela pode procurar um abrigo ou uma casa-abrigo para encontrar refúgio temporário, até que tenha tempo para formular uma alternativa permanente para o lar abusivo. Se souber o nome de um abrigo ou casa-abrigo local, poderá conversar com alguém do escritório administrativo e marcar uma hora para vê-lo. Como é essencial que os endereços permaneçam secretos para afastar os homens abusivos dos quais as mulheres estão procurando se proteger, inicialmente ela só conseguirá entrar em contato com o escritório administrativo, cujo número a linha direta lhe fornecerá.

Encontrando uma maneira de chegar lá

Depois de decidir para onde vai, a mulher precisa descobrir uma maneira de chegar lá. Se ela tem um carro, cujas chaves o marido não escondeu e cujos pneus não foram esvaziados ou se os amigos ou a família puderem levá-la, ela não tem nenhum problema. Mas se só pode contar com o transporte coletivo para levá-la até um abrigo, uma casa-abrigo ou a casa de alguém, ela deve descobrir onde apanhá-lo, os horários e o preço.

Planejando as despesas

Ao elaborar o seu plano de fuga, a mulher precisa ter dinheiro. Se ela tem sua própria conta bancária, tudo o que precisa é de um talão de cheques; se tem conta conjunta com o marido, precisará sacar dinheiro suficiente para se sustentar. Se não tem nenhum dinheiro, a menos que tenha um emprego ou outra fonte de renda, terá de ir ao Departamento de Serviços Sociais solicitar ajuda do governo – saúde, alimentação e moradia – um processo cansativo no qual o pessoal do abrigo irá ajudá-la se ela tiver conseguido encontrar lugar lá.

Decidindo quando ir embora

A mulher precisa decidir-se quando fugir. Como os anos de abuso culminarão no momento da sua partida, se o marido souber, ela precisa manter segredo sobre os seus planos, contando-o apenas para a pessoa ou para as pessoas que irão ajudá-la. Então, quando ele estiver fora de casa e ela tiver certeza de que ele continuará fora por algumas horas, ela deve fazer as malas rapidamente, pegar os seus documentos e alguns objetos de uso pessoal que possa levar e sair. Uma mulher que foi outro dia ao tribunal solicitar uma ordem de proteção, mostrou-me todos os documentos que colocara na carteira – contrato de aluguel, talões de cheques, certificado do carro e do seguro, recibos etc. – "porque as crianças e eu não vamos voltar até ele sair de lá". Eu conversei com mulheres que deixaram bilhetes explicando os seus motivos para ir embora e com mulheres que foram embora sem uma palavra. A atitude mais eficaz depende daquilo que ela escrever na carta e, talvez, ainda mais, daquilo que ele interpretar ao lê-la.

Planejando para levar os filhos

A última e mais importante parte do plano da mulher são os filhos. Se forem pequenos, a experiência ensinou muitas mulheres a não alertá-los antes da hora porque, independentemente da sua eficácia ao explicar a necessidade de manter segredo, eles tendem a deixá-lo escapar. Um menininho, determinado a obedecer à mãe, decidiu reforçar o seu segredo enganando o pai e lhe disse: "Nós não vamos deixá-lo amanhã". Embora os adolescentes sejam nitidamente mais capazes de manter segredo, isso pode deixá-los com um enorme sentimento de culpa; por isso, é melhor não obrigá-los a carregar essa culpa com muita antecedência.

A logística da partida é realizada com maior eficácia quando todos os filhos estão em casa e o marido está fora. Se essa situação nunca surgir, a mulher tem um problema para resolver. Enquanto as crianças em idade pré-escolar não são um problema, pois ela pode levá-las consigo – embora nem todos os abrigos e casas-abrigo aceitem crianças – ela precisa decidir o que fazer a respeito das crianças que estão na escola. Se deixá-las, elas se tornarão o alvo da perseguição do pai e, por intermédio delas, ele pode descobrir onde a mulher está. Se levá-las consigo, interromperá os seus estudos até conseguir matriculá-las em outra escola. No Capítulo 14 discutiremos em detalhes como a escola pode ajudar.

Não é fácil para a mulher abandonar a casa, mesmo tendo ficado isolada e sofrendo humilhações. Esta ainda é o seu lar, construído com amor, compartilhado na crença de que seria para sempre, suportado com esperança e lágrimas. "Pensei que aceitar o abuso do meu marido fosse a coisa mais difícil que precisaria fazer", disse Lucy, acrescentando: "mas eu não sabia o que era difícil até decidir ir embora". É assustador enfrentar um futuro desconhecido; é arriscado enfrentar o que poderiam ser conseqüências mortais. Contudo, se ficar, ela está dizendo ao seu homem que está certo abusar dela, bem como dos filhos. As conseqüências de ficar são igualmente assustadoras, igualmente ameaçadoras para a alma e, possivelmente, para o corpo.

14

"E se ele continuar me perseguindo?"

PROTEÇÃO PARA AS MULHERES QUE VÃO EMBORA

"É difícil acreditar", disse Maria enquanto esperava o juiz chamar o seu caso, "mas um dia depois do nosso casamento, Danny começou a me dizer que eu era uma cadela estúpida. Até aquele momento, ele sempre fora tão gentil!" Não achei difícil acreditar nisso porque eu já escutara essa história antes. Não foi Groucho Marx quem disse que não tinha amigos porque não poderia respeitar ninguém tão inferior a ponto de desejá-lo como amigo? Os homens abusivos parecem concordar com Groucho, achando que qualquer mulher suficientemente estúpida para casar-se com eles não merece o seu respeito.

Maria precisou de quatro anos para convencer-se de que, uma vez que não conseguia fazer Danny ser novamente o homem com quem se casara – ou *pensava* ter-se casado – que iria continuar sua vida sozinha. Quando ela ameaçou deixá-lo pela primeira vez, ele rasgou seus pijamas e ela ficou zangada. Quando ela ameaçou uma segunda vez, ele pegou o bebê do berço e saiu com ele por treze horas; ela ficou assustada. Assim, na terceira vez, ela omitiu a ameaça e foi embora – enquanto Danny estava trabalhando – com a mala numa das mãos e o bebê na outra. "Finalmente livre", ela suspirou.

Maria estava errada. Isso aconteceu há nove anos e, a partir daí, não houve um dia em que Danny não continuasse a cometer abuso não-físico contra ela, desafiando as ordens do tribunal, fugindo da polícia, indiferente aos dias e semanas que passou na prisão por ordem do tribunal (por desrespeito ao tribunal, não por abuso). Ele violou a correspondência, enviou-lhe cartas e cartões-postais obscenos, gritou vulgaridades pelo telefone, descobriu o novo número do seu telefone, chutou a porta da sua casa, arrastou-a ao tribunal acusando-a de molestação sexual, e a sua mãe por agressão, mentiu na declaração de imposto de renda e pediu o divórcio afirmando que ela era louca.

À luz daquilo que outros agressores fizeram, Maria se considera afortunada. Quando uma mulher foi embora, o marido mandou prendê-la por ter roubado o seu carro; outro mandou fazer uma cópia da chave da porta que ela trocara por precaução e, enquanto ela estava trabalhando, retirou toda a mobília. Muitos vão buscar os filhos na escola, sob falsos pretextos, e fogem com eles; outros seguem a mulher e a agridem – cortam o seu rosto, raspam a sua cabeça, batem nelas; alguns, como o marido de Anne Scripps Douglas, matam-nas. Um homem de Milwaukee esfaqueou a mulher até a morte, na própria sala de tribunal onde ela estava solicitando uma ordem de proteção.

Como o abuso surge da necessidade de controle, o homem se sente mais desafiado quando a mulher sob o seu poder se liberta. Até esse momento, ele conseguira mantê-la submissa, destruindo sua auto-imagem e ameaçando o seu bem-estar físico, psicológico, social e econômico. De repente, ela o abandona e, embora possa não ter dito uma palavra, suas ações revelam que ele não tem mais autoridade. Sendo essa a única situação que não consegue tolerar, ele faz o que é necessário para recuperar o controle sobre ela: uma briga até a morte e, se necessário, a morte dela. É por isso que mais mulheres são mortas depois de terem abandonado seus parceiros abusivos do que enquanto continuam na escravidão.

A simples mudança para um local que a mulher considera secreto não garantirá sua segurança. O marido poderá descobri-la pelo seu carro, por sua licença de motorista, pelo número do seguro, por seu local de trabalho, com os seus amigos, na escola das crianças etc. Um homem relatou o desaparecimento da mulher e, então, foi à polícia no momento em que eles a localizaram, escondida na casa da mãe. "Espere um minuto", disse o oficial enquanto conversava com a mulher pelo telefone. Então, entregando o telefone para o homem, ele explicou alegremente: "Pronto, a sua mulher está ao telefone".

Outro homem descobriu o paradeiro da mulher por intermédio dos amigos do filho, cujos nomes ele sabia pelas conversas deles. Telefonando para a escola, ele conseguiu os números dos telefones das crianças, fingindo que ia dar uma festa-surpresa para o filho e, então, telefonou para cada uma delas até localizar o filho e descobrir seu novo endereço. Muitas pessoas devem sentir-se como essa mulher, quando disse-me: "Se ele usasse a sua inteligência em alguma coisa construtiva em vez de me perseguir, ele resolveria os problemas do mundo". Contudo, ele não está interessado em resolver os problemas do mundo; apenas a deseja de volta ao lugar ao qual ela pertence – sob o seu domínio.

Assim como a mulher que decide ficar com o parceiro abusivo deve encontrar maneiras para se proteger, o mesmo deve fazer a mulher que decide ir embora. Fazer com que ele seja preso é uma delas. Embora algumas práticas de abuso não-físico constituam crime, como discutido no Capítulo 10, poucos policiais prenderão um homem por esse motivo e, quando prendem, poucos juízes chegarão ao ponto de emitir uma ordem de prisão. O pai de uma jovem que conheço tentou, repetidamente e sem sucesso, conseguir que um dos promotores públicos processasse o genro devido à molestação contínua – de telefonemas obscenos a invasão de domicílio; o pedido foi recusado "porque aquilo não era suficiente".

A alternativa, adotada pela maioria das mulheres, é uma ordem de proteção. A mulher pode solicitá-la na Vara de Família ou na Vara Criminal, cujos objetivos são diferentes: o objetivo da Vara de Família é proteger a vítima; o da Vara Criminal é processá-lo. Ela pode, simultaneamente buscar proteção num dos tribunais e iniciar um processo no outro.

Obtendo uma ordem de proteção

A maioria das mulheres vítimas de abuso decide levar seu caso para a Vara de Família, cujos processos são bastante semelhantes na maior parte dos Estados:

1. Primeiro, elas descrevem para um funcionário do tribunal ou para o agente de condicional o evento abusivo mais recente que as levou a buscar proteção no tribunal, dando detalhes sobre sua história de abuso. Então, elas indicam o tipo específico de proteção que gostariam de receber. No tribunal onde trabalho, podem colocar tantos itens quanto acharem necessários dentre os mencionados a seguir:

   • Não molestar, ameaçar ou agredir
   • Deixar a casa

- Não beber nem tomar drogas dentro de casa
- Não ir para casa sob o efeito de drogas ou álcool
- Não sair com as crianças sem supervisão

2. Preenchem o relatório com suas queixas e necessidades de proteção juntamente com o funcionário do tribunal.

3. Esperam até serem chamadas pelo juiz.

4. No tribunal, o juiz lhes pede para confirmar as queixas conforme apresentadas no relatório e lhes dá a oportunidade de acrescentar qualquer coisa que desejarem. Então, o juiz decide que itens constarão da sua ordem de proteção. Uma vez que esse é literalmente o dia das mulheres no tribunal, elas podem apresentar mais explicações e argumentos para convencer o juiz a lhes dar mais proteção, caso não considerem adequada a sua decisão. Na maioria dos casos, o juiz emite uma ordem de proteção temporária, relacionando algumas restrições, embora nem sempre elas sejam aquelas que a mulher solicitou.

5. Elas voltam ao gabinete do funcionário e esperam pelos papéis, os quais, na maior parte dos tribunais, incluem uma cópia de uma ordem temporária que ficará com elas; uma cópia da ordem temporária para ser entregue ao réu; um *affidavit* de intimação que deve ser assinado e autenticado pela pessoa que entrega os papéis e um relatório para ser registrado na polícia.

6. Em três ou quatro semanas, elas devem retornar ao tribunal, trazendo o *affidavit* de intimação ou enviá-lo previamente pelo correio e enfrentar o agressor geralmente perante o mesmo juiz. Os réus podem responder às acusações das mulheres, de três maneiras: podem admiti-las e aceitar a ordem de proteção sem discutir; podem negá-las, mas concordar em aceitar a ordem mesmo assim; ou podem negá-las e se recusar a aceitar a ordem.

7. Se eles aceitarem a ordem, réus e requerentes ficarão com uma ordem de proteção permanente, válida por um ano.

8. Se recusarem-se a aceitar a ordem, será marcada uma nova audiência para apuração dos fatos. Uma vez que tanto a requerente quanto o réu têm direito a um advogado na audiên-

cia para apuração dos fatos, muitos tribunais nomeiam advogados para qualquer uma das partes cuja renda for considerada insuficiente para pagar um advogado.

9. Na audiência para apuração dos fatos, o juiz ouvirá as evidências de ambos os lados, seja pessoalmente ou por intermédio dos seus advogados, e depois decidirá a favor de um deles. Geralmente, os advogados aconselham as mulheres a fotografar as evidências de abuso, seja um telefone arrancado da tomada, uma porta derrubada ou um olho roxo inchado. Embora os juízes não aceitem as evidências como gravações de telefonemas, as transcrições de telefonemas perturbadores podem ajudar os advogados das mulheres a fortalecer o seu caso. Se o juiz decidir-se a favor das requerentes, os homens deixam o tribunal com uma ordem para deixar a mulher em paz, do contrário poderão ser presos; se decidir-se a favor dos réus, as mulheres vítimas de abuso saem de lá sem nenhuma proteção e os seus parceiros com liberdade para continuar com o abuso.

Os obstáculos

O processo pode parecer fácil e rotineiro; entretanto, cada passo exige paciência, acarreta frustração e, geralmente, provoca medo. Como resultado, enquanto algumas mulheres levam o processo até o fim, muitas outras, que deram o primeiro passo – solicitar uma ordem temporária – descobrem motivos para abandonar o processo e voltam ao seu *status quo* abusivo.

Esperando por uma audiência

O primeiro obstáculo é a longa espera para entrar na sala de tribunal. Os tribunais estão superlotados e com a agenda cheia; os juízes examinam os casos na ordem em que foram agendados ou aqueles que surgem de emergência. Como a mulher que está solicitando uma ordem de proteção acabou de entrar no gabinete do funcionário da corte ou do agente de condicional para preencher os papéis, o seu caso ainda não foi marcado e deve esperar até os juízes terminarem os casos agendados. Isso pode levar três horas, uma manhã inteira, e há casos em que os juízes estão tão ocupados que, incapazes de encaixá-la, ela precisa retornar depois do recesso do tribunal ou até no dia seguinte. Depois que o retorno está programado, o período de espera geralmente é menor, embora não seja raro a mulher ter uma entrevista marcada para as 9 horas e só encontrar-se com o juiz às 11 horas. As duas partes enfrentam uma situação semelhante no que se refere à audiência para apuração de fatos.

Esperando com crianças

A própria sala de espera é uma outra dificuldade a ser enfrentada, especialmente para a mulher que precisou trazer um filho pequeno, dois ou três, e poucos tribunais têm um centro de supervisão onde as mães possam deixar os filhos. A sala de espera do tribunal é barulhenta e congestionada, com policiais, agentes de condicional, advogados, assistentes, requerentes e réus caminhando de um lado para o outro, falando, chorando e, às vezes, brigando. Algumas salas de espera têm alguns livros e talvez uma lousa para as crianças, mas os livros logo são rasgados, o giz é quebrado e as crianças ficam sem ter o que fazer. Os pais gritam para elas pararem de brigar, de brincar com a água da torneira, de chorar. É uma espera longa, aborrecida para as crianças e tensa, se o pai e a mãe estiverem lá, separados pelas cercas de arame farpado da raiva.

Pedindo dispensa do trabalho

A mulher que trabalha passa por momentos ainda mais difíceis. Se ela deseja manter em segredo o seu relacionamento abusivo, a sua criatividade é testada, pois ela precisa inventar motivos para as suas repetidas ausências. Se ela explicar ao patrão que está indo ao tribunal às 9 horas e que deverá voltar em torno de mais ou menos uma hora, ficará extremamente nervosa à medida que os minutos passarem. Muitas mulheres me disseram que seriam despedidas se não voltassem a tempo e, apesar de terem recebido uma carta explicativa do funcionário do tribunal, continuam a se preocupar.

Enfrentando o juiz

O próprio ato de ficar diante de um juiz é assustador para a maioria das mulheres, mesmo com o assistente do tribunal ao seu lado para lhe oferecer apoio moral ou uma palavra sussurrada quando necessária. Sob o estresse, algumas mulheres esquecem o que pretendiam dizer, enfraquecendo o seu caso e até mesmo dando informações erradas. Por exemplo, um juiz estava advertindo uma mulher a respeito do perigo legal de proibir as visitas do ex-marido às duas filhas, quando eu precisei interromper explicando que o ex-marido não era o pai das crianças; em sua ansiedade, ela esquecera de informá-lo. Uma mulher esqueceu-se de dizer ao juiz que o marido era viciado em drogas, quando ele estava decidindo se o obrigava ou não a sair de casa; outra ainda, a quem o juiz estava censurando por ter esperado um mês para ir ao tribunal, não lembrou de explicar que estivera hospitalizada.

Recebendo o mínimo de proteção

Alguns juízes relutam em mandar um homem para fora de casa, mesmo quando a mulher descreve as ameaças que ele fez e o medo sob o qual ela vive. "Eu ordenarei que ele não a moleste, agrida ou ameace", eu os ouço dizer, "e se ele o fizer, você volta e registra a violação". Caso encerrado. O juiz pega o próximo caso e a mulher vai para casa temendo por sua vida ou, sem ousar correr o risco de voltar para casa, procura abrigo em outro lugar, deixando seu lar e seus bens para o agressor. Mais um caso da vítima pagando o preço pelo crime cometido contra ela.

Encontrando alguém para entregar os papéis

Um dos maiores problemas com os quais a mulher precisa lidar quando recebe a sua ordem de proteção temporária é a questão da entrega. Até ela conseguir alguém para entregar os papéis para o marido eles não entram em vigor. A pessoa que irá entregá-los precisa ter mais de dezoito anos de idade e não pode ser a própria mulher ou uma futura testemunha em qualquer uma das audiências. Os papéis devem ser entregues pessoalmente para o réu, não podem ser enviados pelo correio nem podem ser colocados por baixo da porta, embora possam ser deixados no chão caso o réu se recuse a aceitá-los. Posteriormente, o entregador deve jurar, diante de um notário, que ele entregou pessoalmente os papéis e devolver o *affidavit* autenticado ao tribunal ou para a mulher, que deverá levá-lo na próxima audiência.

Se a mulher não tiver ninguém para entregar os papéis, alguns tribunais mandam a polícia entregá-los, ou a mulher pode pagar um oficial de justiça ou um xerife. Mesmo assim, os problemas existem: nem todas as cidades permitem que a polícia entregue os papéis e, quando permitem, geralmente a polícia leva muito tempo, uma vez que as drogas, os assaltos e homicídios têm precedência sobre o abuso de mulheres; oficiais pagos custam mais do que muitas mulheres podem pagar. O maior problema, em muitos casos, é encontrar o homem para lhe entregar os papéis. Ele pode ter deixado a cidade, pode estar escondido; pode ter saído do emprego; ou pode ter aliciado os colegas para mentir caso o entregador apareça. Eu conheci homens que usaram bigodes falsos ou rasparam os verdadeiros para escapar da intimação, ou que se esconderam sob chapéus de abas largas, como num desenho animado. Um homem até mesmo disfarçouse usando uma peruca feminina.

A menos que o homem receba a ordem temporária e o tribunal tenha em mãos um *affidavit* autenticado nesse sentido, a mulher não pode ir adiante para conseguir uma ordem permanente. Se ela não tiver conseguido localizá-lo, o juiz pode lhe conceder um adiamento, depois do qual, se ela ainda não o tiver encontrado, o juiz pode permitir que a ordem temporária seja enviada pelo correio ou, em raras ocasiões, emitir uma ordem permanente. Se o homem evitar deliberadamente a entrega dos papéis e o juiz souber disso, ocasionalmente ele poderá permitir que eles sejam enviados pelo correio por carta registrada.

Freqüentemente, o homem que recebeu uma cópia da ordem temporária pode decidir não aparecer no tribunal para a audiência marcada e a mulher fica sozinha, incapaz de continuar. Sabendo que o juiz determinará outra data, os homens tendem a utilizar os repetidos adiamentos para perturbar ainda mais suas parceiras. Entretanto, até os juízes perdem a paciência e, muitas vezes, emitem a ordem permanente apesar da ausência do homem.

As barreiras emocionais

Embora algumas mulheres desistam da esperança de obter proteção do tribunal diante dessa longa série de dificuldades, outras, dispostas a vencê-las, desistem por outros motivos. Um deles é o medo.

Medo

Assim como os agressores ficam furiosos quando as mulheres os abandonam ou ameaçam fazê-lo, eles podem reagir com mais violência ainda ao receber uma ordem de proteção. Eles vêem o seu controle escapando, não somente para a mulher que ousa fugir dele, mas agora também para o sistema judicial. Como nesse momento a ordem é ainda apenas temporária, eles podem usar as três semanas anteriores à próxima audiência para exercer o seu poder e fazê-las mudar de idéia. Cercando-as, eles mandam a mensagem: "Você jamais se livrará de mim". Molestando-as, eles dizem: "Isso é apenas o começo". Ameaçando-as, eles advertem: "Espere até eu realmente fazê-lo". Um homem enviou uma carta ameaçadora que terminava assim: "Se você pensa que vai criar os meus filhos sob a proteção do tribunal, você está errada, MORTALMENTE errada". A mulher ficou assustada e retirou a ordem de proteção. Ele ainda estava no controle.

Esperança

A esperança é um segundo motivo que, às vezes, faz as mulheres desistirem da idéia de uma ordem de proteção. O marido que as isolou, humilhou, que as deixou quase loucas e sem um centavo, de repente ganha aquilo que uma mulher chamou de "Prêmio do Marido do Ano". Mexendo nos fios certos, ele a controla como uma marionete, na direção que ele quer, ou seja, para longe do tribunal e, ele espera, de volta ao seu controle. "Ele mudou", dizem as mulheres, operando o milagre em suas mentes porque elas o desejam desesperadamente em sua vida.

Algumas mulheres continuam com a ordem temporária, chegando a aparecer com os parceiros na data marcada para o retorno e, então, enquanto estão na sala de espera, antes de serem chamadas, mudam de idéia e vão embora. Eu os vejo falando, brincando com os filhos como um casal feliz, numa *novela* então vão embora juntos, sorrindo – ela com nova esperança, ele com o mesmo velho sucesso. Uma mulher explicou-me antes de ir embora com o marido seriamente abusivo: "Ele diz, 'Como podemos fazer o nosso casamento dar certo com isso suspenso sobre a minha cabeça?'". Eu digo: Como ela pode fazer o seu casamento dar certo com o abuso suspenso sobre sua vida?

Presa novamente pela trapaça do homem

Um terceiro motivo para a falta de continuidade da ordem de proteção é a trapaça manipuladora do parceiro da mulher vítima de abuso. Uma vez que o abuso não-físico é, em grande parte, uma questão de manipulação, o homem pode utilizar as suas habilidades já afiadas para persuadir a parceira a não obter uma ordem de proteção permanente contra ele. Conheci homens que rasgaram a ordem temporária quando a receberam e, depois, encontraram a da mulher e a rasgaram também; homens que dizem que o tribunal telefonou para adiar a data marcada para o retorno e, assim, quando ela não comparece, o juiz encerra o caso; homens que juram nunca ter recebido os papéis, apesar de o *affidavit* estar autenticado e eles afirmarem ter sido falsificado. A menos que a mulher tenha *clareza* suficiente para enxergar suas trapaças e vontade para agir contra elas, o tribunal cancelará a sua ordem temporária.

A conseqüência do não comparecimento ao fórum para a audiência marcada – na qual é decidida a emissão de uma ordem de proteção permanente –, em geral, é o aumento do abuso e a percepção, por parte da mulher, de que ela cometeu um erro sério. Como resultado, ela volta ao tribunal para solicitar outra ordem de proteção e começa todo o processo novamente. Contudo, desta vez, lendo a ficha de que a mulher não foi até o fim numa solicitação anterior, o juiz é um pouco menos compreensivo e, com freqüência, apresenta-se bastante zangado. Eu ouvi um juiz questionar uma mulher, repreendê-la e até mesmo lhe dizer que o que ela fizera fora "totalmente idiota". Recentemente, um juiz censurou uma mulher por não ter ido até o fim quando o marido foi enviado para um centro de reabilitação de drogas durante seis meses, apesar do fato de que ele, possivelmente, não poderia ter comparecido ao tribunal nem abusado dela. Com maior freqüência, o juiz suspira, balança a cabeça e, como a figura paterna chauvinista que geralmente é, fica visivelmente resignado com a incompetência dela.

Uma manobra comum que os homens utilizam quando recebem uma ordem de proteção é ir imediatamente ao tribunal solicitar uma ordem para si mesmos, afirmando que a parceira cometeu abuso contra ele. Em alguns casos, a mulher pode ter tentado calá-lo quando ele a estava repreendendo; pode ter tirado dinheiro dele porque ele o estava gastando em drogas; pode tê-lo espionado com a namorada com quem ele dormia para obter evidências para o divórcio; pode até mesmo ter batido nele quando quis agredi-la. Como não se nega a ninguém a oportunidade de buscar proteção, o homem passa pelo mesmo processo que a mulher, e espera para comparecer no mesmo tribunal no dia seguinte.

Numa tentativa de economizar tempo e aborrecimentos, o funcionário do tribunal marca a mesma data de retorno para ambos, e eu já presenciei algumas brigas na sala do tribunal. Explodindo de raiva, vi homens gritando com a mulher, em pé, e agitando os punhos ameaçadoramente; eu os vi discutindo acaloradamente com o juiz, gritando de raiva. Vi juízes rapidamente ameaçá-los de prisão por desrespeito e policiais correndo para manter os homens sentados em suas cadeiras. E já vi juízes sorrirem quando um homem, de 1m80, queixa-se de que a mulher, de 1m5, atirou-o contra a parede ou arranhou-o no braço.

Não estou afirmando que as mulheres nunca cometam abuso contra os homens; elas cometem. Existem mulheres rabugentas e avarentas, que agarram o salário da semana; que gritam ciumentamente e depreciam os homens com repulsa; e até mesmo aquelas que agridem. Entretanto, por causa da diferença de força e de tamanho entre um homem e uma mulher, entre a estrutura de poder do homem e da mulher e nas estatísticas relacionadas ao abuso do homem e da mullher, não vou defender os homens vítimas de abusos. Existem alguns, mas cerca de 95% das vítimas são mulheres.

Os homens também usam uma outra manobra para mudar a situação, atingindo a mulher onde ela é mais vulnerável: os filhos. Os serviços de proteção à criança estimulam os cidadãos a procurá-los quando suspeitam ou sabem de um caso de abuso infantil e eles são obrigados a verificar qualquer relato para determinar se as afirmações têm fundamento. Sabendo disso, um parceiro abusivo, furioso por ter recebido uma ordem de proteção, geralmente denunciará a mulher ao serviço de proteção à criança, provocando uma investigação. Com freqüência, as crianças são afastadas da mãe e colocadas em lares adotivos enquanto a investigação prossegue, resultando em trauma tanto para a mãe quanto to para as crianças e em vingança satisfeita para o pai.

Anne FitzSimmons, da polícia de White Plains, diz: "Uma ordem de proteção é apenas tão forte quanto o sistema de valores da pessoa contra a qual ela é emitida". Assim, depois de todo o trabalho e da espera, a mulher que finalmente recebe uma ordem de proteção permanente pode não estar protegida no final das contas. Se o agressor respeita ou simplesmente teme a lei, ele prestará atenção às restrições detalhadas na ordem e se comportará como exigido. Se, no entanto, ele não respeita a lei e não tem medo de não conseguir passar-lhe a perna, continuará o seu abuso como antes, provavelmente com intensidade ainda maior.

Mesmo assim, a ordem pode enfrentar um homem abusivo por meio da polícia. Se o homem violar qualquer item da ordem e a mulher chamar a polícia, esta pode – e em muitos estados, *deve* – prendê-lo. Se ele fugiu antes de a polícia chegar, o tribunal pode pedir a sua prisão. Em ambos os casos, a mulher pode registrar uma violação da ordem e retornar ao tribunal. Se a polícia estiver com o agressor sob sua custódia, no dia seguinte ela o acompanhará ao tribunal, algemado; se a polícia estiver à sua procura, ele será conduzido ao tribunal quando for encontrado. Embora a Vara de Família tenha poder de sentenciá-lo à prisão por seis meses, o juiz raramente o faz e, em vez disso, ele é advertido e mais restrições são impostas ao seu comportamento. Por outro lado, o juiz da Vara Criminal, lidando com casos mais violentos, provavelmente mandará para a prisão o violador constante.

Não existe um caminho seguro para proteger a mulher que mora com um agressor e – é triste dizer – não existe caminho seguro para proteger a mulher que vai embora. Um homem comete abuso contra uma mulher porque o abuso funciona, proporcionando-lhe aquilo que ele deseja: poder e controle. Se ele deseja manter o emprego e sabe que a mulher mandará prendê-lo por violação da ordem, ele a obedecerá. Se ele deseja atraí-la de volta – ou, em raros casos, verdadeiramente mudar e persuadi-la a voltar – ele a obedecerá. Se ele deseja ser um bom pai para os filhos, ele a obedecerá. Se a mulher vai embora e é muito difícil persegui-la, ele a obedecerá. Se tem outra mulher para cometer o abuso e achar que uma de cada vez é o suficiente para satisfazê-lo, ele a obedecerá.

Entretanto, se a sua determinação de recuperar o poder e reafirmar o controle que a mulher lhe tirou superar todos os outros problemas, ele não a obedecerá. Nada nem ninguém protegerá essa mulher – nem a polícia, nem o tribunal, nem uma ordem de prisão. Porque ele não pode viver como um fracassado, não a deixará viver como uma bem-sucedida vencedora.

15

"Será que algum dia ele vai mudar?"

Tratamento para homens violentos

Em maio de 1994, Admiral Mike Boorda, chefe das operações navais, nomeado após o escândalo sexual de Tailhook, expressou sua crença de que isso nunca aconteceria novamente. "Eu acho que a nossa cultura é diferente", ele disse. A congressista Patricia Schroeder respondeu, com dúvidas, que a cultura naval mudara e a senadora Barbara Boxer disse, meses depois: "Os militares precisam ser realistas e admitir que existe um problema" (*The New York Times*, 23 de maio de 1994). Na verdade, um estudo relatado no mesmo artigo indicava que uma em cada três famílias de militares fora vítima de algum tipo de violência familiar. Ele focalizava apenas o abuso físico, mas como se sabe a predominância esmagadora é do abuso de natureza não-física sendo terrível pensar qual seria essa estatística entre os militares.

A maioria das pessoas que trabalham com mulheres espancadas também duvida que a cultura americana tenha mudado. Os espancamentos não diminuíram. Os estupros continuam. Os homens ainda contam piadas sexualmente humilhantes e compram a *Penthouse* e a *Playboy*. Os vídeos com violência contra mulheres excitam. A indústria cinematográfica fica cada vez mais rica com seus heróis machões. E, recentemente, um terapeuta de homens contou-me que um juiz, que fora extremamente indulgente com um espancador, lhe confidenciou: "Nós sabemos qual é o problema – ela não está lhe dando sexo suficiente".

Stephen Dill, que, juntamente com Gordon Duggan, realiza *workshops* para espancadores no município de Putnam, Nova York, acredita que "como homens, todos nós estamos no *continuum* do abuso" e, até que o sistema de crenças da nossa sociedade se modifique, nem a marinha, nem a América verão a diminuição, e, muito menos, o fim da violência. Para sublinhar a visão masculina profundamente enraizada a respeito das mulheres, ele mostra que, freqüentemente, ao despedir uma mulher por incompetência, um empregador do sexo masculino diz: "Nunca mais contratarei outra mulher", mas, ao despedir um homem, ele nem mesmo pensa: "Nunca mais contratarei outro homem". Seguindo a mesma linha, a maioria de nós já ouviu o marido ou algum outro homem gritar na estrada para uma mulher: "Motorista idiota". Na verdade, ouvi um homem xingar a "motorista" à sua frente e, então, ao ultrapassá-la, descobrir que era um homem. Sem nenhum constrangimento, resmungou: "Ele dirige como uma mulher!".

A propaganda do Virginia Slims pode ter provado que as mulheres não precisam mais fumar escondidas atrás das portas, mas os profissionais que trabalham com a violência doméstica acham que nós, certamente, não avançamos muito em questões que realmente importam. Todos concordam que os primeiros passos em direção ao fim dos abusos precisam ser dados pela educação. Há 25 anos, poucas pessoas compreendiam os riscos do hábito de fumar até que a American Cancer Society gastou milhões de dólares para educar o público por meio de campanhas na mídia e materiais para uso em escolas. Atualmente, apesar do aumento do número de adolescentes fumantes, uma queda geral é visível. Da mesma forma, ninguém prestava muita atenção aos motoristas bêbados, até que os pais das crianças mortas – *assassinadas*, na opinião deles – por motoristas bêbados formaram o MADD, Mothers Against Drunk Driving e publicaram uma série de anúncios em todo o país. Como resultado, uma nova lei foi aprovada, outras estão sendo exigidas, e *motorista identificado* tornou-se uma frase comum.

Os ativistas na prevenção do abuso estão pressionando os governos locais, estaduais e nacionais a travar um bombardeio semelhante para educar o público em duas direções. Uma, destinada aos adultos – primeiro com informações básicas sobre o que constitui um abuso, para que nenhum homem possa dizer novamente: "É só a minha esposa" ou "Por que todo esse estardalhaço? Eu não encostei a mão nela"; e, segundo, com uma imagem realista dos efeitos destrutivos do abuso sobre uma mulher e as conseqüências legais para o homem que abusa dela. Embora o objetivo seja admirável e sem dúvida, o programa provocaria alguma mudança, os resultados seriam limitados. Como explica Lisa Frisch do New York State Office for the Prevention of Domestic Violence, um homem pode compreender intelectualmente e, mesmo assim, agir a partir de uma necessidade de controle profundamente enraizada que só a terapia intensiva pode reverter.

A outra direção é alcançar as crianças antes que os seus estereótipos assentem no concreto da sociedade – discutir a interdependência e a igualdade de homens e mulheres e explorar maneiras construtivas para expressar a raiva e a necessidade de controle que levam ao abuso. Os programas escolares desse tipo estão aumentando, patrocinados pelos governos locais e por abrigos de mulheres. O My Sister's Place no município de Westchester, Nova York, realiza programas de dois dias nas escolas e o *The New York Times* relatou que, em todas as classes, as crianças mencionavam nomes de vizinhos vítimas de abuso e, pelo menos uma, conhecia uma mulher que fora assassinada pelo marido. A educação trará a consciência, mas serão necessários anos para sabermos se ela provocará mudanças. "Está havendo progresso, mas a passos de tartaruga", afirma Thea Duow do My Sister's Place (citado por Louise Wollman no *Scarsdale Inquirer*).

Para acabar com os abusos, é essencial compreender por que os homens agem dessa maneira e as explicações dos profissionais diferem muito daquelas apresentadas pelos próprios homens. A lista de motivos a seguir foi compilada pelo Virginia Peninsula Council on Domestic Violence, e recebi uma cópia do juiz Allbritton da Vara de Família de Clearwater, Flórida. Embora tenhamos discutido muitos desses pontos nos capítulos anteriores, uma vez que essa lista incorpora a compreensão da maioria das pessoas que trabalham nessa área, eu a incluo como uma comparação para os motivos apresentados pelos próprios espancadores.

O agressor: Por que ele agride/abusa?

1. Necessidade exagerada de controlar/dominar. Define a masculinidade em função do domínio e do controle sobre os outros, especialmente sobre as mulheres.

2. A violência é aceita como parte da educação dos homens em nossa sociedade – e na maioria das outras.

3. Resposta aprendida para o estresse.

4. Extrema dependência emocional da vítima. Dependente de relacionamento.

5. A violência dá resultado – mesmo que apenas temporariamente. Ele "consegue as coisas à sua maneira".

6. A violência proporciona "uma sensação boa" – mesmo que apenas temporariamente.

7. Ausência de habilidades para lidar com conflitos. Ausência de habilidades para tomar decisões cooperativas.

8. Expressa a raiva como agressão. Expressa a maioria das emoções, como sentimentos feridos ou tristeza, pela raiva.

9. Aceita o abuso como uma coisa normal em razão das experiências na infância.

10. Não se considera responsável pelo próprio comportamento. Acha que outras pessoas ou eventos o provocam e, portanto, são os responsáveis. Considera o abuso justificável. Culpa a vítima. Projeção.

11. Considera as mulheres como objetos. Tudo bem bater num objeto.

12. Encara os relacionamentos em função de uma hierarquia de poder. Vê as mulheres como "pessoas de segunda categoria". Acredita numa estrutura pessoal e social indiscutivelmente patriarcal.

13. Autopiedade e auto-engano. Nega o abuso. Quando reconhece o abuso, nega a dor que ele provoca.

14. Controle insuficiente do impulso/controle da raiva.

15. Ciúme patológico.

16. Baixa auto-estima.

As afirmações dos agressores

Embora as pessoas que trabalham com homens violentos reconheçam que todos esses fatores colaboram para o abuso contra mulheres, os agressores identificam a motivação para os seus atos de maneira muito diferente. Eles só concordam com o de número dez, insistindo: "Não é minha culpa". Para um artigo intitulado "Why do men batter their wives?" (incluído no *Feminist Perspectives on Wife Abuse*, editado por Kersti Yllo e Michele Bograd), o autor, James Ptacek, realizou entrevistas com os agressores para descobrir diretamente os motivos da violência. Ele descobriu que as explicações para o comportamento abusivo dividiam-se em dois grupos: desculpas e justificativas, e concluiu: "O espancador recorre a racionalizações padronizadas numa tentativa de dar sentido ou normalizar o seu comportamento".

Quase todas as mulheres com quem trabalhei, vítimas de abusos físicos e não-físicos, confirmam as descobertas de Yllo e Bograd, relatando que os maridos explicam seus atos não como abuso, mas como explosões incontroláveis. "Eu me descontrolei" é a frase comum. Os autores do estudo descobriram que um terço dos entrevistados eximiam-se da responsabilidade pela perda de controle, atribuindo-a às drogas ou ao álcool, que são saídas que os isentam de culpa e um subterfúgio óbvio pois, geralmente, os profissionais concordam que nenhum deles provoca o abuso. Os dois terços restantes culpavam um acúmulo de frustração para a qual precisavam de escape; outra desculpa, pois, como foi salientado anteriormente, eles descarregavam a frustração de modo seletivo, em quem não os prejudicaria – a mulher. Em 22 de junho de 1994, o *The New York Times* relatou um estudo conduzido pelo dr. Neil S. Jacobson, que confirma o fato de que muitos homens não apenas espancam com "frio controle" como também sentem-se melhor ao fazê-lo. A perda de controle é a sua explicação, porque ela permite que a sociedade os perdoe e, ao mesmo tempo, que eles se perdoem.

Uma segunda desculpa que os homens apresentam para o seu comportamento abusivo é a familiar reviravolta que culpa a vítima: "É culpa dela. Ela provocou". Mesmo os homens que jamais cometeram abuso físico – a maioria dos agressores – livram-se da responsabilidade pessoal dizendo que ela o provocou. "Se alguém se mostra hostil, você quer se defender", explicou um dos homens que participou do estudo. Como a autodefesa é aceitável mesmo num tribunal, os homens facilmente desculpam o seu comportamento abusivo com a consciência limpa; só uma investigação feita por um profissional muito paciente e altamente habilidoso pode trazer à luz os atos anteriores, que provocaram o antagonismo da mulher em primeiro lugar.

Embora alguns homens espanquem a mulher sem nenhuma culpa, atribuindo-a a outra coisa qualquer, outros enganam a si mesmos, sem reconhecer seu erro. Eu vi um homem no tribunal dizer ao juiz com toda a inocência: "Eu mal a toquei", quando a esposa apresentava marcas roxas em todo o braço. Com freqüência, a mulher vai ao tribunal pedir proteção contra parceiros abusivos que ameaçam espancá-la ou matá-la caso ela repita um ato que pode ser tão inofensivo – para qualquer um, menos para a mulher vítima de abuso – quanto telefonar para sua mãe. Quando confrontado com a ameaça, o homem que torturou mentalmente a mulher durante anos pode ignorá-la dizendo: "Eu estava só brincando".

O estudo de Yllo e Bograd relata um tipo diferente de justificativa utilizado por 78% dos participantes, que Stephen Dill e Gordon Duggan vêem nos *workshops* que realizam para homens e que eu também ouço no tribunal: o fracasso da mulher como esposa. Se ela não faz o que supostamente deveria – ele considera seu direito puni-la. "De que outra maneira ela vai aprender?", um homem me perguntou com convicção. De que outra maneira, realmente! Ele disciplina o seu cão e os seus filhos quando eles não se comportam; por que não sua mulher quando ela discorda dele, não quer fazer sexo, pede mais dinheiro, visita uma amiga, ou esquece que ele não gosta de brócolis? A habilidade do homem para justificar o seu abuso é tão autoconvincente que, mesmo quando a mulher se esforça para agradá-lo, sempre concordando, fazendo sexo, não pedindo dinheiro ou visitando os amigos e nunca lhe servindo brócolis, ele encontrará uma série de outras áreas na qual ela falha. E saberá que é seu direito castigá-la.

O *prognóstico*

Como as defesas dos agressores contra a realidade são solidamente estabelecidos não nos surpreende que o prognóstico não seja encorajador. Nove entre dez espancadores consideram aceitável o seu comportamento, de acordo com Linda Rouse, em *You are not alone*, ficamos então com apenas um que admite que está agindo errado e, portanto, poderia mudar. Mesmo com os melhores programas de tratamento, o Domestic Abuse Intervention Projetc, em Duluth, Minnesota, cuja maioria dos profissionais concorda que é o melhor, nos relata que entre 40% e 60% dos homens que trata retornam ao comportamento abusivo em cinco anos. Joan Zorza do National Center on Women and Family Law tem uma opinião ainda mais sombria: ela vê pelo menos metade dos agressores, que passam por tratamento, retornar ao comportamento abusivo.

Entretanto, o índice de cura não depende só do programa de tratamento. Jeffrey Edelson e Richard Tolman relatam em *Intervention for Men Who Batter* que um resultado bem-sucedido, o qual, em sua opinião, varia entre 53% e 85% dos diferentes programas, depende de diversos fatores:

- Se o homem foi preso e obrigado a entrar num programa de tratamento.
- Se ele foi separado da mulher da qual abusava.
- Se ele não bebia excessivamente nem tomava drogas.
- Se ele procurou atendimento para obter ajuda profissional quando percebeu que estava voltando ao comportamento abusivo.
- Se ele não era uma personalidade narcisista mas, ao contrário, conseguia sentir empatia pelos sentimentos dos outros.

Acredito que outros fatores sejam igualmente influentes para determinar o índice de sucesso do tratamento. Um deles é a atitude do homem em relação à mulher. Se depois do tratamento ele continuar mantendo a visão chauvinista de que as mulheres são inferiores e, portanto, merecem ser dominadas, de que elas são propriedade do homem para serem utilizadas como ele quiser, e de que elas só se comportam quando são feridas e intimidadas, não há esperança de mudança. Se, contudo, um programa for capaz de mudar o seu raciocínio, ele poderá começar a examinar o seu comportamento abusivo. Mais importante, se o programa conseguir romper o impulso inconsciente que o obceca com a necessidade de poder e controle sobre as mulheres, ele poderá eliminar totalmente o seu comportamento abusivo. Uma vez que, de acordo com Edelson e Tolman, é mais difícil curar um homem que comete abuso contra a mulher do que um molestador sexual de crianças, as expectativas das pessoas que realizam programas de tratamento para agressores, apesar do trabalho duro e do compromisso sério, não são elevadas.

Um outro importante fator no índice de sucesso é a força da resolução de um homem para efetuar uma mudança. Se ele concordar com o tratamento como um meio de exercer controle e de manipular a mulher a fazer o que ele deseja, há poucas chances de sucesso. Ela pode, por exemplo, ameaçar chamar a polícia ou pedir uma ordem de proteção contra ele; ou pode começar a ir embora enquanto está sendo xingada e humilhada e ele, tendo representado a cena numerosas vezes antes, faz as habituais promessas. Contudo, dessa vez, como elas não funcionam, ele dá um passo adiante. "Eu vou mudar, prometo", ele implora arrependido. Ela já ouviu isso antes e nem mesmo se volta. "Eu vou procurar o centro de tratamento sobre o qual você me falou." Ela hesita, a mão no telefone ou na maçaneta da porta. "Amanhã", ele acrescenta. Ela pára.

"Sério?"

"Sério." Ela volta e, no dia seguinte, ele se inscreve no programa.

Entretanto, quer ele desista depois da primeira reunião ou permaneça durante todo o programa sob pressão, há pouca esperança de mudança porque ele não se inscreveu esperando mudar. Ele nem mesmo queria mudar; a mulher é quem queria.

Um homem pode superar seu comportamento abusivo se realmente quiser manter a mulher – não por medo, mas por amor. Assim como o Alcoólicos Anônimos pode recuperar uma pessoa – que atinge o fundo do poço e vê sua vida transformar-se numa confusão, estando suficientemente desesperada por ajuda para admitir em voz alta: "Eu sou um alcoolista" – o programa de intervenção ao abuso também pode recuperar um agressor violento. Assim como um alcoolista, ele precisa parar de fazer jogos mentais e ouvir a si mesmo, admitindo: "Eu sou violento".

Num livro chamado *The sexist in me*, o autor Kevin Powell faz um relato sobre o abuso cometido contra a sua namorada. Depois que ela o abandonou, ele percebeu que, a não ser que modificasse sua atitude com relação às mulheres, jamais seria capaz de manter um relacionamento sério, como desejava. Com esforço, determinação e relutância, ele abandonou o machismo que protegera seu ego durante toda a sua vida e conseguiu relacionar-se com as mulheres como seres humanos iguais. Não foi fácil porque, assim como todos os outros, ele não conhecia a igualdade sexual, apenas o controle sexual.

Um homem, num programa de intervenção, confessou: "Quando saio do centro de tratamento, sinto-me menos como um homem". Finalmente, incapaz de superar os sentimentos de inadequação sem recorrer à droga do controle, ele abandonou o programa; mais tarde, ouvi dizer que a mulher o deixara. O menininho aleijado no *Amahl and the night visitors*, de Menotti, encontrando força nas histórias contadas pelos sábios, ousa abandonar a muleta e, sem nenhuma garantia a não ser sua fé, dá um primeiro passo sem apoio. Da mesma maneira, um homem abusivo precisa abandonar a muleta da falsa masculinidade e ousar caminhar lado a lado com a mulher como um verdadeiro homem.

Não existe padronização no tratamento de homens abusivos, pois não há concordância a respeito de como ele deve ser. Alguns acreditam naquilo que Edward Gondolf, do Domestic Violence Study Center da Universidade Indiana, na Pensilvânia, chama de *abordagem do serviço social*; outros, naquilo a que ele se refere como *ação social*. A principal diferença entre os dois é que o primeiro trata o abuso de mulheres como um problema de relacionamento entre marido e mulher; o segundo, como um problema de poder, no qual o homem domina a mulher por meio de métodos de controles físicos ou não-físicos.

Tratando o abuso como um problema de relacionamento

Quando o abuso é considerado um curto-circuito no relacionamento entre um homem e uma mulher, precisa ser curado. Nesse sentido, são feitas diversas tentativas:

1. Trabalhando com o homem e com sua mulher

Os advogados que aconselham casais acreditam que o abuso pode ser atribuído aos dois; em sua opinião, alguma coisa na dinâmica do casamento não deu certo. Assim, o trabalho do terapeuta é fazer marido e mulher enfrentar juntos o problema, para descobrir o que ela faz para incitá-lo, o que ele faz para incitá-la, e como a comunicação foi destruída, permitindo que ela fosse substituída pelo comportamento abusivo. Os profissionais que utilizam esse método não culpam o homem ou a mulher, mas consideram que cada um deles contribui igualmente.

Embora o aconselhamento de casais tenha sido extensivamente utilizado no passado, estudos recentes indicam que ele não somente falha para conter o abuso, mas também, em muitos casos, realmente o aumenta, encorajando o agressor a ignorar a responsabilidade. Disseram a um casal que conheço e que procurou aconselhamento – a mulher com grau de bacharel e o homem com mestrado – que o motivo do abuso do marido era porque ela não era suficientemente inteligente para ele. O orientador baseou sua decisão naquilo que o homem autoritário lhe dissera a respeito da "estupidez" da mulher e que ela, assustada, em resposta, deu uma risadinha e pediu desculpas. Como resultado, ele aumentou o seu comportamento controlador, usando a conclusão do orientador como um reforço. Finalmente, ela o abandonou e, agora, tem um bom emprego e ele ficou desempregado durante dois anos.

Muitos terapeutas ainda acreditam na terapia de casais ou naquilo que eles denominam de *abordagem da co-dependência* para dar um fim ao abuso. Eles consideram a abordagem feminista, que se baseia no princípio de que a mulher é vítima e o homem perpetrador, simplifica demais a questão atribuindo papéis de mocinha e bandido. Sheila Beisel, uma terapeuta de New Jersey, acredita que a abordagem da co-dependência trata mais a mulher como um adulto do que a abordagem feminista, uma vez que lhe permite assumir alguma responsabilidade pela situação em vez de colocá-la num papel secundário.

2. Permitindo que o homem expresse a sua hostilidade

David Adams, do Emerge, um centro de tratamento em Boston para homens abusivos, chama a sua abordagem de *modelo de ventilação*. Acreditando, como propôs Freud, que a raiva reprimida é como o vapor de uma panela de pressão, que explode quando não há uma válvula de escape, ele afirma que a abordagem da ventilação proporciona essa válvula de escape. Eles criam uma situação, na qual os casais são estimulados a deixar sair o vapor numa pretensa briga justa, na qual nenhum deles pode aterrorizar o outro. Embora não possam bater, eles podem gritar, xingar, praguejar e menosprezar na tentativa de se livrarem dos sentimentos que poderiam levar a mais abuso se acontecesse em casa. Houve um caso em que um homem cuspiu na mulher; em outro, ele ficou com tanta raiva que lhe deu um soco, quebrando-lhe um dente, antes que o profissional pudesse intervir.

Um dos motivos do fracasso desse método é que ele legitima o abuso verbal, que o homem tem cometido contra a mulher desde o princípio, e que é a situação que os levou a procurar atendimento em primeiro lugar. Uma vez que, de acordo com David Adams, do Emerge, os homens tendem a utilizar mais o abuso verbal do que as mulheres, sem consideração pelos sentimentos do outro, a abordagem da ventilação, apesar de proporcionar a expressão livre com impunidade para os primeiros, fere mais profundamente as feridas já sangrando das últimas. O homem volta para casa com a permissão de intensificar o seu abuso não-físico; a mulher volta para casa mais ferida, mais assustada e com mais abuso.

3. Submetendo-o à psicoterapia tradicional

Os psicólogos que estudam o desenvolvimento humano resumem os padrões comportamentais com os quais as crianças normalmente crescem, passando de um estágio a outro para adquirir a maturidade mental, social e emocional de um adulto saudável. Quando as práticas destrutivas dos pais ou possivelmente outros fatores ambientais interferem em seu desenvolvimento normal, a criança, privada da satisfação de suas necessidades, as quais normalmente a nutririam com a sucessão de estágios, torna-se aquilo que consideramos um adulto doente. Nos indivíduos abusivos os sintomas dessa doença aparecem, de acordo com muitos psiquiatras, como uma sensação de inutilidade e de impotência emocional.

Assim, quando um agressor inicia tratamento psiquiátrico, sob a orientação do terapeuta, ele penetra na escuridão do seu inconsciente para trazer à luz dolorosas experiências passadas, que destruíram a auto-estima com a qual as crianças nascem. Ele foi vítima de abusos? Seus pais o rejeitaram? Ele foi negligenciado? Abandonado emocionalmente? Ele foi superprotegido? Essas são questões para as quais ele e o psiquiatra se esforçam para encontrar respostas, no poço fundo das lembranças reprimidas, acreditando que ao compreender suas experiências passadas possa lidar com elas de forma construtiva. Ele pode esperar reconstruir sua auto-imagem, consciente de que o fracasso não foi seu como criança, mas das pessoas que o levaram a aceitá-lo como seu.

Tudo isso é verdade. A psicanálise e/ou o tratamento psiquiátrico podem ajudar um homem violento a modificar sua atitude com relação a si mesmo e, como resultado, seu relacionamento com as mulheres. Entretanto, como único tratamento de intervenção em casos de abuso, ele falha em dois aspectos. Primeiro, demora muito, geralmente anos; eu conheço um homem que depois de dez anos ainda está fazendo terapia. Como o homem está revelando o seu passado reprimido para encontrar a criança que foi, a mulher continua vítima do abuso do homem. Embora a terapia possa finalmente permitir que o homem mude seu comportamento abusivo durante o demorado processo, a mulher terá de suportar a humilhação e o medo que o levaram a fazer o tratamento em primeiro lugar.

A segunda falha da terapia tradicional como um meio de cura para o abuso é o seu enfoque. O homem e o terapeuta estão tão preocupados em descobrir as feridas do passado, que esquecem totalmente das feridas do presente, que eles se juntaram para evitar. Num artigo intitulado "Rethinking Clinical Approaches" (*Feminist perspectives on wife abuse*, editado por Kersti Yllo e Michele Bograd), David Adams cita um estudo de 59 programas de prevenção ao abuso, dos quais, ao definir o seu objetivo principal, apenas 14% disseram "fazer o homem assumir responsabilidade por sua violência"; por outro lado, 90% deles afirmaram "aumentar a auto-estima". A maioria das pessoas que trabalha com homens abusivos – e, certamente, com as mulheres contra as quais eles cometem abuso – acha que os objetivos do tratamento deveriam ser o contrário.

4. Remodelando o comportamento abusivo

Anos atrás, B. F. Skinner introduziu a psicologia comportamental como um método de tratamento oposto ao da psicoterapia. À medida que esta última lida com a pessoa interior – suas experiências, atitudes e emoções – a primeira focaliza somente as ações da pessoa exterior. Muitos programas de intervenção ao abuso utilizam técnicas comportamentais em seu tratamento, de duas maneiras principais. Primeiro, eles permitem que um homem reconheça aquilo que desencadeia o seu comportamento abusivo: é a bebida ou são as drogas? É a suspeita de infidelidade? É o estresse relacionado ao dinheiro ou ao emprego? É uma afronta da mulher? É a agitação dos filhos? Aborrecimentos com os parentes? As brigas da mulher? O psicólogo instrui o homem a manter um diário, não somente dia a dia, mas hora a hora, minuto a minuto, se necessário, até que possa identificar os incidentes específicos que o provocam. Em geral, eles são reveladores, como no caso de um homem que descobriu que sempre que a filha monopolizava a atenção da mãe, ele gritava obscenidades e ameaçava levar a criança para sua casa, num outro estado.

A segunda técnica que os comportamentalistas utilizam é ensinar aos agressores novas maneiras de reagir aos gatilhos que os provocam. Eles acreditam que o indivíduo não tem habilidades para lidar com eles e, em sua incapacidade para reagir adequadamente, explodem com violência física ou não-física, da mesma forma que uma criança pequena bate e grita antes de aprender maneiras socialmente mais aceitáveis para conseguir o que deseja, ou mais tolerância para se conformar quando não consegue. Ele aprende a fazer concessões, a conversar durante um conflito, a desculpar-se por uma cena potencialmente explosiva, a administrar a sua raiva e a aliviar o seu estresse.

Embora seja útil os homens descobrirem quais são os gatilhos para o seu abuso e desenvolver habilidades para lidar com eles, os programas de intervenção que se apóiam apenas nesses métodos comportamentais não podem resolver o problema. Os homens abusivos desejam o controle, e cometem o abuso porque este lhes dá o controle. Saber aquilo que os torna violentos e aprender novas maneiras de se comportar não lhes dá controle. Portanto, mesmo com nova compreensão e novas habilidades, continuarão fazendo o que dá certo; e o que dá certo é o abuso.

Tratando o abuso como um problema de poder

Qualquer tipo de tratamento para agressores é relativamente novo, pois a própria violência doméstica só foi recentemente reconhecida; os quatro métodos de tratamento discutidos eram os únicos aos quais os programas de intervenção poderiam recorrer, e não havia outros. Atualmente, uma nova abordagem foi desenvolvida baseada na crença de que nenhuma quantidade de orientação de casais – expressão da raiva – terapia analítica ou modificação de comportamento pode acabar com o abuso sem alterar a atitude básica do agressor em relação às mulheres. Alguns, mas infelizmente nem todos os programas trabalham nessa direção.

Nos Estados Unidos, existem cerca de duzentos grupos para agressores, compostos por uma minoria de homens que se inscreve a mandado do tribunal e, igualmente, um pequeno número que se inscreve a partir do desejo de mudar; a maioria dos homens é forçada a freqüentá-los pelas mulheres, pela família ou pelo serviço social. Com um número tão pequeno de voluntários, não é de surpreender que o índice de desistência esteja entre 60% e 75%, principalmente daqueles que são coagidos e esperam amor e elogios imediatos. Em resumo, o homem que abusa porque isso lhe dá o controle que deseja comparece a um grupo de tratamento para manter esse controle. Sem as recompensas imediatas à disposição, ele desiste. Os grupos estão trabalhando muito para diminuir o índice de desistências. Em Quincy, Massachusetts, por exemplo, os homens são eliminados do grupo quando apenas comparecem às reuniões e não participam ativamente. O Tribunal de Quincy exige a participação ativa, considerando o tratamento determinado como "uma obrigação essencial, não apenas uma questão de comparecimento".

O primeiro grupo de homens nos Estados Unidos foi o Emerge, que abriu suas portas para os homens violentos em 1977, por causa da insistência dos abrigos locais para mulheres, cujas profissionais perceberam que elas não se sentiriam seguras até que os homens modificassem suas opiniões sexistas. A partir daí, o objetivo do Emerge tem sido o de acabar com o abuso e com o sexismo. O Men's Domestic Violence Program, do município de Putnam, Nova York, como outros programas efetivos para homens, descreve os seus objetivos com base no objetivo do Emerge:

> Fazemos isso para proporcionar um ambiente de apoio, no qual os homens aprendam a respeito dos seus motivos sociais, do condicionamento cultural e da própria história pessoal... as raízes da violência doméstica, as suas conseqüências negativas para a família, a sua ilegalidade, formas de evitar situações violentas e o auxílio disponível na comunidade.

A maior parte desses grupos de orientação trabalha para realizar três importantes mudanças nos agressores.

A primeira, e a mais imediata, é a de que o indivíduo garanta segurança à mulher que ele feriu e intimidou. Isso pode acarretar sua saída da casa que eles compartilham, até ele terminar o programa de atendimento ou submeter-se a tratamento contra as drogas e o álcool, ou pela sua colaboração para que ela obtenha uma ordem de proteção, cuja violação o mandará para a prisão.

A segunda mudança é a de que os orientadores desses grupos percebem que o homem violento precisa modificar suas atitudes sexistas e, uma vez que, como a maioria, ele inicia o tratamento negando fortemente qualquer ação errada, ele não pode nem mesmo reconhecer o sexismo. Na verdade, de acordo com Linda Rouse em *You are not alone*, nove entre dez homens não vêem nenhum motivo para modificar o seu comportamento abusivo, o qual eles desculpam ou justificam afirmando que ele "não é diferente do comportamento de todos os homens". Como resultado, o primeiro obstáculo que precisam superar antes que a mudança ocorra, é serem capazes de admitir que são abusivos. Admitindo, eles podem começar a compreender os seus métodos de controle, como a dor resultante que infligem à mulher e as atitudes sexistas que se originam. No final do curso, que geralmente dura cerca de seis meses, com reuniões semanais, espera-se que o homem possa enfrentar o fato de que só ele é responsável pelo seu abuso, não apenas o da mulher, mas também de todas as mulheres. Se ele tratou a mulher como um ser humano inferior, ele também tratou todas as mulheres.

A terceira mudança que os homens precisam realizar é desenvolver habilidades para lidar com as situações, substituindo a violência e não apenas desenvolvê-las, mas também utilizá-las. Isso exige a aprendizagem de métodos alternativos para expressar a raiva e o testemunho, no grupo de orientação, de que eles realmente estão sendo empregados. Além disso, devem desenvolver a habilidade de comunicação, para que o homem aprenda a prestar atenção no que está ouvindo e a falar honestamente quando está conversando.

Apesar de afirmarem obter poucas vitórias importantes, os homens que lideram grupos dizem que "Isso é o melhor que temos até agora" e, apesar de um elevado índice de desistência e de reincidência, eles continuam esperançosos, conscientes de que para cada homem que abandona o espancamento há uma mulher, com seus filhos, que deixa de viver com medo. Ainda mais desencorajador do que o baixo índice de sucesso do tratamento é a porcentagem ainda mais baixa de homens que procuram os centros de tratamento. "Se pudermos trazê-los para cá, talvez possamos ajudá-los", disse-me um profissional. "Se eles não vierem, não há esperança."

Uma mulher que foi ao tribunal tentara levar o marido para o programa. Ela era baixa, magra, tinha filhos gêmeos de quatro meses de idade, cujo marido, um guarda de segurança, abusara dela brutalmente, não-fisicamente, durante três anos. Isolada da família, insultada por ser uma "caipira boba", privada de dinheiro suficiente para comprar coisas básicas para os bebês e ouvindo repetidamente que era louca, ela desenvolveu uma asma. Aborrecido, o marido expulsou-a de casa, gritando-lhe nomes obscenos enquanto ela saía com os bebês. Apesar de ter-lhe implorado por mais de um ano para procurar ajuda e salvar seu casamento, ele se recusara, afirmando que ela é quem precisava de tratamento, não ele. Será que o atendimento o teria feito mudar? Não há nenhuma garantia e as chances não são boas, mas talvez tivesse. Sem isso não haveria nenhuma chance.

Uma vez que apenas a orientação obteve resultados medíocres, algumas comunidades tiveram a idéia de juntar homens e mulheres de diversas agências para ajudá-los a desenvolver programas mais amplos. Dois deles, em particular, conseguiram perspectivas tão promissoras que foram imitados por outras cidades em todo o país. Ambos incluem grupos de agressores, mas somente como parte de uma abordagem multifacetada para o problema.

Um dos programas é o Model Domestic Abuse Program de Quincy, Massachusetts, que atua de acordo com quatro objetivos especificados em seu manual:

1. Proteger e dar poderes para as mulheres que procuram auxílio legal.

2. Estimular as mulheres espancadas a buscar auxílio legal.

3. Controlar os espancadores e estimulá-los a se responsabilizar.

4. Impedir o abuso doméstico redefinindo-o como um crime grave na mente do público e da comunidade judiciária criminal.

Criado com base na crença de que o sistema judicial é a pedra fundamental sobre a qual é construída a prevenção do abuso, o programa de Quincy coordena os esforços das agências de serviço social com os de todas as divisões do sistema judicial, exigindo comunicação constante entre si. Essa comunicação começa com o Departamento de Polícia de Quincy, o qual, diferente daqueles de outras cidades, tem um forte compromisso de intervir em casos de abuso: treinamento extensivo de policiais, políticas e procedimentos detalhados, prisões obrigatórias tendo a segurança da mulher como principal preocupação, além de cuidadoso acompanhamento.

Em seguida, o gabinete do promotor envolve-se com advogados e outros profissionais especialmente treinados para informar e dar apoio à mulher durante todo o processo, e também posteriormente.

O tribunal também participa do processo de uma maneira nova. Em lugar da longa espera e da ausência de privacidade da maior parte dos tribunais, o programa de Quincy criou salas de espera separadas e uma equipe feminina para lidar com as vítima de abuso, além de dar prioridade aos casos de abuso e programar duas sessões especiais por dia.

Como a maior parte das comunidades encerra o caso de um agressor depois que a mulher recebe uma ordem de proteção, o programa de Quincy coloca-o sob vigilância do departamento de condicional. Oficiais monitoram os seus movimentos, mantendo-se em contato com os seus amigos, parentes e as agências tratando do seu caso.

Em Quincy, o indivíduo precisa iniciar um programa de tratamento e, como mencionado anteriormente, tornar-se um participante ativo. Além dos métodos habituais de tratamento, os orientadores mantêm contato com a parceira do homem abusivo e com a polícia, com a condicional e com o tribunal, caso ele mostre sinais de estar cometendo mais abusos.

Até mesmo a delegacia desempenha um papel no programa abrangente de Quincy. Em vez de apenas ser utilizado para entregar ao homem a ordem de proteção da mulher, eles informam outras agências da libertaçãode dele da prisão e até mesmo alertam a mulher caso o homem pareça perigoso.

O Domestic Violence Ended (DOVE) é o abrigo para mulheres no programa de Quincy, o qual oferece moradia de emergência, orientação, auxílio legal, atividades para as crianças das residentes, ensino, quando elas têm medo de ir à escola, e professores para ajudar as mulheres a se prepararem para o exame equivalente ao segundo grau.

Embora Quincy admita que o seu programa não descobriu a cura para o abuso, ele aponta com esperança as estatísticas comparativas:

- Nenhuma mulher que procurou o tribunal foi morta num caso de abuso doméstico em aproximadamente seis anos.
- Um número maior de mulheres está solicitando ordens de proteção e indo até o fim.
- Um número maior de homens está completando os programas de tratamento.
- Os juízes estão dando sentenças mais rígidas e condicionais mais longas para os agressores.
- Quincy acha e, certamente é o que parece, há motivos para ter esperança.

Um outro tipo de programa, chamado Coordinated Community Responses, foi planejado e colocado em operação no início dos anos 80. O Community Involvement Program – CIP – em Duluth, Minnesota, tornou-se um paradigma para programas em outras cidades, num número crescente de Estados e em mais de vinte outras cidades. Linda Frisch do New York State Office for the Prevention of Domestic Violence diz que eles estão lutando para adaptar o programa de Duluth em todo o Estado de Nova York.

Num artigo intitulado "Coordinated Community Responses" (*Women battering: policy responses,* editado por Michael Steinman), Jeffrey Edleson descobriu em seus estudos que os CIP foram desenvolvidos a partir de três suposições principais:

1. Ninguém tem o direito de usar a violência a não ser em autodefesa.

2. O abuso se origina na sua aceitação pela sociedade, como direito do homem de exercer o domínio.

3. O sistema social precisa proteger as mulheres confrontando os homens e mudando a aceitação do abuso, tanto social quanto legalmente.

A essência de um programa CIP é um grupo de advogados que entram em contato com as agências e sistemas coordenados para lidar com os agressores. Os advogados trabalham para estabelecer políticas de prisão obrigatória; para esclarecer aos promotores o que constitui abuso; para estimular as mulheres a obterem ordens de proteção e apoiá-las durante o processo; para organizar programas de tratamento para os homens e verificar se eles são concluídos; e para oferecer abrigo às mulheres. Além disso, os advogados mantêm contato com as mulheres vítimas de abuso e com seus filhos, oferecendo-lhes orientação e outros serviços que elas possam necessitar.

Embora as opiniões dos avaliadores sejam diferentes na determinação do sucesso dos programas CIP, a maioria concorda que eles produzem índices mais baixos de reincidência. Como Jeffrey Edleson concluiu: "A experiência dos esforços de intervenção de Minnesota mostra a importância da criação de redes, não apenas dentro dos sistemas judiciários criminais, mas também em todo o estado e nos orgãos legislativos".

Embora o abuso físico seja o principal foco dos esforços dos programas CIP e de Quincy, devemos lembrar que ele foi precedido por anos de abuso não-físico. Portanto, cabe aos tribunais e aos advogados influenciá-los a enxergar além do nariz sangrando e do olho roxo da mulher à sua frente, reconhecendo as feridas invisíveis provocadas pela violência emocional, psicológica, social e econômico que as mulheres suportaram sem ninguém ver.

Quando os programas começarem a lidar com o abuso não-físico com a mesma preocupação que atualmente demonstram com a violência física, eles começarão a minimizar o abuso físico para o qual, inevitavelmente, se encaminha.

16

"Então, por que não me sinto feliz?"

CONSTRUINDO UMA NOVA VIDA

Quando Ellie Ames finalmente deixou Roger, esperava uma vida de arco-íris e canções. Como a heroína de um conto de fadas de Grimm, ela escapara da caverna do ogro para a liberdade, vivendo feliz para sempre. Mas a realidade reservou um final diferente para a sua história. Ela se sentia tão infeliz quanto no período em que vivia com Roger. "Era horrível", diz ela. "O Sol podia estar brilhando; as crianças iam bem na escola, meus amigos me ofereciam apoio, e não fazia nenhuma diferença. Eu estava infeliz, mal-humorada e louca. Não fazia nenhum sentido." Ellie estava errada: fazia sentido.

A mulher vítima de abuso convive com um estresse tão grande, que pode aterrorizá-la e torná-la impotente. Os efeitos do choque extremo assemelham-se aos experienciados pelos soldados em batalha pelas vítimas de Hiroshima, pelos sobreviventes do holocausto e pelas crianças mantidas como reféns. Sob o estresse comum, a mente e o corpo preparam-se para lutar ou fugir: a adrenalina provoca uma carga de energia e as percepções aumentam para combater o perigo imediato.

Periodicamente, a mídia relata histórias de pessoas que levantam vigas de aço para libertar um homem preso sob elas, ou quebram o recorde de um corredor profissional para salvar uma criança do atropelamento – esse é o mecanismo de proteção da luta. Vemos pela televisão famílias da Bósnia, que ficaram escondidas durante uma semana ou mais, sem alimento ou água, e Rwandans, com seus bebês nas costas, crianças pela mão, caminhando centenas de quilômetros para a esperada segurança da fronteira da Tanzânia – esse é o mecanismo de proteção da fuga.

Entretanto, quando as circunstâncias impossibilitam tanto a luta quanto a fuga e a pessoa está impotente diante do perigo, o resultado é o trauma. Uma mulher, mantida cativa pelas trancas e chaves das portas ou pelas habilidades manipuladoras do marido – espancada, ameaçada e humilhada – não pode fugir e não pode lutar, do contrário o abuso aumentará. Ela está presa na destruição inevitável, como um coelho parado na frente dos faróis de um carro, um camundongo encurralado por um gato, uma mulher nas garras de um estuprador. Traumatizada, ela se rende, de mente e de corpo.

Foi isso o que aconteceu com Ellie, e é por isso que ela continuou sujeitando-se ao abuso de Roger, até que a família lhe oferecesse uma saída: ela poderia morar com eles e sua mãe tomaria conta das crianças até que ela conseguisse um emprego para sustentá-las. Um dia, enquanto Roger estava no trabalho, ela levou as crianças para a casa da mãe, voltou para casa para pegar algumas coisas e saiu pela porta, como ela colocou: "livre". Na primeira noite, a família sentou-se em volta da mesa de jantar com um novo agradecimento em suas preces, com sorrisos, esperança e uma garrafa de champanhe para comemorar.

Após o jantar, Ellie colocou as crianças na cama, beijou seus pais, foi para o quarto e chorou.

Lágrimas de alegria, sua mãe explicou naquela noite, no dia seguinte e no outro, mas Ellie começou a chorar um tipo diferente de lágrimas. Ela estava zangada. Respondia para os pais, não queria ver as crianças, ficava na cama o dia inteiro e, o pior de tudo, não conseguia tirar Roger de sua mente. Ninguém entendia por que, especialmente Ellie. "Esqueça", sua mãe aconselhava. "Está acabado". "Então, por que não me sinto feliz?" ela perguntava, nem ela nem a mãe encontraram uma resposta.

Mas há uma resposta, descoberta nos anos 70 pelos psiquiatras, dentre eles o dr. Robert J. Lifton, enquanto trabalhava com um grupo de veteranos do Vietnã, que havia sofrido traumas durante a guerra e que continuava a sentir o mesmo terror, juntamente com inexplicáveis explosões de raiva. Encontrando uma surpreendente semelhança entre os seus sintomas e os dos homens traumatizados pelos horrores de experiências totalmente diferentes, os psiquiatras chegaram à conclusão de que os homens sofriam de uma doença psíquica que eles denominaram *Post-Traumatic Stress Disorder* (PTSD) (Distúrbio do

Estresse Pós-Traumático). Em 1980, a Associação Psiquiátrica Americana reconheceu oficialmente o PTSD.

Apenas recentemente, como resultado dos esforços feministas, o estresse pós-traumático, anteriormente diagnosticado como uma doença atribuída à experiência masculina da guerra, foi reconhecido como uma doença sofrida também por mulheres vítimas de abuso. Uma vez que o trauma da mulher dura mais do que o período de um ano de serviço no Vietnã, os psiquiatras o descrevem como um trauma complexo, lembrando mais a experiência de prisioneiros de guerra. Ao tornar-se impotente diante do abuso prolongado e temendo pela sua segurança e sanidade, como os prisioneiros libertados pelos vietnamitas do norte, elas tornam-se veteranas do seu aprisionamento pessoal e sucumbem aos seus estragos. A libertação não oferece a liberdade; a fuga não proporciona a segurança.

Sem saber, Ellie e milhares de mulheres sujeitas a abuso não-físico sofrem o distúrbio do estresse pós-traumático. Elas só sabem que estão infelizes; seus amigos e a família sabem apenas que elas estão diferentes. Os profissionais descrevem o distúrbio de estresse pós-traumático em três categorias principais:

1. *Hiperalerta*. A mulher está constantemente alerta ao perigo, não consegue dormir, vive mal-humorada e tem súbitos acessos de raiva.

2. *Intrusão*. A mulher revive o seu relacionamento abusivo por meio de lembranças e pesadelos constantes.

3. *Constrição*. A mulher não sente mais nenhuma emoção e elimina os contatos e as atividades sociais.

Ellie experimentou as três categorias. A família "caminhava sobre ovos", fazia tentativas infrutíferas para diminuir a irritabilidade e as explosões do estado hiperalerta e Ellie sofria em silêncio, enquanto a intrusão de lembranças recorrentes a torturavam num dia e a constrição da apatia a envolvia no dia seguinte. Dessa maneira, ela mantinha o trauma vivo, impossibilitada de deixá-lo descansar em paz no passado.

Cerca de metade das mulheres que sofrem do distúrbio do estresse pós-traumático caem em depressão clínica, a qual não deve ser confundida com "melancolia" ou luto. A melancolia é simplesmente uma mudança temporária de humor que pode ser causada pela fadiga, pelo tempo ou pela saudade de um ente querido, enquanto o luto é o resultado de uma perda séria que pode ser trabalhada por meio de diversos estágios. Por outro lado, a depressão clínica é uma doença específica que se origina de fontes genéticas e ambientais ainda não completamente compreendidas e para a qual os cientistas continuam buscando a cura.

Milhões de americanos sofrem de depressão; cerca de um terço de todas as mulheres a experimentam em algum momento da vida, muitas das quais a estão experimentando com o choque após o abuso. Os médicos e os psiquiatras atribuem os seguintes sintomas à depressão:

- Incapacidade para dormir
- Tristeza difusa
- Perda de energia
- Afastamento do mundo
- Perda de peso
- Falta de interesse pelo sexo
- Incapacidade de concentração

Embora alguns dos sintomas da depressão sejam parecidos com os do distúrbio do estresse pós-traumático complexo, no geral os sentimentos são diferentes: o segundo é como um raio que eletrifica uma mulher; a depressão é um cobertor molhado, pesado, que a sufoca. O estresse pós-traumático provoca uma dor tão intensa que a mulher pode achar que só o álcool ou as drogas podem poupá-la; com a depressão, ela fica tão paralisada e amortecida que só precisa dar um pequeno passo para o suicídio.

O estresse pós-traumático, que facilmente pode provocar uma reviravolta na vida da família, pode nem mesmo ser visível para os estranhos. Por exemplo, eu vejo mulheres no tribunal que deixaram parceiros abusivos, geralmente zangadas, em lágrimas, e não há como saber quais delas sofrem desse quadro. Por outro lado, na semana passada, uma mulher levou sua irmã ao tribunal, para solicitar uma ordem de proteção, pois deixara o marido e fora morar com ela. Uma simples olhada era bastante para diagnosticar a depressão: ela estava suja, com o cabelo emaranhado como se não fosse penteado há semanas, e tinha um olhar perdido. "Ela não quer alimentar o bebê", disse a mulher, "nem mesmo colocar um pijama para dormir". Anos de abuso a haviam transformado numa morta-viva.

A mulher depressiva reage melhor aos tratamentos oferecidos pela ciência moderna – com medicamentos como o Prozac ou lítio, como a insulina para os diabéticos – que permite aos pacientes ter uma vida normal. Por outro lado, os terapeutas que tratam do distúrbio do estresse pós-traumático tendem a evitar as drogas, concentrando-se na terapia interpessoal, que provoca muito mais sofrimento.

Tratar o abuso é como curar um ferimento que está em carne viva e dói. As células brancas do sangue afluem para a área ferida com o propósito de curá-la e, se ela estiver infeccionada, formam pus para fazer o seu trabalho. Bloqueadas, as bactérias se multiplicam e, assim, mantemos o ferimento aberto, limpo com anti-sépticos e drenagem.

O ferimento é o sofrimento sangrando do abuso. As células brancas protetoras são a resposta de luta que permitiu à mulher escapar do seu parceiro abusivo. A formação de pus são os mecanismos de defesa que apagam as lembranças do sofrimento. Descobrir e drenar essas lembranças, trazendo-as para a luz da sua consciência, é o trabalho que a mulher precisa fazer.

A maneira como irá fazê-lo dependerá muito da intensidade do seu trauma e da profundidade com que elas foram reprimidas. Algumas mulheres descobrem que são capazes de desabafar as suas experiências com uma amiga íntima; outras escrevem a seu respeito por um fluxo de consciência; algumas pintam ou compõem músicas para expressar seus sentimentos. Muitas buscam atendimento e juntam-se a grupos para compartilhar seus problemas com outras mulheres vítimas de abuso; poucas, cujas lembranças estão profundamente enterradas para serem desencavadas, procuram a hipnose ou o psicodrama sob o cuidado de terapeutas especializados. Seja qual for o método utilizado, o objetivo deve ser o de revelar as experiências de abuso, pois até que as enfrentem e se permitam sentir a dor provocada por elas, as mulheres não ficarão curadas. A repressão só aumenta a infecção.

Geralmente, ao lhe pedirem para reviver as experiências do abuso, a mulher começa fazendo uma descrição – o que o parceiro lhe disse, o que ele lhe fez, e como ela reagiu. Isso, no entanto, é apenas contar histórias; na verdade, enquanto a mulher conta e reconta os horrores da sua experiência, a história se desenrola como numa gravação – palavra por palavra, a mesma história, inexpressiva. Ela não está revivendo; ela está simplesmente contando.

Um terapeuta experiente, consciente disso, estimula-a a falar mais de si mesma, não do seu agressor. "O que você sentia?", pergunta. "Eu sentia que ele era cruel", a mulher pode responder. "Eu sentia que ele era um valentão e gostava de exercitar os músculos em mim." Quando ela acaba de analisar o seu parceiro abusivo e interpretar os seus motivos, o terapeuta mostrará que ela só acabou de explicar o que estava *pensando* a respeito do seu agressor durante o tempo em que ficaram juntos.

"Mas o que você estava *sentindo*?", ele perguntará novamente.

Pensamentos não são sentimentos. Os primeiros originam-se na mente, os últimos, de algum lugar onde se encontra a fonte das emoções – o coração, nós gostamos de acreditar, embora a ciência aponte, de maneira menos romântica, para um ponto localizado no cérebro e para os hormônios secretados por glândulas. Embora seja terapêutico enfrentar os detalhes do abuso e compartilhar seus pensamentos a respeito dele, ela não ficará curada até poder enfrentar também os seus sentimentos. É fácil trazer de volta os pensamentos, porque eles mantêm distância da vulnerabilidade da mulher; eles estão "lá fora" enquanto ela continua "aqui dentro", segura por trás da fortaleza e do fosso do castelo da ausência de sentimentos.

Mas ela precisa sentir. Um atendimento eficaz ajuda-a a derrubar as suas defesas – parando de negar os sentimentos, parando de reprimi-los, parando de fugir deles. Para vivenciar a dor da mesma maneira que sentia durante meses ou anos de abuso. O que ela precisa experienciar – não relatar ou contar – mas *vivenciar*? O que ela precisa sentir?

Primeiro a raiva, que está mais próxima da superfície – raiva do parceiro por transformá-la numa escrava submissa, raiva de si mesma por permitir, e raiva do mundo por ter ficado assistindo enquanto tudo acontecia.

Então a vergonha – vergonha por ter desistido de seu sentido de si mesma da qual tinha orgulho, vergonha por ter abandonado os seus valores, por ter diminuído sua auto-estima, por ter cedido à vontade dele.

Também a culpa – culpa por ter provocado o abuso porque ela não sabia como construir um bom casamento, culpa por ter se casado, o agressor em primeiro lugar, e por ter suportado a situação intolerável por tanto tempo.

Finalmente, a tristeza – tristeza pelo casamento que poderia ter e nunca teve, tristeza porque os vestígios ocasionais do marido que ela amava não tivessem durado o bastante para ter-se tornado no marido que tinha.

O processo de recuperação

Um antigo ditado iídiche diz: "A maior dor é aquela que você não pode contar aos outros". É na sabedoria desse ditado que se baseia a recuperação do abuso. Quando a mulher finalmente é capaz de reviver a dor, ela pode começar a recuperar aquilo que o agressor roubou por meio do isolamento, da impotência e do medo pela sua sanidade. O processo passa por três estágios principais.

1. Restabelecendo os contatos sociais

A mulher não pode se curar no isolamento. Afinal, foi ele quem permitiu que o seu parceiro assumisse o controle da sua vida. Sem o mundo exterior para fazer comparações, ela não tinha meios para avaliar o seu relacionamento; ninguém cujo julgamento pudesse comparar com o seu; nenhuma regra social sobre maridos e mulheres a partir da qual pudesse traçar o seu gráfico. Portanto, a cura precisa vir do rompimento do casulo na qual esteve fechada e do seu surgimento como uma borboleta na comunidade de pessoas.

É com esse objetivo que se formaram grupos de auto-ajuda em todo o país, permitindo que as mulheres estabeleçam contato com outras mulheres vítimas de abuso e, como resultado, aceitem as suas experiências como um teste de realidade exclusivamente delas. A família e os amigos também desempenham um papel importante para levá-la de volta ao mundo social, pois no seu apoio ela redescobrirá a segurança que o agressor lhe negou e a sensação de pertencer a alguma coisa, deformada pelo domínio.

2. Readquirindo o controle

Quando a mulher é capaz de reviver a mágoa dos anos de abuso, ela começa a reassumir o controle de sua vida. Ao admitir os sentimentos na sua consciência, ela os controla, como uma parelha de cavalos com as rédeas em suas mãos, capaz de fazê-los andar a meio galope, trotar ou galopar ao seu comando, impossibilitando-os de desembestar ou fugir. Ao confrontar os seus sentimentos, ela pode mantê-los no lugar: sua raiva – pode saber que é justificada e impedi-la de transformar-se em vingança; sua vergonha – pode abrandá-la com o orgulho da sua coragem; sua culpa – pode empilhá-la, juntamente com a responsabilidade, sobre os ombros do seu parceiro abusivo; sua tristeza – pode saber que é real e trabalhar o seu luto até afastar a dor.

3. Perguntando "por quê?"

Qualquer pessoa que já tenha sido atingida por um sofrimento imprevisível faz a mesma pergunta: "Por que eu?" Por que *eu* tive câncer? Por que o *meu* filho foi morto por um motorista bêbado? Por que o raio atingiu a *minha* casa? E, sem esquecer daquilo que ela se lembra como o casamento feliz dos seus pais e amigos: "Por que isso aconteceu *comigo*?".

Desde o início, a humanidade tenta encontrar um motivo para as crueldades e injustiças, atribuindo-as a Deus e ao destino, à psique e aos genes e, mesmo assim, a questão persiste. Thornton Wilder escreveu um romance ganhador do Prêmio Pulitzer denominado *The bridge of San Luis Rey* no qual o narrador, Irmão Juniper, tenta explicar por que cinco pessoas estavam sobre uma ponte quando ela desabou, levando-as à morte. "Ou vivemos por acaso e morremos por acaso, ou vivemos de maneira planejada e morremos de maneira planejada", conclui o Irmão Juniper após seis anos de estudo. A sua resposta é a de que não há resposta; o sofrimento acontece porque acontece.

Essa é a resposta que a mulher vítima de abuso finalmente precisa aceitar. Ela pode saber que o marido sofreu abuso quando criança, percebendo que ele geralmente se perpetua; pode saber que interpretou a sua necessidade de controle como força e que o admirou por isso; pode saber que sua mãe a advertiu e que os amigos demonstraram dúvidas, mas ela jamais compreenderá por que eles se conheceram em primeiro lugar e por que se apaixonaram e se casaram. Ela pode imaginar *como* entrou num relacionamento abusivo, mas jamais entenderá *por que*, nem é importante. Quando a mulher puder parar de desperdiçar a sua energia na pergunta "Por que eu?" e começar a planejar "Agora eu", ela estará a caminho de uma nova vida.

Sigmund Freud e Alfred Adler, os pais da psicanálise, concordam que uma das bases da saúde mental é o compromisso com o trabalho e nela está assentada grande parte da cura da mulher vítima de abuso. Assim, não nos surpreende o fato de que muitas mulheres, sobreviventes da provação dos espancamentos, tenham se tornado ativistas em programas de prevenção da violência doméstica – abrigos, grupos de *lobby*, educação abrangente. Conheci uma mulher que se matriculou na faculdade de direito "para poder oferecer às mulheres como eu, um acordo melhor do que aquele que eu consegui". Com a sua experiência e um senso de missão, essas mulheres continuam a se curar enquanto diminuem e ajudam a curar a dor de muitas outras.

Outras mulheres ingressam numa nova carreira, como uma forma de iniciar uma nova vida. "Eu tenho oito anos pela frente, mas sempre quis ser médica", disse-me uma mulher no dia em que deixou o marido e conseguiu uma ordem de proteção para que ele não pudesse mais molestá-la em sua nova casa. Agora, eu a vejo sentada ao meu lado na sala de espera lotada do tribunal, descascando uma a uma as camadas de medo que a envolveram durante três anos de casamento. Determinado a reprimi-la, o marido a fizera desistir da faculdade e tornar-se a sua escrava virtual e, apesar de nunca ter encostado um dedo nela, isolara-a tanto, que as suas ameaças se assentavam como golpes físicos. Quero pensar nela agora como uma caloura, confiante e orgulhosa de si mesma. Eu imagino. Eu espero.

A maioria das mulheres que deixam parceiros abusivos não tem condições financeiras para passar oito anos preparando-se para uma profissão. Algumas terminarão o segundo grau ou farão cursos em alguma faculdade. Outras ficarão em casa para criar os filhos – uma nova carreira, porque elas o farão sozinhas, geralmente dependendo da ajuda do governo. Outras, ainda, arrumarão qualquer emprego, construirão um novo lar, com esforço, mas, apenas delas.

Embora as mulheres estejam ansiosas para começar um novo trabalho depois do trauma do abuso, muitas continuam vulneráveis para amar novamente, se é que algum dia conseguirão. Carol, divorciada há catorze anos, tem curso de mestrado, um emprego estimulante, um trabalho voluntário no hospital e os filhos vão bem na escola. Joan ocupa o seu lugar no mundo exterior, mas, no mundo interior – em seu mundo interior – ela continua assustada, incapaz de iniciar um novo relacionamento. Joan não está sozinha.

Muitas mulheres, capazes de adorar os filhos, os pais, os parentes e apreciar os amigos, fogem de um novo relacionamento íntimo. Assim como Joan, elas podem declarar: "Eu nem mesmo conheço um homem pelo qual possa me apaixonar" quando o que elas realmente querem dizer é: "Eu não me permito ficar apaixonada por um homem que conheci". Elas dão desculpas, encontram defeitos, negam seus sentimentos – utilizam todos os mecanismos disponíveis para evitar a reabertura das feridas do casamento abusivo. Isso é triste, pois as cicatrizes já fecharam, resta apenas o medo que a mulher tem de si mesma e sua recusa para curar-se.

"Como posso confiar novamente no amor, quando me dei tão mal da última vez?", perguntou-me uma amiga divorciada. A resposta, eu acredito, consiste em olhar o amor com mais atenção. O que é o amor? Carol casou-se com Ted porque ele era um herói machão; Terri casou com John porque ele ia para a guerra; Joan casou-se com Irwin porque ele era um símbolo de rebeldia; Ellie casou-se com Roger porque era a coisa certa a ser feita. Isso era amor? Muitas outras garotas se casam porque estão grávidas, porque querem engravidar, porque detestam os pais, porque querem deixar a escola ou não querem encontrar um emprego. Isso é amor?

Talvez as mulheres vítimas de abuso devessem desistir da idéia de descobrir o que é o amor e defini-lo descobrindo o que o amor *não é*. Ele não é a possessividade, o domínio, a tirania, a manipulação calculada, do ex-marido, o abusivo. Ele não é a humilhação, o medo, a sensação de inutilidade, a dependência, a dor. O amor nutre; ele não fere nem despreza. O amor faz duas pessoas desejarem "proteger-se, tocar-se e acolher-se", como escreveu o poeta Rainer Maria Rilke: "O amor faz com que um homem e uma mulher sejam iguais".

A mulher que esteve num relacionamento abusivo sabe muito bem que o único toque e acolhida que ela teve do marido foram cruéis, e a única proteção, as suas próprias orações. Assim, como a minha amiga, ela "não se deu mal" no amor, mas na interpretação errada do amor. Aceitando isso, ela percebe que pode amar pela primeira vez e envolver-se num relacionamento pela segunda.

Será que a mulher ficará totalmente curada dos estragos do abuso? Ela não os esquecerá, assim como não esquecerá as dores do parto, mas ao lembrar-se deles não sofrerá novamente a agonia. Ela não apagará as feridas do abuso como se fossem marcas de lápis no papel, mas estará mais forte a partir das cicatrizes que as cobre. A cura, é como a definição de maturidade proposta por Gordon Allport: "é o processo de vir a ser, não o de chegar" (*Becoming*). No livro *I can't get over it*, Aphrodite Matsakis, psicóloga especializada em distúrbio do estresse pós-traumático, resume os marcos pelos quais uma mulher passará durante o processo:

- Reviver com menos freqüência a experiência abusiva – menos pesadelos, menos medo, maior autoconfiança, maior habilidade para cuidar de assuntos pessoais.
- Sentir menos a impotência de uma vítima e mais a força de uma sobrevivente.

- Apreciar mais a vida – os amigos, as atividades, a natureza.
- Aprender a rir novamente, a se divertir, a brincar.
- Mudar da rigidez que quase destruiu sua vida, para a tranqüilidade e para a espontaneidade de ser livre.
- Transformar a raiva e o desejo de vingança em indignação, sentindo-se motivada para ajudar as outras pessoas.
- Sentir afinidade não apenas por outras mulheres vítimas de abuso, mas por todas as pessoas que sofrem.

Ao ler esta lista, anseio pelo dia em que todas as mulheres vítimas de abuso que conheço, conheci ou ainda não conheci, passarão por esses marcos e se tornarão novamente mulheres inteiras; e anseio pelo dia em que muitas pessoas possam compreender o que é o abuso, o abuso sem derramamento de sangue, com feridas invisíveis, cujos venenos infecciosos e dor provocam destruição. Mesmo os homens carregam cicatrizes invisíveis desse mundo abusivo; ao se permitirem tocar nessas cicatrizes, talvez venham a reconhecer as armas que as causaram e joguem fora as armas com as quais agridem as mulheres.

Os estudiosos da história das mentalidades dizem que, com o passar dos anos, a educação das crianças melhorou. Sob determinado aspecto, eles estão certos: o que costumava ser legal – infanticídio e abuso sexual e físico – agora é ilegal. Os pais ainda matam os filhos, exploram-nos sexualmente, batem, matam de fome e os aprisionam; só que, agora, uma vez que a lei intervém, se forem descobertos, eles serão julgados. As crianças são colocadas em lares adotivos e os pais, nos casos graves, vão para a prisão.

Como uma grande porcentagem de crianças vítimas de abuso torna-se abusiva na vida adulta, os métodos de educação de uma criança desempenham um importante papel na criação de homens não-abusivos. A nova mulher, que se torna inteira à medida que passa pelos marcos da cura, pode dar o primeiro passo em direção a um novo mundo, criando seu filho para ser um novo homem.

- Deixem que ela o escute, ouça-o e aceite o que ele sente como a sua verdade... que ela não o despreze como foi desprezada, mas que o reforce como não foi reforçada... deixem que ela o ame incondicionalmente e que ele saiba disso.
- Deixem que ela o guie, não o controle, para que ele conserve o seu eu independente... que não o castigue pelos fracassos, mas

o apóie por ousar tentar... e que o ajude a aprender com seus erros pela disciplina criativa, não pelo castigo.
• Deixem-na brincar com ele, para que ele aprenda o prazer, o dar e receber de estar vivo.
• Deixem que ela o ame, não pelo que ele realiza, mas pelo que ele é.

Criado dessa maneira, o menininho será o homem que encontrará poder dentro de si mesmo e, assim, não terá de buscá-lo pela sua imposição à companheira; ele terá certeza do seu valor e não precisará degradar o dela; será um igual no jogo da vida, e a compartilhará com igualdade; sendo amado pela mãe, saberá como amar uma mulher. O menininho criado dessa maneira não será um agressor, mas, como Mahatma Gandhi, verá na mulher "não a escrava, mas sua companheira e sua sócia; a parceira igual em todas as alegrias e tristezas – tão livre quanto o marido para escolher o próprio caminho".

No livro *O mágico de Oz*, Dorothy é arremessada por um ciclone, capturada por caçadores de macacos, aprisionada por uma bruxa, manipulada por um covarde disfarçado de mágico poderoso e, finalmente, abandonada numa terra virada de pernas para o ar. Só quando a Bruxa Boa do Norte explica o poder dos sapatos vermelhos, Dorothy consegue escapar. Embora não intencionalmente, o autor Frank Baum descreveu, numa metáfora, a difícil situação da mulher vítima da violência não-física – perseguida, escravizada, manipulada, afastada da família, enlouquecida num mundo sem sentido. Entretanto, como nem toda mulher vítima de abuso tem sapatos mágicos para libertá-la da confusão, cabe a cada cidadão insistir para que cada líder em nossa estrutura de poder os proporcione.

Com a explosiva revelação da pretensa história de abuso da mulher de O. J. Simpsons, o mundo foi forçado a olhar o sangue do espancamento e o pânico da violência não-física que o antecedeu. "Talvez os agressores de mulheres nunca mais se sintam tão seguros. Talvez os juízes não sejam mais tão rápidos para lhes dar uma 'sentença', que se resume a uma piscadela irônica", escreveu A. M. Rosenthal no dia 26 de junho de 1994, na edição do *The New York Times*. Talvez.

"Ele receberá uma sentença leve também desta vez, porque ele é uma celebridade", ouvi repetidamente nas semanas após o crime. Se for considerado culpado, é verdade que poderá receber uma sentença leve, mas se isso acontecer, não será porque ele é uma celebridade;

será porque é um homem abusivo. Até agora é isso o que os juízes têm dado aos agressores de mulheres – sentenças leves. Talvez os anos de sofrimento de Nicole Simpson façam diferença. Talvez a face do abuso tenha sido indelevelmente impressa em nossa mente coletiva e não nos esqueceremos.

É bom sinal que não podemos mais ignorar a existência do abuso, não entre *eles*, mas entre *nós*. Num pequeno livro com grandes pensamentos chamado *I may not be totally perfect, but parts of me are excellent*, Ashleig Brilliant escreve: "Acreditar é ver – eu não teria visto se não tivesse acreditado". O. J. Simpson nos fez acreditar no abuso; agora nós podemos vê-lo e fazer alguma coisa a seu respeito.

No final de *Gaslight*, Joseph Cotten, um repórter que salva Ingrid Bergman, fica ao seu lado olhando para a noite, enquanto seu agressor é levado embora. Consciente de que ela está traumatizada pelo que o marido lhe fez e de que continuará a sofrer, ele diz: "Será uma longa noite, mas ela acabará. Está começando a clarear. De manhã, quando o sol nasce, algumas vezes é difícil acreditar que houve uma noite".

Como poucas mulheres vítimas de abuso têm um Joseph Cotten para salvá-las, nossa nação precisa reconhecê-las, dar-lhes meios para que se salvem – moradia, habilidades, empregos, cuidados com as crianças, apoio emocional – e para que possam ser independentes. Então, poderemos lhes dizer: Sim, a noite acabará... Sim, o sol nascerá outra vez.

Apêndice
à Edição Brasileira

Após a leitura desse volume o leitor brasileiro deve estar se perguntando como seria o encaminhamento possível nas situações de violência não-física contra a mulher, em nossa realidade. Assim, em busca de oferecer alguma possibilidade de orientação complementar, esse Apêndice descreve resumidamente os procedimentos e mecanismos jurídicos mínimos da legislação brasileira, que podem ser acionados pela vítima de violência conjugal – não especificamente violência não-física.

Deve-se mencionar que cada estado tem organização judiciária própria, tornando específico o que determina a competência das Delegacias de Polícia (DP), bem como dos Juízos que compõem o Poder Judiciário. Portanto, torna-se fundamental que a mulher procure saber quais são os serviços que sua comunidade dispõe para lhe oferecer proteção.

Já foi ressaltado, durante o livro, que a situação da vítima de violência não-física é complexa, e que seu maior comprometimento é psicossocial, nem sempre comportando medidas legais diretas, quer nos Estados Unidos, país de origem da autora do texto, quer no Brasil. Assim, buscamos organizar, nesse complemento, algumas informações sobre os recursos dessa natureza disponíveis à mulher brasileira.

Embora tenha havido um crescimento significativo do número de instituições que fornecem proteção e apoio à mulher, as informações sobre estas nem sempre são de fácil acesso. São poucos os dados disponíveis sobre todo o país e os levantamentos, região por região, tornaram-se tarefa além das possibilidades desse Apêndice. Depois de muitas tentativas, optamos por descrever *alguns dos caminhos possíveis* a quem necessitar de apoio.

Parte significativa dos serviços de proteção e orientação psicossocial à mulher vem sendo desenvolvida pelas organizações não-governamentais (ONGs) e pelos Núcleos de Estudos do Gênero (ou assemelhados) das universidades públicas e privadas. Informações sobre essas entidades podem ser obtidas pelos interessados por meio dos Conselhos Estaduais (e Municipais) da Condição Feminina, cujos endereços estão listados no final desse Apêndice, bem como o dos principais Núcleos de Estudos e atendimento das universidades, a que tivemos acesso. Além disso, cada vez mais as informações sobre essas entidades podem ser obtidas pelo uso da Internet (por um programa de busca que use como descritor os termos violência + mulher + sigla ou nome do estado brasileiro).

Caso a mulher necessite de proteção policial, e queira saber se sua cidade conta com uma Delegacia de Polícia Especializada de Defesa da Mulher (DDM), pode fazer uso dos serviços telefônicos, acionando o código de informações de números local. Todas as tentativas que realizamos redundaram no fornecimento rápido do número de telefone necessário. O contato com algumas dessas delegacias também possibilitou a indicação de endereço e telefone de serviços de apoio jurídico e psicossocial. Essa informação também pode ser obtida nas Secretarias de Segurança Pública, elencadas ao final do texto.

Quanto à assistência e orientação jurídica, deve-se lembrar que a mulher que precisa de proteção legal necessita contar com a assistência de um profissional da área jurídica, para orientá-la quanto à especificidade de seu caso. Considerando que muitas das vezes faltam os recursos econômicos para a busca de um advogado, lembramos que é possível contar com a assistência jurídica gratuita fornecida, novamente, na maior parte dos casos, pelas ONGs e universidades. Em vista disso, elencamos também ao final desse Apêndice, os endereços dos Fóruns das capitais dos estados brasileiros, em que a mulher pode obter informações sobre os endereços específicos das entidades que prestam esses atendimentos em seu estado e cidade.

Finalmente, devemos deixar o crédito da redação das informações jurídicas que se seguem à advogada Deborah Katia Pini, do Pró-Mulher Família e Cidadania, e agradecer a todos que colaboraram direta ou indiretamente nas idas e vindas que tornaram viável a redação desse Apêndice. Não podemos deixar de destacar nominalmente nossa dívida de gratidão à Malvina E. Muszkat, presidente do Pró-Mulher Família e Cidadania, por sugerir a redação desse texto e facilitar muitos dos contatos necessários para sua elaboração. Mencionamos também a presidente do Conselho Estadual da Condição Feminina de São Paulo, dra. Maria Aparecida de Laia, pela disposição e disponibilidade, assim como a sra. Maria de Lourdes Prata Riera pela paciente gentileza. Enfim, um agradecimento especial à dra. Antonia Lobo, coordenadora geral do Conselho Nacional da Condição Feminina pelo inesgotável apoio e colaboração, fornecendo tanto os endereços dos Conselhos Estaduais quanto dos Núcleos Universitários.

Sobre os Mecanismos e Procedimentos Legais Disponíveis à Mulher Vítima de Violência

Antes de transcorrer sobre os mecanismos jurídicos, vale dizer que nem sempre um ato ou omissão considerados violentos são enquadrados como infração penal, sendo certo que a lei determina de forma taxativa o que vem a ser crime e contravenção penal.

Assim, em primeiro lugar, a vítima de violência doméstica deve verificar se o ato ou a omissão praticados pelo ofensor são previstos em lei como infração penal. Se assim for, ela deve dirigir-se a uma Delegacia de Polícia Especializada de Defesa da Mulher (DDM), ou não havendo esta em sua Comarca, ir à uma Delegacia Comum ou naquela que é competente, conforme a organização de seu estado, e realizar um Boletim de Ocorrência BO.

Um BO nada mais é do que informar à autoridade policial o fato criminoso. É importante lembrar que a mera informação prestada não significa a continuidade do trabalho da autoridade policial. A vítima deve fornecer o maior número de elementos para que haja agilidade nas investigações. As informações exigidas são basicamente: a autoria do fato infracional, local onde este ocorreu, identificação da vítima, testemunhas e, se necessário, a realização de perícia, que vem a ser o exame de corpo de delito, pois é mediante esse procedimento que muitas vezes é constatada a existência da infração penal e detectada a sua natureza.

A autoridade policial procederá à investigação do fato considerado infração penal, pela abertura do Inquérito Policial, que vem a ser um procedimento que antecede a ação judicial penal.

A autoridade policial, na figura do delegado, ao tomar conhecimento da infração penal nem sempre procederá à instauração do inquérito policial, ou seja, iniciará as investigações, pois em conformidade à nossa legislação, existem certos crimes que a vítima deve exteriorizar sua vontade para que haja tal procedimento, devendo, nesse caso, oferecer representação.

A representação é de uma declaração, que pode ser escrita ou oral, em que a vítima manifesta seu desejo de que o inquérito policial seja instaurado, devendo conter todas as informações que possam servir à apuração do fato criminoso.

Em conformidade ao disposto no Art. 39 do Código de Processo

Penal, o direito de representar poderá ser exercido pessoalmente ou por meio de um procurador com poderes específicos (advogado) à autoridade policial, judiciária ou ao Ministério Público.

Para que a vítima possa saber se deve oferecer representação, basta verificar no texto do BO se ela é advertida quanto à necessidade e ao prazo legal para sua apresentação. Não oferecendo a representação no prazo determinado, a vítima perde o direito de apresentar tal manifestação, extinguindo a punibilidade do ofensor, o que impede a instauração do Inquérito Policial, bem como a possibilidade da futura Ação Judicial Penal cabível.

O prazo para a apresentação da representação é de 6 (seis) meses a serem contados a partir do dia em que ficar conhecida a autoria do crime. O inquérito policial deve ser concluído no prazo de 30 (trinta) dias que podem ser prorrogados se houver necessidade. Estando o ofensor preso, o inquérito policial deve ser concluído no prazo de 10 (dez) dias improrrogáveis.

Concluído o inquérito policial, o delegado fará relatório objetivo e o encaminhará ao Juízo competente. Não compete à autoridade policial aplicar lei ao caso concreto, ou seja, punir o ofensor, e sim apenas apurar a infração penal e trazer subsídios para que exista no futuro a Ação Penal Judicial, em que o juiz irá aplicar a pena ao ofensor.

Em casos de extrema violência, quando a vítima necessita de proteção imediata, devendo ser afastada do agressor, porque corre sérios riscos de vida, a autoridade policial poderá encaminhá-la a Casas Abrigo – já existentes em muitos dos estados brasileiros – que acolhem mulheres em tal situação. Esses locais são de conhecimento único e exclusivo da autoridade policial e de pessoas confiáveis que poderão prestar assistência à mulher, justamente para que seja resguardada sua segurança.

Vale esclarecer que, havendo resistência da autoridade policial em instaurar inquérito, ou, ainda, em requisitar perícia, sem justificativa plausível, a vítima poderá se dirigir ao Ministério Público e noticiar o fato, apresentando elementos que demonstrem indícios de crime, sendo certo que se o promotor de justiça sentir a necessidade que tais procedimentos sejam realizados, ele poderá requisitá-los junto à autoridade policial. A vítima poderá, ainda, apresentar recurso junto à Corregedoria ou ao órgão competente, em que deverá narrar a resistência injustificada da autoridade policial em realizar tais procedimentos e fundamentar a necessidade desses.

Assim, como se pode verificar, a vítima deve sempre estar atenta para tomar as providências cabíveis a fim de que seus interesses sejam resguardados, pelo que a assistência de um advogado nessa hora é indispensável, lembrando que o bom andamento do procedimento do inquérito policial e das futuras ações judiciais está vinculado ao movimento que a vítima tem diante do problema, sendo esta também responsável pela sua segurança.

Do Juizado Especial Criminal – Lei 9.099/95

É necessário esclarecer aos leitores o funcionamento da Justiça Especial Criminal, pois o maior número de mulheres, vítima de violência doméstica, ao noticiarem o fato criminoso à autoridade policial é encaminhado a esse Juízo. Isso acontece porque, na maioria das vezes, a lesão corporal praticada contra a mulher é considerada leve, o que, em conformidade com a lei, é considerado crime de menor potencial ofensivo, sendo da competência desse Juizado Especial conhecer e julgar crimes dessa natureza. São considerados crimes de pequena potencialidade ofensiva cuja pena máxima prevista não excede a um ano de reclusão ou detenção.

A Justiça Especial Criminal possibilita aos implicados comporem um acordo, abrangendo a indenização por eventuais danos materiais e/ou morais sofridos pelo ofendido, bem como proceder à transação penal, ou seja, o Ministério Público pode fazer uma proposta de pena a ser cumprida pelo ofensor.

O fim social a que se destina o Juizado é justamente permitir à população o acesso à justiça para resolver o litígio de maneira mais célere, dispensando-se o formalismo existente no procedimento da ação judicial penal comum, diante da natureza do conflito existente entre as partes. Além disso, as penas aplicadas ao ofendido aqui não têm o caráter coercitivo e *sim de um meio de reeducar o indivíduo.*

Compõem o Juizado Especial Criminal, o Juiz de Direito e Juízes Conciliadores (os Leigos).

A função dos Juízes Conciliadores (leigos) é auxiliar o Juiz de Direito para que haja um consenso entre o autor do fato e o ofendido quanto à indenização pelos danos ocorridos, bem como sobre a proposta de pena feita pelo Ministério Público a ser cumprida pelo ofensor. No Juizado Especial Criminal vigora o princípio da informalidade, da simplicidade do processo, da celeridade.

No Juizado Especial Criminal o procedimento é dividido em três fases:

FASE POLICIAL: A fase policial é mínima, pois aqui não existe o Inquérito Policial, devendo a autoridade policial, ao tomar conhecimento da infração penal de menor potencial ofensivo ou contravenção penal, lavrar o Termo Circunstanciado e encaminhá-lo diretamente ao Juizado, juntamente com as partes envolvidas. Não sendo possível encaminhar as partes naquele momento, o Termo será encaminhado mesmo assim, devendo a vítima comprometer-se a comparecer perante a autoridade judiciária e fornecer dados do local onde o ofensor possa ser encontrado para que o mesmo seja intimado.

FASE PRELIMINAR OU CONCILIATÓRIA: Para que a audiência preliminar ocorra é imprescindível o comparecimento das partes, ocasião em que o juiz promoverá o acordo entre estas no que se refere a eventuais danos existentes, seja material ou moral. Nesse mesmo ato o Ministério Público apresentará proposta de pena para o ofensor cumprir. A proposta dessa pena será sempre restritiva de direitos, ou seja, o ofensor ficará impedido de praticar certos atos, como, por exemplo, freqüentar bares à noite, de sair da cidade somente com o consentimento do juiz ou ainda lhe culminar uma multa, sendo que tal valor se reverterá para o Estado.

O Ministério Público só poderá formular tal proposta de pena se o ofensor não tiver condenação anterior pelo cometimento de crime; quando o ofensor não tenha transacionado nesse Juízo a pena no prazo de 5 (cinco) anos, e, ainda, perceber que tal proposta é inadequada diante da conduta do ofensor, ou seja, os motivos e as circunstâncias que o levaram ao cometimento da infração penal são muito graves, o que impede tal negociação.

Realizado o acordo entre as partes, o procedimento está encerrado. Assim, o ofendido renuncia ao direito de, no futuro, movimentar a máquina judiciária, cuja infração penal tenha sido objeto dessa negociação, competindo a de apenas exigir do ofensor cumprimento do acordo por meio da ação de execução.

FASE DO PROCEDIMENTO SUMARÍSSIMO: Não havendo o acordo, passa-se para a fase seguinte que vem a ser o procedimento sumaríssimo, em que se inicia a ação penal, devendo ser oferecida a queixa crime ou a denúncia.

A queixa crime vem a ser uma peça elaborada por um advogado, em que se promove a ação penal judicial, cuja legitimidade é exclusiva do ofendido, ou seja, compete somente a este movimentar a máquina judiciária e requerer em Juízo a aplicação da lei ao caso concreto. A denúncia tem o mesmo caráter da queixa crime, só que esta é oferecida pelo Ministério Público.

Ressalta-se que o Código Penal determina quais são os crimes em que deve ser oferecida a queixa crime ou a denúncia. Tanto a queixa quanto a denúncia devem ser apresentadas oralmente.

Outra alternativa para o Ministério Público ao ofercer a denúncia é requerer a suspensão do processo pelo prazo de 2 (dois) a 4 (quatro) anos. Mas tal proposta também deve ser aceita pelo ofensor e seu defensor. Nesse caso, a ação fica suspensa e, nesse ínterim, o ofensor fica liberado do cumprimento de eventual pena, devendo manter um comportamento condizente à moral e aos bons costumes. Se assim não o fizer a suspensão será revogada e o processo será retomado na fase em que se encontrava anteriormente. Passado o tempo fixado da suspensão do processo, e se o ofensor se manteve de maneira adequada, a punibilidade é extinta.

Contudo, se não houver a proposta de suspensão do processo, ou ainda, caso seja realizada e não seja aceita pelo ofensor, deve ser apresentada a denúncia ou queixa. Nesse ato, o acusado é citado para que compareça na próxima audiência de instrução e julgamento em que a ação penal judicial passa a ter seu regular prosseguimento, sendo então imprescindível que as partes estejam sendo assistidas por um advogado.

Das Regras do Direito de Família

As regras do direito de família existem, fundamentalmente, como um meio que a pessoa tem para resguardar seus interesses e, acima de tudo, proteger sua integridade física e moral. Em conformidade ao nosso ordenamento jurídico, as normas que regem o direito de família são de natureza coagente, o que significa que o Estado determina de forma taxativa as regras que regulam as relações familiares.

A rigidez legal existe justamente para garantir a proteção à entidade familiar. Assim, não será permitido dissolver o casamento e a união estável de maneira que não atenda às regras do direito de família, mesmo que as partes, de comum acordo, queiram fazer de forma diversa àquilo que a lei determina. Isso ocorre para que um dos cônjuges não fique mais privilegiado em relação ao outro, garantindo a igualdade na relação. Assim para se desfazer o casamento ou ainda a união estável a lei determina de forma taxativa a forma e como essas devem ser dissolvidas e quais são os direitos inerentes de tal relação, para que a entidade familiar seja preservada.

As mulheres, vítima de violência doméstica, não são obrigadas a conviver com o agressor, podendo ser requerida a separação para que possam ter uma vida mais digna.

Da Separação Judicial

Somente poderão pleitear a separação judicial as pessoas casadas, existindo duas formas de proceder à dissolução da sociedade conjugal: a forma consensual (amigável) e a litigiosa.

1. **CONSENSUAL**: Aqui existe o consenso das partes, em que ambos, por intermédio do advogado, pleiteiam ao juiz a dissolução da sociedade conjugal. Nesse caso, em uma única ação deve ser regulamentada a guarda dos filhos, sistema de visitas, prestação alimentícia e partilha de bens.

   Nesse caso as partes não precisam justificar para o juiz o motivo que levou a tal pretensão, basta o acordo estar em conformidade à lei que a separação será concedida. Ressalta-se que essa forma só é permitida aos cônjuges que estejam casados há mais de 2 (dois) anos. Caso um casal que não esteja casado há mais de 2 (dois) anos queira se separar, tem sido utilizado, subsidiariamente, a medida cautelar de separação de corpos, o que tecnicamente não é o correto, mas nossos tribunais têm admitido, pois ninguém pode manter um casal unido se não houver a vontade de ambos. Assim, o casal solicita a separação de corpos até que se complete 2 (dois) anos de casados para que, finalmente, possam requerer a separação judicial consensual, sendo certo que nesse ínterim as obrigações conjugais ficam suspensas.

2. **LITIGIOSA**: Essa forma de separação ocorre quando uma parte pretende se separar e a outra cria uma resistência, ou seja, não aceita fazer a dissolução do casamento de forma amigável. Nesse

caso não resta outra alternativa ao cônjuge interessado senão pleitear a separação, que poderá ser requerida a qualquer tempo, devendo o interessado fundamentar seu pedido. A Lei 6515/77 – Lei do Divórcio – determina as hipóteses que permitem a dissolução da sociedade conjugal. São elas:

A – Quando o cônjuge imputar ao outro conduta desonrosa ou pratique qualquer ato que importe em grave violação dos deveres do casamento, tornando a vida em comum insuportável.

A primeira parte dessa hipótese prevista, que vem a ser imputar ao outro cônjuge conduta desonrosa, deve ser entendida no sentido de submeter a mulher ou o marido a situações vexatórias, constrangedoras, humilhantes, ou seja, tudo aquilo que afete a honra, a moral e os bons costumes, fazendo com que este se sinta desrespeitado, não amado.

A interpretação a ser dada ao texto legal deve ser em conformidade ao caso concreto. O magistrado preocupar-se-á não só com o fato em si, mas com a repercussão que esse tem na vida do indivíduo, levando-se em consideração o meio social a que as partes envolvidas pertencem, seus valores morais e culturais.

Assim *a mulher vítima de violência doméstica pode solicitar a separação judicial* sob esse fundamento, devendo comprovar o constrangimento sofrido por BO lavrado junto à delegacia, com o respectivo exame de corpo de delito e por meio de testemunhas.

A grave violação dos deveres do casamento, segunda parte dessa hipótese, já é mais fácil de ser analisada, pois o Código Civil determina em seu artigo 231 e incisos quais são os deveres dos cônjuges, que vêm a ser:

1- fidelidade recíproca;
2- vida em comum;
3- mútua assistência;
4- sustento, guarda e educação dos filhos.

Importante ressaltar que a parte interessada que for pleitear a separação judicial litigiosa, além de ter de fundamentar seu pedido, deverá comprovar que o cônjuge manteve conduta inadequada e infringiu as regras do casamento, atribuindo-lhe a culpa pela não possibilidade de manter o casamento.

Quando ocorre a separação judicial litigiosa, a guarda dos filhos e a prestação alimentícia devem ser discutidas em ação própria, pois aqui são tratados interesses diversos ao da separação, que tem como finalidade dissolver o casamento.

B – Quando o cônjuge a quem for requerida a separação estiver com grave doença mental que se manifestou após o casamento, tornando a vida em comum insuportável, e após a duração de 5 (cinco) anos dessa enfermidade ficou constatada a cura improvável.

Aqui o cônjuge deve comprovar que o outro está acometido de grave doença mental e que essa enfermidade dura há mais de 5 (cinco) anos, sendo diagnosticado que sua cura é quase impossível. Mas não basta demonstrar que a cura da doença é quase impossível; deve-se demonstrar também que a vida em comum é insuportável, sendo prejudicial ao cônjuge interessado na manutenção do casamento.

C – Quando o casal estiver separado de fato há mais de um ano consecutivo sem a possibilidade de reconstituição.

Nessa hipótese o casal resolve não mais viver junto, seja de comum acordo, seja porque um dos cônjuges infringiu as regras do casamento, e, por conseqüência disso, não mantém o convívio conjugal, tendo cada um sua vida, mas nunca regularizaram tal situação juridicamente, ficando separados apenas de fato no prazo superior há 1 (um) ano. Aqui o cônjuge interessado precisa tão-somente comprovar a separação de fato, no lapso temporal de 1 (um) ano, sendo que nesse período o casal não tenha tentado restabelecer o casamento e não haja a possibilidade de reconciliação, não havendo a necessidade de ter de justificar o motivo pelo qual as partes romperam.

Efeitos da Separação Judicial

O efeito da sentença que separa um casal é de dissolver a sociedade conjugal, ou seja, pôr fim às obrigações conjugais, não havendo entre os cônjuges compromisso recíproco, senão aqueles fixados por ocasião da separação judicial. No período em que o casal estiver separado judicialmente, eventuais bens adquiridos nesse ínterim não se comunicam entre os cônjuges, e, ainda, fica o casal "liberado" para seguir sua vida da forma como lhe convier, podendo, inclusive, se relacionar com outra pessoa, sendo apenas impedido de contrair novas núpcias, pois para isso é necessário o divórcio.

Das Medidas Cautelares

A medida cautelar vem a ser um instituto jurídico criado para garantir a efetividade do exercício de um direito, pois existem grandes riscos de no momento em que o juiz reconhecê-lo, mediante sentença, a parte não ter mais condições de exercê-lo, pois até que haja todo o trâmite judicial da ação e finalmente seja dada a decisão final, declarando a existência do direito, esta deixa de ser eficaz.

Para melhor elucidar o leitor os efeitos dessa medida e sua importância, pode ser dada como exemplo a Medida Cautelar de Separação de Corpos, sendo muito comum seu pedido quando há violência e cuja finalidade é proteger a vítima do abuso sofrido.

A vítima pode pleitear em juízo que seja determinada a saída do agressor do lar conjugal, pois este vem mantendo conduta que coloca em risco sua integridade física e moral, bem como dos demais integrantes da família, sendo certo que a permanência deste sob o mesmo teto pode ocasionar prejuízos irreparáveis. Tal medida deve ser concedida justamente para que haja a preservação de uma vida digna, pois, caso contrário, até que o juiz decida sobre a separação e reconheça que de fato o cônjuge ou companheiro é pessoa inadequada, e por isso o casamento ou a união estável não podem ser mantidos, a vítima já sofreu os efeitos da violência que podem ser graves, irreversíveis, pelo que a decisão do juiz em nada valerá para assegurar a vida desta pessoa.

Assim, a mulher vítima de violência poderá requisitar perante o juiz, por intermédio de um advogado, *a saída do agressor do lar conjugal*, até que a separação do casal ou a dissolução da união estável sejam resolvidas. Mas nem sempre a saída do cônjuge agressor é adequada para assegurar a integridade da vítima. Em certos casos o grau de violência é tão grave que é melhor a vítima solicitar sua saída do lar conjugal para que não fique caracterizado seu abandono e possa ficar em local que lhe proporcione mais segurança.

Ressalta-se que, aqui, o que está em discussão é a integridade física e moral, sendo uma medida extrema, portanto devendo ser muito bem instruída, ou seja, a parte interessada deve comprovar o risco iminente, sendo que tais provas não devem dar nenhuma margem de dúvidas de que, de fato, existe o perigo e que a espera da decisão final do juiz pode fazer com que a vítima fique em constante risco em sofrer um dano irreparável.

Nesses casos ressalta-se a importância da mulher, vítima de violência doméstica, lavrar o BO e dar continuidade aos procedimentos existentes na delegacia e, posteriormente à ação penal judicial, pois as provas aqui recolhidas servirão para instruir a Medida Cautelar de Separação de Corpos, em que poderá tirar do convívio da mulher o agressor, garantindo, assim, sua integridade física e moral.

Outra medida também muito utilizada é a cautelar de alimentos (alimentos provisionais), ou seja, a mulher pode solicitar, antecipadamente, que o cônjuge/convivente lhe preste alimentos até que a separação do casal seja decidida e sejam fixados os alimentos em caráter definitivo. Isso ocorre quando ela não tem meios próprios para se manter, podendo pleiteá-los, de plano, justamente para que seja garantida sua sobrevivência nesse ínterim.

Assim, como se pode verificar, a mulher tem meios para obter, em caráter imediato, sua proteção para não ficar desamparada até que haja a decisão final do juiz, podendo, por conseguinte, sair da relação, garantindo seus direitos.

Ressalta-se que as medidas aqui mencionadas também podem ser utilizadas por mulheres que conviveram em união estável, esclarecendo, outrossim, que existem outras medidas cautelares para a preservação dos direitos do cônjuge ou companheiro, as quais estão elencadas no Código de Processo Civil, devendo estas serem utilizadas conforme o caso concreto, pelo que a assistência de um advogado é imprescindível para poder orientar a vítima no sentido de pleiteá-las de acordo com a necessidade.

Do Divórcio

O divórcio pode ser requerido quando o casal estiver separado judicialmente há mais de 1 (um) ano, ou de fato, há mais de 2 (dois) anos. Para obter a concessão do divórcio, basta que a parte interessada comprove a separação judicial ou de fato, no lapso temporal determinado por lei. O efeito da sentença que decreta o divórcio é a quebra do vínculo conjugal, que é diferente da separação, pois esta apenas põe fim à sociedade conjugal e rompe com as obrigações inerentes do casamento, mas se mantém ainda o vínculo. Isso existe pois há *uma presunção legal* de que no lapso temporal de 1 (um) ano de separado judicialmente ou 2 (dois), de fato, as partes puderam analisar se realmente não pretendem ficar juntas. Passado esse tempo se as partes não voltaram a conviver sob o mesmo teto, como se casados fossem, pode ser pedido o divórcio.

Da União Estável

Para que fique caracterizada a União Estável os companheiros devem viver como se casados fossem, sendo essa união pública e notória a intenção deles em constituir família. A união estável é regulamentada pelas Leis 8971/94 e 9278/96, sendo certo que nossos tribunais têm entendido que os casais que moram juntos há mais de 5 (cinco) anos, sem filhos, ou 3 (três) anos, com filhos, está caracterizada a União Estável. Nessa circunstância a companheira tem direito à prestação alimentícia, a metade dos bens adquiridos durante a união e até mesmo à sucessão. No entanto, para que existam tais direitos é necessário seu reconhecimento judicial, pelo que a parte interessada deve promover Ação Declaratória de União Estável, devendo comprovar que nessa união houve a intenção em constituir família, o que pode ser demonstrado por meio de testemunhas e diversos documentos que caracterizem a vinculação do casal no sentido de manter o relacionamento como se fossem casados.

Dos Alimentos

Tem direito à prestação alimentícia a mulher casada, bem como aquela que viveu em união estável. Mas para que haja tal direito não basta a existência do vínculo, deve ainda a parte interessada comprovar em juízo que tem a necessidade dessa prestação, e que quem deve pagar tem possibilidade em prestar os alimentos. A finalidade de tal direito é justamente evitar o estado de miséria e não proporcionar a ociosidade. Assim, a mulher deve comprovar em juízo sua real necessidade, e que sem a prestação alimentícia sua subsistência ficará comprometida.

Vale ressaltar que a prestação alimentícia pode ser revista a qualquer tempo, tanto para aumentá-la quanto para diminuí-la ou exonerá-la. Mas isso somente é possível se ocorrerem mudanças na situação econômica das partes envolvidas, e que de fato haja tal necessidade. Perde o direito automaticamente quando o Alimentando contrai novas núpcias ou convive maritalmente com outra pessoa.

Da Assistência Judiciária

Conforme dispõe a Constituição Federal de 1988, a figura do advogado é indispensável para o exercício do direito de ação, ou seja, todo aquele que tiver de promover uma ação ou tiver de se defender deverá fazê-lo por intermédio de um advogado.

Sendo imprescindível a figura do advogado, o Estado tem o dever de fornecer tal profissional àqueles que não têm condições econômicas para arcar com os seus honorários. Assim, o Estado, por meio da defensoria pública, ou mediante convênio firmados com organizações não-governamentais (ONGs) e universidades deve fornecer profissionais da área jurídica para atender à população carente, a fim de prestar os serviços advocatícios.

Ressalta-se que cada estado tem uma forma própria de organizar o Poder Judiciário local, bem como os padrões socioeconômicos a serem seguidos quanto à concessão dos benefícios à gratuidade dos advogados. As pessoas que não têm condições financeiras e precisam de um advogado patrocinado pelo Estado podem procurar o Fórum de sua região, onde geralmente existem profissionais da defensoria pública de plantão podendo atendê-las ou encaminhá-las a outros atendimentos.

Por exemplo, no estado de São Paulo, para uma pessoa obter um profissional gratuitamente, sua renda não deve exceder a três salários mínimos. Na cidade de São Paulo, há várias entidades que prestam tais serviços. No final desse texto são elencados os endereços dos Fóruns da Capital de todos os estados do Brasil, justamente para que o leitor interessado possa obter informações sobre a forma como seu estado prestar tais serviços.

Conselhos Estaduais dos Direitos da Mulher

Conselho Estadual dos Direitos da Mulher de Rio Branco – AC
Rede Acreana de Mulheres e Homens – Caixa Postal 334 – Rio
Branco – AC – CEP: 69908-970
Presidente: Àlia Ganum

Conselho Estadual de Defesa dos Direitos da Mulher – AL
R. Cincinato Pinto, nº 453 – Centro – Maceió – Alagoas
CEP: 57020-000
Presidente: Dra. Rebeca Maria Tenório de Oliveira

Conselho Cearense dos Direitos da Mulher – CE
Av. Barão de Sturdart, nº 598 A – Centro de Referência
SEDEMCE – Bairro Aldeota – Fortaleza – Ceará – CEP: 60120-000
Presidente: Dra. Maria Hermenegilda Silva

Conselho Estadual dos Direitos da Mulher – DF
SRTVS Qd-701, Bl-1, Ed. Palácio da Imprensa, 5º andar – Brasília
DF – CEP: 70332-900
Presidente: Dra. Tânia Maria Peira de Queirós

Conselho Estadual dos Direitos da Mulher Capichaba – ES
Av. Jerônimo Monteiro, nº 240, Ed. Rural Bank – 6º andar – sala
605 – Vitória – ES – CEP: 29010-900
Presidente: Dra. Ivone Vilanova

Conselho Estadual dos Direitos da Mulher – MG
R. Gonçalves Dias, nº 2019 – Bairro de Lourdes – Belo Horizonte
MG – CEP: 30140-092
Presidente: Dra. Maria de Lourdes Prata Pace

Conselho Estadual dos Direitos da Mulher – MT
Av. Transversal, s/nº – Bl. B – 1º andar – Secretaria de Estado de
Justiça e Defesa da Cidadania – CPA – Cuiabá – Mato Grosso
CEP: 78970-050
Presidente: Dra. Leila Fortes Quintela

Conselho Estadual dos Direitos da Mulher – MS
Av. Ernesto Geisel, nº 5005 – Centro – Campo Grande – MS
CEP: 79005-410
Presidente: Dra. Maria Irma de Pina Frazeto

Conselho Estadual dos Direitos da Mulher de João Pessoa
R. Professora Alice de Azevedo, nº 461 – 2º andar – salas
241/243/245 – Centro – João Pessoa – PB – CEP: 58013-480
Presidente: Dra. Luciene Araujo de Albuquerque

Conselho Estadual dos Direitos da Mulher – PR
R. Marechal Hermes, nº 751 – térreo – Bairro Centro Cívico
Curitiba – PR – CEP: 80530-030
Presidente: Dra. Alzeli Sardenberg Bassetti

Conselho Estadual dos Direitos da Mulher – RJ
R. Carmerindo, nº 51 – Bairro Gamboa – Centro
Rio de Janeiro – CEP: 20080-011
Presidente: Dra. Lígia Soutel de Andrade

Conselho Estadual dos Direitos da Mulher – RS
R. Carlos Chagas, nº 55 – 9º andar – sala 905 – Porto Alegre
CEP: 90030-020
Presidente: Dra. Jussara Maria Minasse Osório

Conselho Estadual da Condição Feminina – SP
R. Antônio de Godoy, nº 122 – 6º andar – conj. 64 – Santa Efigênia
São Paulo – CEP: 01034-000
Presidente: Maria Aparecida de Laia

Conselhos Municipais dos Direitos da Mulher

ALAGOAS

Conselho Municipal dos Direitos da Mulher – Arapiraca
Av. Rio Branco, nº 183 – Centro – Arapiraca – AL
CEP: 57300-000
Tel.: (082) 522-2246 – Fax: (082) 521-3687/521-4932
Presidente: Ângela Maria Marques
Vice-presidente: Marinês Nunes de Albuquerque
Celular: (082) 985-3391

Conselho Municipal da Condição Feminina – Maceió
R. Sá e Albuquerque, nº 636 – Jaraguá – Macéio – AL
CEP: 57025-180
Tel.: (082) 221-3200 Pabx: (082) 221-3049/221-4328
Fax: (082) 221-3792
Presidente: Terezinha Ramires
Celular: (082) 982-7131 – Tel. res.: (082) 231-3203
Vice-presidente: Janilce Marinho do Bonfim

BAHIA

Conselho Municipal dos Direitos da Mulher – Barreiras
R. Princesa Ysabel, nº 296, Centro – Barreiras – BA – CEP: 47800-000
Tel.: (077) 811-6021 – Telefax: (077) 811-5852

Conselho Municipal da Mulher – Salvador
Av. Sete de Setembro, nº 89 – Ed. Oxumaré – sala 201 – Salvador
BA – CEP: 40060-001
Tel.: (071) 241-0071/321-9159 – ramal 42 – (falar com Lena)
Fax: (071) 241-0071
Presidente: Maria Bernadete Gonçalves da Cunha
Vice-presidente: Marta Leiro – Secretária: Neide

ESPÍRITO SANTO

Conselho Municipal dos Direitos da Mulher – Guarapari
Secretaria Municipal de Assistência Social

Av. Ewerson de Abreu Sodré, nº 750 – Muquiçaba – Guarapari – ES
CEP: 29200-000
Tel.: (027) 261-1377 (falar com Terezinha do Carmo Fernandes
Lyra) – secretária executiva – (027) 361-2322 – ramais 272/254
Fax: (027) 361-0275 – ramal 284
Presidente: Jucélia Silvan Nogueira
Tel. res.: (027) 261-1541

MINAS GERAIS

Conselho Municipal dos Direitos da Mulher de Belo Horizonte
R. da Bahia, nº 905, sala – 207 – Centro – Belo Horizonte – MG
CEP: 30130-908
Tel.: (031) 277-4721/4184/4346 – Fax: (031) 277-4074
Celular: (031) 984-3302
Presidente: Neusa Santos
R. Dom Lúcio Antunes, nº 424, apto. 1101 – Bairro Coração
Eucarístico – Belo Horizonte – MG – CEP: 30535-480
Tel. res.: (031) 375-8567

Conselho Municipal dos Direitos da Mulher de Congonhas
R. da Saudade, nº 22 – Centro – Congonhas – MG – CEP: 36415-000
Tel.: (031) 731-1300 – ramal 149
Fax: (031) 731-2890/731-1240
Presidente: Maria Aparecida Andrade de Moura
Tel. res.: (031) 731-1945
Vice-pres.: Cláudia Goret Camargos

Conselho Municipal dos Direitos da Mulher – Contagem
Câmara Legislativa – Praça São Gonçalo, nº 18 – Contagem – MG
CEP: 32017-730
Tel.: (031) 398-2555 – Fax: (031) 398-1839/398-3856
Presidente: Maria José Chioddi
End. Conselho: Praça Silvano Brandão, s/nº – Cine Teatro
Municipal – Contagem – MG – CEP: 32017-680

Conselho Municipal dos Direitos da Mulher de Formiga
R. Monsenhor João Ivo, nº 171 – Formiga – MG – CEP: 37290-000
Tel.: (037) 322-2491/321-1571 – Telefax: (037) 321-2491

Câmara Municipal
Presidente: Hortência Regina Nunes
Vice-presidente: Aparecida Fátima Brás de Almeida
R. Dr. Teixeira Soares, nº 264 – Formiga – MG – CEP: 37290-000
Tel. res.: (037) 322-1550

Conselho Municipal dos Direitos da Mulher de Lagoa Santa
R. José Salomão Filho, nº 225 – Bairro Brant – Lagoa Santa – MG
CEP: 33400-000
Tel.: (031) 681-3648 – Telefax: (031)681-5119
Presidente: Iris Moreira
Av. Palmeiras, nº 490 – Recanto do Poeta – Lagoa Santa – MG
CEP: 33400-000
Tel. res.: (031) 971-8998 – Telefax: (031) 681-5119

Conselho Municipal dos Direitos da Mulher – Montes Claros
Av. Cula Mangabeira, nº 211 – 3º andar – Montes Claros – MG
CEP: 39401-002
Tel.: (038) 229-3127/229-3000 – Prefeitura – Fax: (038) 221-9210
Presidente: Mercês Antonieta de Almeida Costa
Vice-presidente: Maria da Luz Rosa
Tel. res.: (038) 212-1882

Conselho Municipal dos Direitos da Mulher de Pirapora
R. Antônio Nascimento, nº 274 – Centro – Secretaria Municipal do
Trabalho e Assistência Social – Pirapora – MG – CEP: 39270-000
Tel.: (038) 741-3823 – Fax: (038) 741-3823
Secretária: Ilzerita de Assis Rodrigues
Secretaria do Trabalho e Assistência Social

Conselho Municipal dos Direitos da Mulher de Santa Luzia
R. Érico Veríssimo, nº 317 – Bairro Londrina – Santa Luzia – MG
CEP: 33115-390
Tel.: (031) 637-2100 – Fax: (031) 641-3957
Presidente: Evanilda Felizarda Martins
Av. Oceânia, 178 – Bairro Baronesa – CEP: 33115-140
Tel. res.: (031) 637-5305

PARÁ

Conselho Municipal da Condição Feminina – Belém
Trav. Soares Carneiro, nº 487 – Bairro do Telégrafo – Belém – PA
CEP: 66050-520
Tel.: (091) 225-2176 – Fax: (091) 225-2176
Presidente: Maria de Fátima Matos Silva
Secretária executiva: Sandra Brandão de Lima
Secretária administrativa: Eldenilza Nascimento Menezes
Tel. res.: (091) 249-393

PARAÍBA

Conselho Municipal dos Direitos da Mulher – Campina Grande
R. Giló Guedes, nº 39 – Centro – Campina Grande – PB
CEP: 58103-375
Tel.: (083) 341-1581 – Telefax: (083) 341-5455
Presidente: Creusolita de Almeida Cavalcante
R. Arrojado Lisboa, nº 236 – Bairro Montes Santos – Campina
Grande – Paraíba – CEP: 58108-643

PARANÁ

Conselho Nacional das Mulheres de Agudos do Sul
R. Cel. Izaltino Pinho, nº 60 – Curitiba – PR
Presidente: Denise Mary Texeira Soares – Tel.: (041) 350-8484

Conselho Municipal da Mulher de Cascavel
R. Souza Naves, nº 2051 – Cascavel – PR
Presidente: Olga Bongiovanni
Tel.: (045) 223-3499 – Fax: 223-8725

Conselho Municipal da Mulher de Curitiba
R. Trajano Reis, nº 457 – Alto São Francisco – Curitiba – PR
CEP: 81520-210
Presidente: Isabel K. Mendes
Tel.: 350-8552/350-8484 – Fax: (041) 232-0173

Conselho Municipal de Assistência Social
R. Paraná, nº 5000 – CEP: 85807-040
Presidente: Regina Barreiros Bento

Conselho Municipal de Francisco Beltrão
R. Tenente Camargo, nº 2173 – Francisco Beltrão – CEP: 85601-610
Presidente: Mariluz Zanin Petry

Conselho Municipal da Mulher de Jandaia do Sul
R. Clementino Puppi, nº 579 – Jandaia do Sul – PR
CEP: 86900-000
Presidente: Terezinha Barbosa Guimarães

Secretaria Especial da Mulher de Londrina
Av. Duque de Caxias, nº 635 – Londrina – PR – CEP: 86015-901
Secretária: Cleide Camargo – Tel.: (043) 330-3395/330-4244

Conselho Municipal da Mulher de Maringá
R. Piratinga, nº 75 – aptº. 703 – Maringá – PR – CEP: 87013-100
Presidente: Irani Santos Alcalder
Tel.: (045)243-2445-243-1778

Conselho Municipal da Mulher de Palmas
Prefeitura Municipal – R. Clevelândia, nº 521 – Palmas – PR
CEP: 84670-000
Presidente: Alda Argentina
Tel.: (046) 262-2298

Conselho Municipal da Mulher de Paranaguá
R. Julio da Costa, nº 222 – Paranaguá – PR – CEP: 83203-600
Presidente: Luciane Chiarelle
Tel.: 423-4169 – Prefeitura: 423-1122

Conselho Municipal da Mulher de Pato Branco
R. Caramuru, nº 271 – Pato Branco – PR – CEP: 85501-060
Telefax: (046) 225-1544

Conselho Municipal da Mulher de Pitanga
Praça 28 de Janeiro, nº 171 – Pitanga – PR – CEP: 85200-000
Presidente: Maria Aparecida Schaffer
Tel.: (042) 746-1122 – ramal 217

Conselho Municipal da Mulher de Ponta Grossa
R. Professora Isaura Torres Cruz, nº 541 – Ponta Grossa – PR

Presidente: Malvina Maria Barbinski Faé
Tel.: (042) 224-1443

Conselho Municipal da Mulher de Sarandi
R. Guiapó, nº 03 – Sarandi – PR – CEP: 86985-000
Presidente: Adhair Aires Pereira Abbonízio
Tel.: (044) 264-2777 (Prefeitura)

Conselho Municipal da Mulher de Palmital
Câmara Municipal, A/C Presidente Edoni Bonassoli
R. Egleci Campanine, s/nº – Palmital – PR – CEP: 85270-000
Presidente: Cleuni Aparecida Aguiar
Tel.: (042) 757-1348 – Fax: (042) 757-1426

Conselho Municipal da Mulher de Lapa
Secretaria Municipal da Educação, Cultura e Esporte
R. Francisco Cunha, s/nº – Centro – Lapa – PR – CEP: 83750-000
Tel.: (041) 822-4252

PIAUÍ

Conselho Municipal dos Direitos da Mulher – Piripiri
R. Augusto Severo, nº 2359 – Piripiri – PI – CEP: 64260-000
Tel.: (086) 276-1374 – Fax: (086) 276-1380
Presidente: Maria do Socorro de O. Mesquita
Tel. res.: (086) 276-1374 – Tel. trab. pres.: (086) 276-1206 (Cepisa)

Conselho Municipal dos Direitos da Mulher de Teresina
Endereço:
R. Firmino Pires, nº 379 – Ed. Saraiva Center – sala 120
Centro – Teresina – PI – CEP: 64000-000
Tel.: (086) 221-3113 (manhã) (086) 221-9917 (tarde)
Fax: (086) 221-7565
Presidente: Mayvan Vieira da Silva
Vice-presidente: Maria de Jesus Lima
Tel. res.: (086) 232-1687/233-2295

RIO DE JANEIRO

Conselho Municipal dos Direitos da Mulher de Niterói
Av. Ernani Amaral Peixoto, nº 450 – Grupo 1002 – Centro – Niterói
RJ – CEP: 24020-077
Tel.: (021)717-2800/711-5081 – Fax: (021)717-2800
Presidente: Celuta Cardoso Ramalho
Tel. trab.: (017) 722-5949 (OAB)

Conselho Municipal de Defesa dos Direitos da Mulher
Teresópolis
Secretaria de Desenvolvimento Social
Av. Feliciano Sodré, nº 611 – Teresópolis – RJ – CEP: 25963-001
Tel.: (021) 742-3352 – ramal 2001 (falar com Tânia)
(021) 742-8806/634-3000 – Fax: (021) 742-3885 (Prefeitura)
Diretoras executivas: Josiane A. Fonseca/Solange Sirico/Natália
Tel. res.: Josiane: (021) 742-8806 – Consultório: (021) 643-3000

RIO GRANDE DO NORTE

Conselho Municipal da Mulher de Macaíba
Av. Governador Geraldo Melo, s/nº – Centro – Macaíba – RN
CEP: 59280-000
Tel.: (084) 271-1503 – Fax: (084) 271-1486
Presidente: Maria Soraia Pessoa Mesquita
Celular: (084) 983-0310

Conselho Municipal dos Direitos da Mulher e Minorias
Natal
Av. Hermes da Fonseca, nº 945 – Tirol – Natal – RN
CEP: 59001-015
Tel.: (084) 211-4262/213-2354/223-1716 – Telefax: (084) 211-4727
Presidente: Isaura Amélia de Sousa Rosado Maia
Secretária: Conceição Rodrigues de Sousa – Chefe de Gabinete

RIO GRANDE DO SUL

Conselho Municipal dos Direitos da Mulher – Pelotas
R. 15 de Novembro, nº 666, cj. 902 – Pelotas – RS
CEP: 96015-000
Tel.: (053) 272-1703 – Fax: (0532)786100

Presidente: Tania Guerra
Vice-presidente: Zely Franco

Conselho Municipal dos Direitos da Mulher de Porto Alegre
R. Capitão Montanha, nº 27 – sala 601 – Porto Alegre – RS
CEP: 90010-040
Tel.: (051) 228-6810 – Telefax: (051) 221-4726
Presidente: Télia Simon Negrão
End. res.: R. Viador Porto, nº 392 – aptº 205 – Santana
Porto Alegre – RS – CEP: 90610-200

SANTA CATARINA

Conselho Municipal dos Direitos da Mulher de Criciúma
R. Bom Retiro, nº 441 – Bairro São Luiz – Criciúma – SC
CEP: 88803-310
Tel.: (048) 433-5841 – Telefax: (048) 437-2857
Presidente: Liliane Raquel da Silva
Celular: (048) 978-4198

Conselho Municipal dos Direitos da Mulher de Lages
Prefeitura do Município de Lages – R. Benjamin Constant, nº 13
Caixa Postal D 1 – Lages – SC – CEP: 88501-110
Tel.: (049) 221-1021/221-1020/224-3147
Gabinete da vice-prefeita – Fax: (049) 221-1187
Presidente: Terezinha Carneiro
Tel. res.: (049) 222-2921 – Celular: (049) 983-0076

SÃO PAULO

Conselho Municipal da Condição Feminina de Avaré
Av. Major Rangel, nº 1234 – Avaré – SP – CEP: 18701-000
Tel.: (014) 721-2157/722-0902 – Fax: (014) 721-4719/223-7892
(A/C Claúdia)
Presidente: Maria Jose Ferranti Lopes
R. Rio Grande do Sul, nº 1964 – Centro – Avaré – SP – CEP: 18700-000

Conselho Municipal da Condição Feminina de Bauru
R. Cussy Júnior, nº 13, cj. 55 – Bauru – SP – CEP: 17015-022
Tel.: (014) 235-1162/235-1445

Fax: (014) 235-1225/223-7892 (Prefeitura)
Presidente: Ruth do Amaral Sampaio
Tel. res.: (014) 224-2772
Vice-presidente: Rosa Maria Morceli
Tel. res.: (014) 236-1124

Conselho Municipal dos Direitos da Mulher – Campinas
PMCc – Av. Anchieta, nº 200 – 12º andar – Centro – Campinas – SP
CEP: 13015-904
Tel.: (019) 735-0759/735-0282 – Fax: (019) 735-0765/735-0743
Presidente: Maria Elinda Duckur Cassab (socióloga)
Vice-presidente: Maria Ângela Bacha (médica)
Secretária: Mariângela Amaral Costa

Conselho Municipal de Caraguatatuba
R. Santos Dumont, nº 130 – Centro – Caraguatatuba – SP
CEP: 11660-290
Tel.: (012) 422-2557 – Fax: (012) 352-33
Presidente: Aparecida Suzana Marques da Silva
Tel. res.: (012) 422-4468

Conselho Municipal dos Direitos da Mulher de Diadema
Casa Bete Lobo
R. Nélson Rodrigues, nº 51 – Vila Diadema – Diadema – SP
CEP: 09911-430
Tel.: (011) 445-7727 – Fax: (011) 445-7703 (srª Marion)
Presidente: Marion Magali Alves de Oliveira

Conselho Municipal dos Direitos da Mulher de Lins
R. Diabase, nº 343, Fundos – Bairro Rebouças – Lins – SP
CEP: 16400-000
Tel.: (014) 522-2647 – Fax: (014) 522-1157
Presidente: Iolanda Toshie Ide

Conselho Municipal dos Direitos da Mulher de Marília
R. Sargento Ananias, nº 906 – Centro – SP – CEP: 17515-020
Tel.: (014) 433-1133 – Fax: (014) 433-3844
Presidente: Rossana Rodrigues Rossini Camacho

Conselho Municipal da Condição Feminina de Mirassol
Praça Anísio José Moreira, nº 2290 – Centro – Prefeitura Municipal de Mirassol – SP – CEP: 15130-000
Tel.: (017) 242-6110 – ramal 26 – Fax: (017) 242-4758
Presidente: Maria Isabel de Souza Pinto Thomé
Vice-presidente: Elza Lopes Fedeschi
Tel. res.: (017) 242-2731

Conselho Municipal da Condição Feminina – Paraguaçu Paulista
Prefeitura: Av. Siqueira Campos, nº 1430 – Centro – Paraguaçu Paulista – SP – CEP: 19700-000
Tel.: (018) 361-1521/361-1100 (Prefeitura) (018) 361-2405
Fax: (018) 361-1331 (Prefeitura)
Presidente: Almira Ribas Garms

Conselho Municipal dos Direitos da Mulher – Ribeirão Preto
R. Domingos Sgorlon, nº 506 – Avelino Palma – Ribeirão Preto
SP – CEP: 14070-660
Tel.: (016) 638-250/632-2237 – Fax: (016) 635-8515
Presidente: Judeti Freitas Zilli
Tel. res.: (016) 638-2507

Conselho Municipal dos Direitos da Mulher – Sorocaba
R. Capitão Manoel Januário, nº 44 Vergueiro – Sorocaba – SP
CEP: 18031-510
Telefax: (015) 232-8577
Presidente: Cíntia de Almeida
Tel. res.: (015) 232-0272 – INSS: (015) 231-4302 (à tarde)
Cel: (015) 981-3534
Vice-presidente: Iara Bernardis

Núcleos das Universidades

Gustavo Tepedino
R. São Francisco Xavier, nº 524 – 7020-B – Maracanã
CEP: 20559-900
Rio de Janeiro – RJ

ADUFRGS – Associação de Docentes da UFRGS
R. Otávio Corrêa, nº 45 – CEP: 90050-120
Porto Alegre – RS

CEM – Instituto de Pesquisas Sociais – Coord. Estudos da Mulher
Cristina Maria Buarque
Av. Dois Irmãos, nº 92 – Apipucos – CEP: 52071-440
Recife – PE

Cedeplar – UFMG
José Alberto de Carvalho
R. Curitiba, nº 832 – CEP: 30170-120
Belo Horizonte –MG

Centro Interdisciplinar de Estudos de Gênero da UERJ
Maria Consuelo Cunha Campos
R. São Francisco Xavier, nº 524, cj. 11028 – Bl. B – Maracanã
CEP: 20550-013
Rio de Janeiro – RJ

Coletivo de Mulheres Universitárias – USP
Paula Ravanelli Losada
R. Bulevar Villa Lobos, nº 41 – Bl. D – Apto. 13 – Jardim
Aquarius – CEP: 12242-021
São José dos Campos – SP

Fac. Serviço Social da PUC. Grupo de Estudo de Gênero
Sueli Gião Pacheco do Amaral
R. Monte Alegre, nº 984 – Perdizes – CEP: 05014-001
São Paulo – SP

Gepem – Grupo de Estudos e Pesquisa Eneida de Morais–UFPa
Maria Luzia Alvares
Campus Universitário do Guama/Centro Filosofia e C. Humanas
CEP: 66075-110 – Belém – PA

Grupo de Estudos do Gênero – UFPe
Lady Selma
R. João, nº 374 – Amparo – CEP: 53240-442 – Olinda – PE

Grupo Trab. Relações de Gênero/SEAMPO – Ass. Mov. Popular
Fabiana Maria de Carvalho Izaias
Campus I – UFPb/Centro Ciências Humanas Letras e Artes –
Seampo – CEP: 58059-900 – João Pessoa – PB

NEG – Núcleo Interdisciplinar de Estudos sobre Gênero
Miriam P. Grossi
Lab. de Antropologia/Dep. Ciências Sociais – UFSC
CEP: 88040-900 – C.P. 476 – Florianópolis – SC

NEGIF – Núcleo de Estudos e Pesquisas sobre Gênero, Idade e Família
Célia Chaves Gurgel do Amaral
Universidade Federal do Ceará – Bl. 860 – Campus PICI
CEP: 60021-970 – C.P. 12159 – Fortaleza – CE

NÉGUEM – Núcleo de Estudos de Gênero e Pesquisa sobre a Mulher da UFU
Vera Lucia Puga de Sousa
Campus Santa Mônica – Bl. Q – Av. João Naves de Avila, s/nº
CEP: 38400-902 – Uberlandia – MG

NEIM – Núcleo de Estudos Interdisciplinar sobre a Mulher
Ana Alice Costa/Alda Britto Motta
Estrada de São Lazaro, 197 – Federação – CEP: 40210-730
Salvador – BA

NEMGE – Núcleo de Estudos da Mulher e Relações Sociais do Gênero
Rosa Ester Rossini/Rosa Maria Godoy/Norma/Suzy
Av. Professor Luciano Gualberto, Trav. J, nº 374, sala 709
CEP: 05508-900 – São Paulo – SP

NEPAM – Núcleo Nisia Floresta de Estudos das Relações Sociais de Gênero
Ana Cecília de Albuquerque Chrispim
UFRN, Centro de Convivência Djalma Marinho – Campus
CEP: 59072-970 – Natal – RN

NEPEM – Núcleo de Estudos e Pesq. sobre a Mulher
Sandra Azeredo
UFMG – Av. Antonio Carlos, nº 6627 – Fafich – sala 4222
Campus Pampulha – CEP: 31270-901 – C.P. 253 – Belo Horizonte – MG

NEPEM – UNB
Lourdes Maria Bandeira
SQS 312 – Bl. C – apto. 202 – CEP: 70365-030 – Brasília – DF

NEP – Núcleo de Estudos de População
Fátima Ferreira da Silva
Universidade Estadual de Campinas – Núcleo de Estudos de
População – CEP: 13081-970 – Campinas – SP

NTMC – UFAL – Núcleo Temático Mulher e Cidadania
Nadia Regina L. de Barros Lima
R. Tertuliano de Barros Lima, nº 45 – CEP: 57021-640
Maceio – AL

Núcleo de Estudos e Pesquisas sobre a Mulher – UFRPe/Ciências Domésticas
Elza Maria Marques Vieira/Isa Maria Lima
Av. Dom Manoel de Medeiros, s/nº – Dois Irmãos – CEP: 52171-030
Recife – PE

Núcleo de Estudos da Mulher – NEM-PUC/RJ
Fanny Tabak
R. almirante Guilhelm, nº 332, aptº. 1809 – CEP: 22440-000
Rio de Janeiro – RJ

Núcleo de Estudos da Mulher – PUC/SP – NEM/PUC – SP
Maria Izilda Santos de Matos
Av. Jurecê, nº 185, cj. 72 – CEP: 04080-010 – São Paulo – SP

Núcleo de Estudos de Gênero e Sociedade/IUPERJ
Neuma Aguiar
R. da Matriz, nº 82 – CEP: 22260-100 – Rio de Janeiro – RJ

Núcleo de Estudos e Pesq. sobre a Mulher – Filosofia — UFMG
Karin Ellen Van Snigay
Av. Antonio Carlos, nº 6627 – Campus Pampulha – UFMG
CEP: 31270-901 – Belo Horizonte – MG

Núcleo de Estudos e Pesquisa sobre a Condição Feminina
Belmira Rita da Costa Magalhães
R. Álvaro Correira de Araujo, nº 222 – Farol – CEP: 57050-380
Maceio – AL

Núcleo de Estudos e Pesq. sobre Mulher e Relação de Gênero
Elda Martins
UFES – Av. Fernando Ferrari, s/nº – CEP: 29069-900 – Vitória – ES

Núcleo de Estudos sobre a Mulher da UFPR
Miriam Adelman
R. General Carneiro, nº 460, 9º andar – Dep. de Ciências
Sociais – CEP: 80060-150 – Curitiba – PR

Núcleo Interdisciplinar de Estudos sobre a Mulher – UFRGS
Jussara Reis Pra
Av. Bento Gonçalves, nº 9500 – CEP: 91540-000
Porto Alegre – RS

NEUPOM – Núcleo de Estudos e Organização da Mulher
Verone Cristina da Silva
Av. Fernando Correa da Costa, s/nº – UFMG – Depto. Serviço
Social, Sala 7 – Coxipé – CEP: 78060-900 – Cuiabá – MT

Pagu – Núcleo de Estudos de Gênero – Unicamp
Adriana Gracia Piscitelli
Cidade Universitária Zeferino Vaz, s/nº – Barão Geraldo
CEP: 13081-970 – C.P. 6110 – Campinas – SP

Programa Interdisciplinar da Mulher – Estudos e Pesquisas
Maria José Pereira Rocha
Av. Universitária, nº 1440 – Setor Universitário – CEP: 74605-010 –
C.P. 86 – Goiania – GO

Fóruns Estaduais

Acre – Rio Branco
R. Benjamin Constant, nº 250 – CEP: 69900-160
Tel.: (068) 223-3950

Alagoas – Maceió
R. Senador Mendonça, nº 153 – CEP: 57020-040
Tel.: (082) 326-3825

Amapá – Macapá
Av. Fab, nº 1.737 – CEP: 68906-000
Tel.: (096) 223-5055

Amazonas – Manaus
R. Alexandre Amorin, nº 285 – CEP: 79010-400
Tel.: (092) 622-4543

Bahia – Salvador
Praça D. Pedro II, s/nº – Fórum Ruy Barbosa – CEP: 40047-900
Tel.: (071) 320-6999

Brasília – Distrito Federal
Praça do Buriti, s/nº – CEP: 70094-900
Tel.: (061) 312-7000

Ceará – Fortaleza
R. Desembargador Floriano Benevides, nº 220 – CEP: 60811-690
Tel.: (085) 488-6000

Espírito Santo – Vitória
Av. Pedro Palácios, nº 105 – CEP: 29055-121
Tel.: (027) 223-4422

Goiás – Goiânia
Av. Assis Chateaubriand, nº 195 – CEP: 74128-900
Tel.: (062) 216-2010

Maranhão – São Luís
R. Professor Carlos Cunha, s/nº – CEP: 65066-310
Tel.: (098) 235-1155

Mato Grosso – Cuiabá
Av. Rubens de Mendonça, s/nº – CEP: 78050-030
Tel.: (065) 624-0074

Mato Grosso do Sul – Campo Grande
Av. Fernando Corrêa da Costa, nº 559 – CEP: 79002-820
Tel.: (067) 721-0000

Minas Gerais – Belo Horizonte
Av. Augusto Lima, nº 1.549 – CEP: 30190-002
Tel.: (031) 330-2000

Pará – Belém
R. Felipe Patroni, s/nº – CEP: 66015-260
Tel.: (091) 242-6919

Paraíba – João Pessoa
Praça Venâncio Neiva, s/nº – CEP: 58011-900
Tel.: (083) 216-1581

Paraná – Curitiba
Av. Cândido de Abreu, nº 535 – CEP: 80530-000
Tel.: (041) 350-2256

Pernambuco – Recife
Av. Martins de Barros, nº 593 – CEP: 50010-230
Tel.: (081) 224-0121

Piauí – Terezina
R. Dezenove de Novembro, nº 139 – CEP: 64001-470
Tel.: (086) 223-1855

Rio de Janeiro – Rio de Janeiro
Av. Erasmo Braga, nº 115 – CEP: 20026-900
Tel.: (021) 588-2000

Rio Grande do Norte – Natal
Av. Duque de Caixas, nº 151 – CEP: 59012-200
Tel.: (084) 222-4243

Rio Grande do Sul – Porto Alegre
R. Salete Gobato, nº 10 – CEP: 90110-160
Tel.: (051) 211-4848

Rondônia – Porto Velho
Av. Lauro Sodré, nº 1.728 – CEP: 78970-104
Tel.: (069) 224-2005

Roraima – Boa Vista
Praça do Centro Cívico, s/nº – CEP: 69301-970
Tel.: (095) 623-1985

Santa Catarina – Florianópolis
R. Gustavo Richard, nº 434 – CEP: 88020-901
Tel.: (048) 224-7633

São Paulo – São Paulo
Praça João Mendes, s/nº – CEP: 01018-900
Tel.: (011) 232-0400

Sergipe – Aracaju
Av. Presidente Tancredo Neves, s/nº – CEP: 49080-470
Tel.: (079) 241-5656

Tocantins – Palmas
ACSE, nº 01 – conjunto 02 – Lote 39 – CEP: 77003-900
Tel.: (063) 218-4533

Secretarias de Segurança Pública no Brasil – 1999

Acre – Rio Branco
Secretaria de Justiça e Segurança Pública
Procuradora de Justiça Maria de Salette da Costa Maia
R. Barbosa Lima, nº 350 – Bairro Base – CEP: 609908
Tel.: (068) 224-1183

Alagoas – Maceió
Secretaria da Segurança Pública do Estado de Alagoas
Dr. Edmilson Miranda
R. Campos do Tamandaré, s/nº – Ponta da Barra – CEP: 57000
Tel.: (082) 221-5231/221-5294/Fax: (082) 221-4718

Amapá – Macapá
Dr. José de Arimatéia Vernet Cavalcanti
Av. Fab nº 84 – Centro Cívico – CEP: 68900-000
Tel.: (096) 212-8100/21208101 – Fax: 212-8104

Amazonas - Manaus
Dr. Klinzer Costa
Av. Joaquim Nabuco, nº 919 – Centro – CEP: 69020-030
Tel.: (092) 622-3720/622-2886/Fax: (092) 622-8725

Bahia – Salvador
Dra. Katia Maria Alves Santos
4ª Avenida, nº 430 – Bairro Centro Administrativo
CEP: 41750-300
Tel.: (071) 370-1914/370-1914 – Fax: 370-1823

Brasília – Distrito Federal
Dr. Paulo Castelo Branco
SAM – Conj. A – Bloco A – Edifício Sede da SSP/SP – 4º A
CEP: 72620-000
Tel.: (061) 314-8204/314-8211 – Fax: 314-8314

Ceará – Fortaleza
General João Crisóstomo de Souza
Av. Barão de Studart, nº 505 – CEP: 60120-100
Tel.: (085) 224-6666/224-3234 – Fax: 224-8001

Espírito Santo – Vitória
Dr. José Rezende de Andrade
Av. Gov. Bley, nº 236 – Edifício Fábio Rusch – 7º andar
CEP: 29010-150
Tel.: (027) 222-8144/8801/8310 – Fax: (027) 322-0440

Goiás – Goiânia
Dr. Demóstenes Lázaro Xavier Torres
Av. Santos Dumont, nº 2233 – Bloco A – Bairro Nova Vila
CEP: 74653-040
Tel.: (062) 202-2515 – Fax: (062) 202-2332

Maranhão – São Luís
Gerente de Justiça e Segurança Pública
Dr. Raimundo Soares Cutrim
Praça Gomes de Souza, nº 249 – Bairro Centro – CEP: 65010-250
Tel.: (098) 232-5393/231-5797

Mato Grosso – Cuiabá
Dr. Hilário Nozer Neto
Centro Político Administrativo – CEP: 78000-000
Tel.: (065) 313-2002/644-2345

Mato Grosso do Sul – Campo Grande
Dr. Franklin Rodrigues Masruha
Parque dos Três Poderes – Bloco 6 – CEP: 79031-902
Tel.: (067) 720-1701 – Fax: (067) 726-1794

Minas Gerais – Belo Horizonte
Dr. Mauro Ribeiro Lopes
Praça da Liberdade, s/nº – CEP: 30140-010
Tel.: (031) 236-3700/236-3717 – Fax: 236-3292

Pará – Belém
Dr. Paulo Celso Pinheiro Sette Câmara
Arcipreste Manoel Teodoro, nº 305 – CEP: 66023-700
Tel.: (091) 224-9637 – Fax: 225-2644

Paraíba – João Pessoa
Dr. Pedro Adelson Guedes dos Santos

Av. Hilton Souto Maior, s/nº – CEP: 58055-460
Tel.: (083) 238-5583

Paraná – Curitiba
Dr. Cândido Manoel Martins de Oliveira
Deputado Mário de Barros, nº 1290 – CEP: 80530-280
Tel.: (031) 352-3070 – Fax: (041) 254-8838

Pernambuco – Recife
Dr. Manoel Carneiro Soares Cardoso
Rua da Aurora, nº 405 – Boa Vista – CEP: 50040-090
Tel.: (081) 421-4866 ramais 255/264 – 421-4473 – Fax: 421-2070

Rio de Janeiro – Rio de Janeiro
General-de-brigada José Siqueira Silva
Av. Presidente Vargas, nº 817 – CEP: 20071-004
Tel.: (021) 690-1090 (fone e fax) 690-1301

Rio Grande do Norte – Natal
General do Exército José Carlos Leite Filho
Praça Augusto Severo, nº 261 – Bairro Ribeiro – CEP: 59012-380
Tel.: (084) 211-8292 – Fax: 211-5921

Rio Grande do Sul – Porto Alegre
Dr. José Paulo Bisol
Rua 7 de Setembro, nº 666, 1º andar – Bairro Centro
CEP: 90119-900
Tel.: (051) 224-6866 – Fax: (051) 211-5624

Rondônia – Porto Velho
Dr. Valderedo Paiva dos Santos
Rua Pio XII, s/nº – Bairro Pedrinhas – CEP: 68908-070
Tel.: (095) 623-9815/229-2576

Roraima – Boa Vista
Dra. Neide Inácio Cavalcante
Av. Cap. Ene Garcez, nº 324 – Bairro Centro – CEP: 69301-160
Tel.: (095) 623-2150 – Fax: (095) 623-1742

Santa Catarina – Florianópolis
Dr. Luiz Carlos Shmith de Carvalho

Rua Esteves Júnior, nº 80 – CEP: 08013-530
Tel.: (048) 224-1815 – Fax: (048) 251-1113

São Paulo – São Paulo
Dr. Marco Vinício Petrelluzzi
Av. Higienópolis, nº 758 – Higienópolis – CEP: 01238-000
Tel.: (011) 3823-5863/5864 – Fax: 3823-5708

Sergipe – Aracaju
Dr. Gilton Garcia
Praça Tobias Barreto, nº 20 – Bairro São José – CEP: 49015-130
Tel.: (079) 222-8001 – Fax: 222-6461

Tocantins – Palmas
General Athos Costa de Faria
Av. JK – Qd. 104 – Norte Palmas

Mary Susan Miller

Doutorada em educação e estudos complementares em música, psicologia e literatura, lecionou em várias escolas e foi diretora do Berkeley Institute, no Brooklin, Nova York.

Atuou como conselheira (*counselor*) no Centro Metropolitano de Reabilitação, a prisão federal do estado de Nova York, por dois anos, assim como foi assistente para mulheres vítimas de violência na Vara de Família de Yonkers, com a responsabilidade de aconselhá-las e assisti-las durante o processo de obtenção de mandado de proteção.

Publicou vários livros, bem como numerosos artigos nas mais variadas revistas e publicações profissionais, sobre temas como fobias, casamento, consumo e televisão. Freqüentemente é convidada para entrevistas em rádio, TV e jornais, além de dirigir *workshops* e proferir palestras em encontros de pais, professores e estudantes, assim como em congressos de educação. Por dois anos foi representante junto à mídia dos jogos educacionais Parker, explicando o seu conteúdo educativo em entrevistas em todos os Estados Unidos.

leia também

A FILHA DO HERÓI
MITO, HISTÓRIA E AMOR PATERNO
Maureen Murdock

Um livro sobre a mulher na sua relação com a figura paterna. A autora, terapeuta conjugal e de família, apresenta suas análises entremeadas de relatos de casos e referências autobiográficas. Sua linguagem simples torna o livro acessível a um público maior, especialmente mulheres em busca de crescimento e consolidação dos seus valores femininos.
REF. 10582   ISBN 85-323-0582-2

A MULHER FERIDA
EM BUSCA DE UM RELACIONAMENTO RESPONSÁVEL ENTRE HOMENS E MULHERES
Linda S. Leonard

A forma de uma mulher relacionar-se com o sexo masculino é determinada em grande parte pela qualidade da relação com seu pai. Neste livro, a autora analisa desajustes nesse relacionamento e procura alternativas sadias, buscando essa relação positiva em última instância, entre ambos os sexos.
REF. 10627   ISBN 85-323-0627-6

A ARTE DE COMPARTILHAR A VIDA
Franco Del Casale

Dividir a vida com outra pessoa é uma arte que demanda criatividade, equilíbrio e maturidade. A partir da sua "Psicologia Refocalizadora", da Análise Transacional e da Teoria Sistêmica o autor nos traz uma abordagem original que considera, na terapia, fatores da personalidade e da história familiar que podem incidir sobre a vida do casal. Com esses elementos é possível conscientizá-lo sobre as especificidades de cada uma das pessoas envolvidas.
REF. 10474   ISBN 85-323-0474-5

O INIMIGO ÍNTIMO
COMO BRIGAR COM LEALDADE NO AMOR E NO CASAMENTO
George R. Bach e Peter Wyden

Partindo do pressuposto de que o conflito verbal entre pessoas íntimas, sobretudo no casal, não apenas é aceitável mas construtivo e até mesmo desejável, o Instituto de Psicoterapia de Grupo de Beverly Hills desenvolveu métodos que buscam ensinar às pessoas a arte de brigar baseada em um sistema flexível de regras.
REF. 10163   ISBN 85-323-0163-0

FALE COMIGO!
COMO ROMPER O SILÊNCIO MASCULINO
Kris Rosenberg

Solidariedade e confiança são as palavras-chave do programa criado pela autora, psicóloga de casais, para aprofundar a intimidade nas relações amorosas. Um guia prático, com soluções exeqüíveis que ajudará a leitora a estimular a comunicação com seu parceiro.
REF. 20508   ISBN 85-7183-508-X

LADOS OPOSTOS DA CAMA
RESPOSTAS PARA QUEM BUSCA ENTENDER AS DIFERENÇAS ENTRE HOMENS E MULHERES
Cris Evatt

Este é um livro gostoso de ler e incrivelmente sábio. Com texto conciso, dividido em tópicos inimagináveis, em poucas páginas, nos permite desvendar mistérios que nos atormentaram durante anos. John Gray, autor do *best-seller Homens são de Marte, Mulheres são de Vênus*, faz a apresentação e o recomenda.
REF. 20533   ISBN 85-7183-533-0

www.gruposummus.com.br